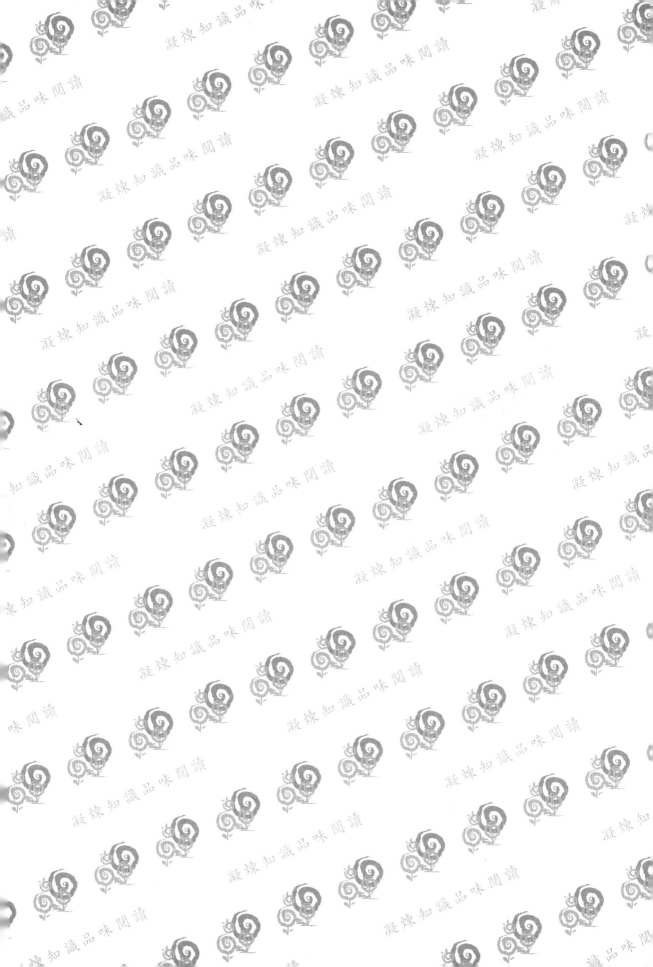

# 再保險要論 第二版

鄭鎮樑 著

五南圖書出版公司 印行

# 二版序

　　再保險要論第一版發行之後，發現多處文字誤植，雖隨書附勘誤表，讀者在閱讀時必然產生不便。經詳細閱讀之後，將誤植之處改正。另外將第一章附錄：我國再保險監理規定概要，重新改寫，主要原因是保險業辦理再保險之分出、分入及其他危險分散機制管理辦法部分條文，於105年與106年有所修改。本書一本初衷，目的單純，僅係以易懂原則傳達再保險基本概念。

**鄭鎮樑** 謹識

2019.08.10

# 初版序

　　由保險業界轉任大學教職已有23年，這段期間擔任再保險課程約有15年。鑑於再保險交易具有國際性質，早年採用英文原文教科書，因再保險課程本身專業度高與語文隔閡雙重因素，效果頗值得檢討。之後，改採講義方式，以較簡易文字編撰基本再保險教材，比起英文教材，顯較適當合用，遂興起成書之念。經向五南圖書公司提起，五南圖書公司慨允出版，書名為《再保險要論》，係在傳達再保險基本內容，與2005年出版以實務為導向的《再保險實務》乙書有所不同。

　　再保險基本內容應包括哪些，須視時代之需求而定。例如，非傳統再保險的概念業已流傳多年，應已成為基本內容之一。又如再保險監理業已受到重視，亦應有所提及。再如，簡單的非比例再保險費率釐訂方法（如：賠款成本法），以現代之再保險觀點，亦應屬於基本項目。

　　本書內容第壹章為再保險概論，將再保險之範疇、意義、性質、與原保險關係為概要敘述，並就再保險之發展為一簡要說明；此外，鑑於再保險監理日益受到重視，於本章以附錄方式就我國再保險監理法規為一重點說明。第貳章為再保險功能，分別由原保險人、再保險人與原被保險人不同觀點敘述。第參章為再保險適用之基本原則，分別介紹最高誠信原則、保險利益原則、損失填補原則以及獨特的同一命運原則等四大原則之適用情形。第肆章為再保險之基本方法（包括臨時再保險、預約再保險、合約再保險）與比例再保險型態（包括比率再保險與溢額再保險）概述。第伍章延續第肆章架構，介紹非比例再保險基本型態（主要為超額賠款再保險與超率賠款再保險）。第肆章與第伍章應為一體議題，為再保險之基本核心內容，亦是再保險初學者應瞭解之基本內容。第陸章與第柒章分別為比例合約再保險合約與非比例合約再保險合約，介紹其重要運作項目，該兩章可視為再保險之「器官」，而第肆章與第伍章可稱為再保險之外表。第壹章至第柒章為傳統再保險之範疇，第捌章簡要介紹非傳

統性再保險。

　　本書力求以「易懂」詞句撰寫，撰寫之目的也非常單純，希望對學習再保險之學子或使用再保險者有點幫助。

鄭鎮樑　謹識

2015.06.04

# 目錄 CONTENTS

# 第捌章　非傳統性再保險概論 ............................................ 251

第壹章

# 再保險概論：
# 意義、與原保險關係、簡史

# 第一節　再保險範疇概述

　　再保險是具有創造性、靈活性、複雜性等等特性[1]的科學。保險業，尤其是產物保險業（Non-Life Insurance Industry），使用再保險支撐其經營活動的歷史由來已久[2]，不過在實際應用時，全為紙上作業（Paper Working），較原保險更無形化，故在觀念上總會使再保險初學者，甚至是再保險從業人員，產生虛幻之感，此亦為再保險學特性之一。不過實際上，再保險是保險業者，在保險經營中不折不扣的重要風險管理工具。圖1-1為再保險學的架構，由其中可以發現，認識再保險仍可由基礎概念而延伸至經營層次，由其中也可發現由傳統擴大至非傳統。至於再保險監理之部分，雖然再保險之運作亦受到保險監理單位之監督，但是再保險的交易通常（也是必要）具有國際性，故其受監督之程度較原保險為小。

　　本章所述內容有些專有名詞必須參考本書後續幾個章節，讀者閱讀時可先行忽略該等名詞或逕行參閱該等名詞之定義。這些名詞有臨時再保險（Facultative Reinsurance）、合約再保險（Treaty Reinsurance）、比例再保險（Proportional Reinsurance）、超額賠款再保險（Excess of Loss Reinsurance，簡稱XOL）與承保能量（Capacity）。

　　本章主要內容包括：

　　一、再保險基本意義

　　二、再保險與原保險之關係

　　三、再保險簡要發展歷史

---

[1] It is more ***creative***, more ***flexible***, more ***complicated***, and ***less regulated*** than day-to-day primary insurance operations.以上文字摘自Why Reinsurance? by Michael G. Fitt, Paper from Midcontinent Perspectives , Midwest Research Institute(Kansas City, Missouri)

[2] 請參閱「再保險簡要發展歷史」乙節。

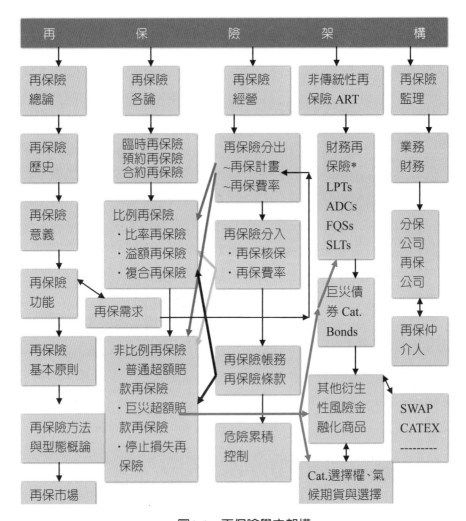

**圖1-1　再保險學之架構**

*LPTs是Loss Portfolio Transfer的簡稱，中文稱賠款責任移轉再保險；ADCs為Adverse Development Covers的簡稱，中文稱回溯累積合約；FQSs為Finite Quota Share之簡稱，中文稱限額比率再保合約；SLTs為Spread Loss Treaties之簡稱，中文稱分散損失合約。

## 第二節　再保險之意義與性質

　　普天之下，無一個定義可以概括再保險之內涵。再保險文獻所舉之定義都是由不同觀點產生，強調某一特點而產生的再保險定義，無法成為普用之定

義。所以，本書不爲再保險下定義，而是傾向於說明再保險的意義。

## 一、不同角度的再保險意義

再保險的意義可由不同角度切入，以下列舉數種分析說明。

### (一) 法律觀點

法律上之意義，自然是參照保險法規而來。依我國保險法第39條規定，再保險爲保險人以其所承保之危險，轉向他保險人爲保險之契約行爲。分析上開條文可知下列幾點：

1.再保險爲一種契約行爲，當事雙方之間互付對價，一方支付再保費，他方於再保契約約定範圍之內提供再保保障。

2.再保險之當事人爲保險人與他保險人。保險人在此爲受到保障者，可稱爲分保公司（Ceding Company）或被再保人（Reassured）；其他保險人則爲保障者，可稱爲再保人（Reinsurer）。

3.再保險之本質爲第二次的危險轉嫁，亦爲直向的危險分散。

### (二) 商業交易行爲觀點

Mindy Pollack將再保險解釋爲一種交易（a transaction），認爲再保險「爲一家保險公司（稱之爲再保人）收取對價之後（稱之爲保費），同意另一家保險公司（於比例再保險稱之爲**分保公司**或**被再保人**，於超額賠款再保險稱之爲**被再保人**）因簽發之原始保單可能蒙受之全部賠款或一部分賠款予以補償之一種交易」[3]。Mindy另外指出，再保險是保險的一種，其交易之標的爲再保人對

---

[3]  The reinsurance is a transaction whereby **an insurance company** (known as the **reinsurer**), for a consideration (known as the premium), agrees to indemnify or reimburse **another insurance company** (known as **the ceding insurer** in pro rata reinsurance, **the reinsured** in either pro rata or excess of loss, or simply the company), against **all** or **part** of a loss that the reinsured may sustain **under the policy or policies it has**

於被再保人之一種潛在責任，再保險也是一種補償協議[4]。

## (三) 保險型態的一種

再保險為保險型態的一種，為某一保險人（即前述之被再保人）與另一保險人（及前述之再保人）的「保險」。依據該「保險」，被再保人（即原保險人）簽發給一般大眾（即被保險人）之保險單所產生之賠款，於再保協議範圍內，可自再保人得到補償[5]。上述點出再保險之業務性質歸屬，指出有當事人，亦指出再保險之承保範圍不應超過原保險的範圍。標準普耳（Standard & Poor's）亦認為再保險為原始保險人（或稱被再保人）向另外一家保險公司所購買的一種保險，被再保險人購買之目的，為保障超出本身可以安全承擔之賠款，本身可承擔之部分稱為淨自留，再保公司也可循相同機制再度再保，稱之為轉再保（Retrocession）。

## (四) 一種業務與轉移責任之行為

Robert Kiln認為，再保險係承保「保險公司保險營運遭受之過大損失的業務；可使保險公司就其所接受之特定保險業務完全轉出或轉移部分責任於其他保險人」[6]。此亦點出原保險人可以部分分出其風險，亦可完全分出其風險；如果是全部分出，有人認為此種情況下，原保險人好像是扮演「保險經紀人」。

---

issued. See Mindy Pollack, The Reinsurance Contact from Reinsurance Contract Wording, edited and published by Robert W. Strain, Revised edition, 1996, p.2.

[4] Reinsurance is **insurance**, and **the subject matter of the transaction** is the **potential liability** of the reinsurer to the reinsured. Reinsurance is **an agreement of indemnity.**

[5] Reinsurance is a form of insurance, being the insurance of one insurer(the reinsured) by another insurer(the reinsurer) by means of which the reinsured is indemnified for loss under insurance policies issued by the reinsured to the public.) Reinsurance, Edited by Robert W. Strain, The College of Insurance, 1980, p.5.

[6] The business of insuring an insurance company or underwriter against suffering too great a loss from their insurance operations; and allowing an insurance company or underwriters to lay off or pass on part of their liability to another insurer on a given insurance which they have accepted. Robert Kiln, Reinsurance in Practice, 2nd edition.

不過，要特別注意，在法律上，保險公司對於被保險人，在承保範圍內仍然負有完全的責任。

## ㈤ 再保險為一種管理危險工具

Lord Millett於Agnew與**Lansforsakingsbolagams**對訟案中以概念式差異方式分辨原保險與再保險，Millett謂「原保險在於保障被保險人一般事件以外之巨大危險。相對上再保險在本質上為一種管理危險的工具，通常為當事人間之保險行為，並以專業轉嫁營運方式為之」[7]。

## ㈥ 一種分散危險的工具

保險主要的原理為分散危險，即少數人的損失由多數人承擔[8]，此原理亦為再保主要的功能。再保險提供保險公司一種機制，將其單筆業務或整批業務安排分散於國內或國際上的許多再保險人。於此機制中，原保險人自留一部分危險後，將危險分散於再保人。再保人亦可保留一部分，而將其無法吸收之部分，轉分於其他保險人，所以，世界上只要發生重大巨災，主要的再保險人均會受到損失的影響[9]。實際上，上述業已說明再保險的主要功能、再保險的安排

---

[7] Direct insurance sought to protect the assured against extraordinary risks outside the ordinary course of events. By contrast, reinsurance was in essence a device to manage risks which it was in the ordinary business of both parties to underwrite and was in the form of a "professional hedging operation". Agnew v Lansforsakingsbolagams AB 2000 LREp IR:317 (House of Lords)

[8] 保險三大基本原理為：結合（Pooling）、轉嫁（Transfer）、補償（Indemnity）。而「結合」一詞需要：(1)大數法則（Law of Large Number），(2)同質性（Homogeneous），(3)分散性（Spreading）三者共同運作。總歸言之，分散＝【（少數人之損失）／（具同質性之大量危險暴露單位）】。

[9] Spread of risk-the benefit from this principle is that the losses if *the few are borne by the many*. This is the principle of insurance, really, and it is a major function of reinsurance. It provides a facility for taking either *individual risks* or *entire books of business* from *one company* and placing them with *many*, either *nationally or internationally*. **The primary company** will *keep a portion of the risk* and place it with the reinsurer. The reinsurer will keep a portion and then *retrocede* what it cannot absorb itself to others. This is why, whenever there is a *major catastrophe* in the world, a part of what losses is usually felt by *most major reinsurers*.參酌**Why Reinsurance?** by Michael G. Fitt, Paper from Midcontinent Perspectives, Midwest

方法、再保人人數、再保險於何處安排、安排再保險時原保人先有之動作、再保人如何分散風險、巨災發生後對再保險界的直接影響等等議題，可以算是再保險意義之完整介紹，詳細內容請參閱本書各相關章節。

## (七) 經濟觀點

再保險在經濟上之意義，可由被保險人在其經濟活動中之保障需求演繹說明。被保險人於現代社會經濟活動中進行風險管理，以購買保險為主要工具。然而，向保險人購買保險，當保障時機到達時（即承保範圍內之損失發生時），保險人確可提供被保險人保障為終極目的，亦即保險人於應盡承保責任時，具有清償能力為必要條件。維持清償能力涉及保險公司之財務經營與業務經營，其實需合乎保險經營之基本原則[10]，現今之經濟活動朝向「巨大與集中」趨勢，諸如標的物之巨大化、風險變異性高，致以往之保險經營基本原則成為理想，再保險恰好適於補足或支撐原保險經營上所需之基本原則。無再保險之機制，現行社會經濟活動必然受一定程度之阻礙。雖原保險與再保險在法律上並不相干，但就經濟角度言，可謂為間接確保被保險人經濟活動安全之一個重要環節。

## 二、再保險之性質

由上所列舉之不同解釋，可以下列幾點綜合說明再保險之性質。

1.再保險在本質上仍為保險的一種，亦為保險業者於保險經營中主要的危險管理工具，主要目的為分散危險，在分散風險的秩序中屬於第二次的危險分散，在方向上是屬於縱向的危險分散，此點與原保險中的共同保險（Coinsurance）有異。共同保險係危險的第一次分散，也是一種橫向的危險分散。

2.再保險必須以契約為之，而且必有對價。契約中之當事人受到保障者，

---

Research Institute(Kansas City, Missouri), p.4.

[10] 大數法則、同質性、分散性等等原則，已如前註解。

一般稱之爲被再保人；而提供保障者，稱爲再保險人。由於再保險契約依其分出先後可以有多重，主要爲再保險契約與轉再保契約（Retrocession Contract）之別，所以在實務上，當事人之稱呼又有差異。茲爲易於分辨，依據再保險交易鏈概念（即上、中、下游概念），將不同情況下之再保險當事人之稱謂編表說明如下。

表1-1 再保險交易鏈（危險移轉鏈）之結構

| 再保險鏈 | 危險分散先後 | 當事人 | | 備註 |
| | | 受保障者 | 保障者 | |
| --- | --- | --- | --- | --- |
| 上游<br>原保險契約 | 再保險之業務源頭<br>（第一次危險分散） | 被保險人<br>Assured | 保險人<br>Insurer | 受保障者以被再保人，保障者以再保人稱呼最爲清楚 |
| 中游<br>再保險契約 | 第一次再保險<br>（第二次危險分散） | 原保險人（Original Insurer）<br>分保公司（Ceding Company）<br>分保人（Cedant）<br>被再保人（Reassured） | 再保人（Reinsurer）<br>分入公司（Ceded Company）<br>承受公司（Assuming Company） | |
| 下游<br>轉再保契約 | 第二次再保險<br>（第三次危險分散） | 被轉再保人（Retrocedent） | 轉再保人（Retrocessionaire） | |
| 下下游 | 後續之再保險，即第三次以後之危險分散 | 被再保人（Reassured） | 再保人（Reinsurer） | |

依據表1-1可知再保險交易鏈之中，當事人的稱呼極爲多元，所以，本書建議讀者以被再保人稱受保障者，以再保人稱提供保障者，在實務上較易分辨。

表1-1中尚須補充說明者爲：(1)上游階段中之被保險人包括法人（主要是企業主）與自然人，就風險管理中所討論之風險種類（尤其是純風險，Pure Risk，包括財產風險、責任風險、人身風險）與風險事故（包括天然風險事故與人爲風險事故）而論，兩者皆有向產物保險業（Non-Life Insurance Industry）與人壽保險業（Life Insurance Industry）投保之可能，故保險業者可能面臨著單一保單承保巨大危險，承受巨大保險金額之風險（例如，大額的壽險保單、商業火災保險中之超高大樓保險、巨型航空器的各種相關保險、巨大船舶的各種相關保險），亦可能面臨地理區域風險累積之風險。(2)中游階段主要係在因應上游階段引發出風險累積的議題，保險業者利用各種再保險方法（包括臨時

再保險與臨時再保險）與再保險型態（包括比例再保險與非比例再保險），進行風險的分散，在性質上為第二次的風險分散，於此階段，經營再保險的業者（包括專業性的再保險業者與兼營再保險的一般保險業者），由於多方的再保險交易，風險累積問題是必然的宿命。(3)下游階段主要亦在處理中游階段的風險累積問題，成為轉再保之議題。

3.再保險性質上屬於「責任保險」，但與原保險中所謂的責任保險並不同義，其所承保的標的，為一種潛在的賠款分攤責任。該等潛在責任來自原保險人對於被保險人之承保責任可能發生之潛在性賠款，無論是產物保險或人身保險皆有其適用。故產物再保險與人身再保險，在性質上均有「責任保險」之性質。進一步言之，即便是轉再保險（Retrocession）之情況，亦是轉再保人承保被轉再保人（Retrocedent）於再保契約中所承受之潛在性再保賠款。

4.再保險契約仍然是一種補償性契約。再保險人所承負之再保險攤賠責任，最高以被再保人付諸再保險的部分為限，且補償方式全以貨幣為限。

5.再保險市場之玩家（Player）通常具有交錯情況。一個保險公司固然可以把風險分散給另一家保險公司，而成為被再保人，有時也可能扮演再保人的角色，故同一家保險公司因為業務之分出（Outwards）與業務之分入（Inwards），類多扮演雙重角色。再者，於再保市場中有所謂專業再保人（Professional Reinsurer），與直接保險人（Direct Insurer）有別，前者主要之交易對象為直接保險人，當然專業再保人有時亦有互相交易之時；後者主要之交易對象為被保險人，但是其扮演再保人時，其交易對象有可能是其直接簽單同業，也可能是專業再保人。又由於目前亦存在非傳統再保市場之機制，故資本市場之特定投資人亦可能扮演「再保人」之角色，此種情況已脫離傳統再保之運作，成為非傳統性再保險了。

## 第三節　再保險與原保險之關係

再保險與原保險之關係，旨在分析兩者在法律上之分野性與經濟上之依賴性。茲分述如下。

## 一、法律觀點

由法律觀點，再保險契約與原保險契約原則上爲互相獨立的兩個契約。關於此點，可以幾個法律條文例示。

1.1906年英國海上保險法第9條第1項（MIA1906Section9 (1)）：

1906年英國海上保險法第9條第1項規定，除非保險單中有另外規定，原始被保險人對於再保險並無任何之權益（Right or Interest）[11]。依該條文規定，原則上，原始被保險人對於再保險合約中之再保險人顯然不得主張任何權益。

2.依我國保險法第40條至第42條之條文內容相關規定，亦可發現原再保險契約與再保險契約，原則上亦爲互相獨立的兩個契約。茲將該等條文臚列並分析如下：

(1) 第40條：「原保險契約之被保險人，對於再保險人無賠償請求權。但原保險契約及再保險契約另有約定者，不在此限。」

條文中所謂「但原保險契約及再保險契約另有約定者，不在此限」，爲一例外規定，再保合約條款中所稱「直接支付條款」（Cut-Through Clause）即是。直接支付條款，主要用於保險人發生清算情事之時，允許再保人可直接支付被保險人（Underlying Insured）賠款，但是此種情況並非普遍適用，僅限少數，通常是較大企業之保險情況，且須特別約定。保險人屬於前衛公司（Fronting Company）之情況下，常有此規定[12]。依我國保險法規定，該條文應於原保險契約與再保險契約中約定，始可發生效用。茲就我國保險法第40條之規定，再圖示如下：

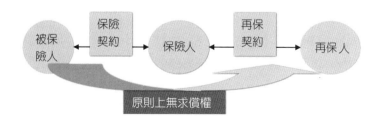

---

[11] Unless the policy otherwise provides, the original assured has no right or interest in respect of such reinsurance.

[12] Barlow Lyde & Gilbert, Reinsurance Paractice and the Law, Informa, London, 2009, p.41.

(2) 第41條：「再保險人不得向原保險契約之要保人請求交付保險費。」

本條文為第40條之反向性規定，被保險人原則上無向再保人請求賠償之權，依邏輯，再保人亦不能因保險人遲延或不支付保險費（再保關係中稱為再保費），而轉向被保險人請求支付。圖示如下：

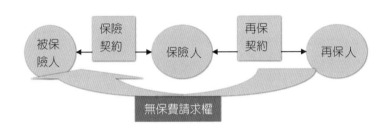

(3) 第42條：「原保險人不得以再保險人不履行再保金額給付之義務為理由，拒絕或延遲履行其對於被保險人之義務。」

有時再保人與保險人之間，可能對於再保攤賠內容產生爭議，例如，對於再保條款中之同一命運條款解讀不同，而致有延宕甚至走上訴訟之途：或是再保人業已喪失清償能力，此時，原保險人對於被保人仍應負承保之責。圖示如下：

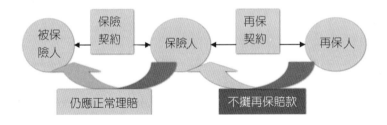

## 二、經濟觀點

原保險與再保險均是經濟活動之一環，實質上兩者為上、下游業務關係，上游者藉助下游者，除可減輕承保責任外，亦可增加業務規模，趨向保險之基本經營原理，例如同質性、分散性、大數性；下游者承擔上游者一部分經營風險，目的固然亦在取得合理利潤，惟仍需上游者維持一定經營水準，諸如核

保、理賠、精算之基本運作，故兩者應有共同之經濟利害關係。復就法律關係言之，雖然兩者獨立，但是就其存在性而言，上游藉助下游而分散危險，下游不能離上游而單獨存在。而就再保險極為重要基本運作原則之一，同一命運原則（Follow the Fortune Principle）而論，原則上，上游業務之經營活動好壞，會影響下游之承受風險大小，故原保險與再保險有相當程度之關係。最後就契約之運作觀點分析，原始保險契約之變動或消滅，必然影響再保險契約之再保費收入或再保賠款之分攤，故再保契約與原保險契約兩者之法律效果，由經濟層面看，原則上彼此一致。

綜上所述，保險與再保險之間的確密不可分。最後，就被保人觀點，透過再保險之運作，保險人可以充分提供經濟社會中之經濟單位所需之保障，故對於被保人而言，再保險雖為間接性功能，但對於社會之財產與經濟活動之保障有非常積極性的貢獻。

## 第四節　再保險起源簡史

最早的再保險活動並不可考，不過基於損失分散之本能，吾人可以合理推論，保險肇始之後未久即有再保險之活動[13]。當然，就歷史而論，證據不可或缺，有紀錄可考的最早再保險交易，為1370年於義大利Genoa簽訂之海上保險航程保險單之臨時再保險。該航程險業務承保Genoa到Sluys，不過該筆再保交易較為特別，分保公司是按航段分保，該分保公司將位於地中海（Mediterranean）之航程自留，而將Cardiz到Sluys的航程再保，係著眼於該段航程之危險性，而非保險金額過大之考量[14]。當然，基於保險金額過大所為之臨時再保險

---

[13] 再保險權威C. E. Golding於其名著 "The Law and Practice of Reinsurance"乙書中，對於再保險之起源的描述極為精彩，Golding謂"... , the idea of reinsurance is rooted in the same human instinct that brought insurance into being—the desire that the loss of one shall be shared amongst many—and just as this leads a member of the public to insure with a direct insurer, so the insurer in turn is moved to reinsure part of his risk with a reinsurer." 又謂 "It seems a reasonably safe assumption that reinsurance began to be practised soon after the beginning of insurance itself ..." 請詳該書第2頁。

[14] C. E. Golding, the Law and Practice of Reinsurance, 5th edition, Witherby & Co., Ltd., 1987, p. 2.

必然有之。臨時再保險爲最早之再保險方法[15]，主要是較早之保險業務活動量不大，臨時安排再保險即可應付日常之保險交易。

隨著人類文明之發展，工商業日益發展，直接保險之險種及其業務量之發展，需要一種方便又穩定之再保險，既能提供固定之承保能量（Capacity），又可降低行政處理成本，比例型合約再保險應運而生。可考最早之合約再保險，於1821年由兩家歐洲保險公司簽訂[16]。此後合約再保險之交易一直是採用比例基礎，一直到1880年至1890年之間，合約再保險之型態終於有所突破。據信超額賠款再保險（Excess of Loss Reinsurance，簡稱XOL）之推展，始於倫敦勞依茲的C. E. Heath，但是大量運用則始於1906年的舊金山大地震之後[17]。

早期再保險之交易者存在於直接保險人（Direct Insurer）之間，直接保險人是指簽發保險單（Policy）者，所以又可稱爲簽單公司。之後則有專業再保險公司之設立，例如，1852年之科隆再保險公司（the Cologne Reinsurance Company）[18]、1863年之瑞士再保險公司（Swiss Reinsurance Company）、1867年英國第一家專業再保公司成立，名稱即爲再保險有限公司（Reinsurance Company Ltd.）[19]、1880年之慕尼黑再保險公司（Munich Reinsurance Company）。

總之，經過長時期的發展，再保險市場中的玩家（Players）呈多元化發展。所謂再保險市場，原則上是一種無形的市場；不過，如以承受業務量之觀點而言，亦可勉強區分爲幾個有名的再保市場，例如，北美再保市場、日本再保市場、新加坡再保市場、歐陸再保市場（尤其是瑞士與德國），當然老牌的倫敦勞依茲（Lloyd's of London）的承保組合（Syndicate）亦在其間。

---

[15] 再保險的交易方法一般可分為三種，分別是臨時再保險（Facultative Reinsurance）、合約再保險（Treaty Reinsurance）、預約再保險（Open Cover），該三種交易方法之意義與內容，請詳本書後述章節。Mohammed Sadullah Khan於"Reinsurance For the Beginners"乙書中（2012年出版）第10頁亦指出臨時再保險為再保險出現的第一種型態。

[16] 1821年12月15日法國的the Compagnie Royal與比利時的the Compagnie des Proprietaires Reunis簽訂合約再保險。C. E. Golding, the Law and Practice of Reinsurance, 5th edition, Witherby & Co., Ltd., 1987, p. 3.

[17] C. E. Golding, the Law and Practice of Reinsurance, 5th edition, Witherby & Co., Ltd., 1987, p. 6.

[18] 另有文獻指稱1846年即已成立，但是因許多原因，1852年始正式有業務運作。詳Edwin W. Kopf, Notes on the Origin and Development of Reinsurance, p.30.

[19] Edwin W. Kopf, Notes on the Origin and Development of Reinsurance, p.40.

　　歷經再保險方法之發展，再保險型態的比例再保險與非比例再保險之間互相消長，現今之再保險則很明顯地劃分為傳統型再保險（Traditional Reinsurance）與非傳統型再保險（Non-Traditional Reisnsurance）之面貌。雖稱發展，但時至今日，無論方法、型態、傳統與非傳統，對於再保險需求者而言，各有其用處，縱有紅花綠葉之分，也非永遠不變，故難謂何者主宰潮流，反倒是一派融合運用之勢。故吾人不可斷言非傳統型再保險可以取代傳統型再保險，也不可謂非比例再保險較比例再保險崇高。

## 本章自我評量問題

1. 再保險當事雙方之稱謂有哪些？試以再保鏈為基礎說明之。

2. 再保險的責任保險性質與原保險的責任保險有何不同？試分別以文字論述並圖示之。（提示：保險相關法條。(1)我國保險法第39條規定，再保險為原保險人危險再轉嫁行為。(2)我國保險法第40條至第42條規定，雖然原保險契約與再保險契約原則上互相獨立，但是再保險契約係以原保險人基於原保險契約所負之責任為對象。所謂對象，是指原保險契約承保範圍內之損失，原保險人對於被保險人應負之賠償責任，所以，再保險在性質上為一種具有「責任保險」性質之保險。(3)我國保險法第90條規定，責任保險人於被保險人對於第三人，依法應負賠償責任，而受賠償之請求時，負賠償之責。）

3. 原保險與再保險有何關係？試闡述之。

4. 再保險契約與原保險契約之關係，既為各自獨立，卻又相互依存，其理由何在？試申論之（98.1核保學會考題）

5. 從經濟觀點來看，再保險具有何種意義？（100.1核保學會）

6. 共同保險（Coinsurance）與再保險（Reinsurance）都是保險人用以分散危險之重要方式，請分別說明其意義，並比較兩者間之不同。（101.1核保學會）

7. 就法律關係來看（保險法第40～42條），原保險契約與再保險契約原則上是各別獨立的契約，但就實質或經濟關係來看，原被保險人、原保險人、再保險人卻又相互依存，其理由安在？試申述之。（100.2核保學會）

8. 財產保險業對再保險的依賴較重，人身保險業則相反，請簡述其理由。（103.1核保學會）

# 本章附錄：我國再保險監理之規定概要

　　早期之再保險交易，基於是保險業者之間的一種商業交易，基本上為「專家對專家」（professional to professional）之層次，保險監理單位對其監理之程度較淺，現今之再保險交易，無論深度與廣度複雜性甚高。由上述之產業背景及下列理由[20]，保險監理法規對於再保險之監理規定遂有著墨之處。

　　(1) 為維護保險公司（通常稱為分保公司或是被再保人）之再保險交易有其真正效用，對於再保險人之清償能力應有所規定。

　　(2) 由於再保環境改變，再保險業者（包括再保險經紀人在內）之競爭亦趨激烈，難免產生市場紀律脫軌情形，為防止此種情況之惡化，應有適度之規範。

　　(3) 再保險以國際交易為必要，如何與國際再保險市場接軌以利保險業者順遂分散風險，亦須在監理法規中適度規範，通常即是遵循國際保險監理官協會所揭示之「再保險人監理之最低要求原則」。

　　我國目前有關再保險之監理法規之法源為我國保險法第147條，按該條之規定為：「保險業辦理再保險之分出、分入或其他危險分散機制業務之方式、限額及其他應遵行事項之辦法，由主管機關定之。」

　　由保險法第147條，引申出二個再保險監理辦法，分別是：(1)保險業辦理再保險分出、分入及其他危險分散機制管理辦法[21]以及(2)專業再保險財務業務管理辦法[22]。茲概要分述如下。

---

[20] 參酌：薄慶容、鄭鎮樑、林國和、林永和等，產物保險業核保理賠人員資格考試綱要及參考試題（共同科目篇之再保險科目）第三版，中華民國產物保險核保學會發行，2011年9月。P92~93，文字內容稍有修改。

[21] (1)中華民國97年2月1日行政院金融監督管理委員會金管保三字第09702541641號令訂定發布全文21條；並自中華民國97年4月1日施行(2)中華民國100年3月21日行政院金融監督管理委員會金管保財字第10002504322號令修正發布第13、21條條文；並自發布日施行(3)中華民國100年12月28日行政院金融監督管理委員會金管保財字第10002513621號令修正發布第13、21條條文；並自102年1月1日施行(4)中華民國105年4月28日金融監督管理委員會金管保產字第10502522431號令修正發布第5條、第10條、第11條條文(5)中華民國106年5月2日金融監督管理委員會金管保產字第10602520171號令修正發布第8條、第12條條文。

[22] (1)中華民國97年1月15日行政院金融監督管理委員會金管保三字第09602552061號令訂定發布全文15條(2) 中華民國99年2月4日行政院金融監督管理委員會金管保財字第0990250029 2號令修正發布

保險業辦理再保險分出分入及其他危險分散機制管理辦法主要重點：

1. 揭示保險業者針對其承受之業務應有最低之再保險風險管理機制

所謂最低應包括四個計畫，分別是：自留風險管理、再保險分出風險管理、再保險分入風險管理、集團內再保險風險管理（管理辦法第2條）。觀察原條文內容，對於再保險分出（outward）與再保險分入（inward），業已勾勒出頗為清晰的風險控管，尤其是對於防範因再保險操作錯誤而產生喪失清償能力之問題，指引出原則性方向。原條文內容頗為具體，可為再保險從業人員參考，茲列示如下：

(1) 自留風險管理：符合危險特性之每一危險單位，其最大合理損失預估、風險承擔能力、每一危險單位之最高累積限額等管理基準。

(2) 再保險分出風險管理：再保險分出方式、原保險契約生效後有安排再保險分出需要時之管理基準、再保險人、再保險經紀人之選擇及再保險分出作業流程等。

(3) 再保險分入風險管理：再保險分入之險種、地域、危險單位及累積限額等管理基準。

(4) 集團內再保險風險管理：集團內再保險分出、分入之風險管理流程及交易處理程序。

上述第四項所稱集團內再保險分出，是指保險業辦理再保險分出對象屬於同一關係企業或同一母公司之子公司。

除規範我國保險業者之原則性風險管理制度之外，本條亦對外國保險業於我國專營再保險業務業者規範原則性的風險管理制度，係採用最低要求原則思維，亦即，專營再保險業務業者，其本國法令或本公司之風險管理制度至少應達到我國法令之規定，則在提出其本國法令或本公司制度之說明，並出具已依其本國法令或本公司制度辦理之聲明，並由其在我國設立之分公司負責人簽署並報經主管機關備查後，可依其本國法令規定或本公司制度辦理。

2. 落實再保險風險管理計畫整個環節

主要為再保險的整個作業流程（由分出作業開始至再保險人確認承保及其以後

---

第5條至第7條、第9條；增訂第8條之1條文(3) 中華民國100年3月21日行政院金融監督管理委員會金管保財字第10002504 322號令修正發布第13條；增訂第9條之1條文(4)中華民國100年12月28日行政院金融監督管理委員會金管保財字第10002513611號令修正發布第5條至第7條、第8條之1、第15條；增訂第8條之2條文

之再保險契約內容）之完整性與有效性 （管理辦法第三條與第四條）。原則上係在避免再保險分出未百分百完成前，所產生之保障空隙，尤其是臨時再保險所需之承保能量屬於臨時性質，未完成分保之前，即會有保障空窗問題。至於合約再保險，正常情況下，下年度之合約，無論是新約還是續約，通常會事先規劃完成，但是契約生效後，仍須經過當事雙方簽署具體書面合約文件，以防未來發生再保險相關的效力糾紛。至於契約內容用語，雖由於再保險具有國際性，並無標準的再保契約用語（wording），但再保險契約書面文件之內容仍有其基本之訂定原則，依辦法中之第四條規定，應該包括：

(1) 契約文字與文義應前後一致，專用術語應以定義說明。

(2) 載明適用之法律依據與管轄法院。

(3) 明確訂定契約當事人之權利與義務。

(4) 明確訂定承保之危險種類，承保方式與責任限額等承保範圍。

於再保實務中，上開的確是訂定再保契約之最基本應注意之事。

3. 實質性再保險帳務認定標準

為避免再保險流於財務操作工具，明定具備實質再保險內含者，始可依保險業財務報告編製準則處理再保險帳務。所謂具備實質再保險內含者，包括：

(1) 再保險人實質上已承擔與原保險契約再保分出部分相關之所有保險危險（管理辦法第5條）。

(2) 再保險人自再保險契約所承接之再保部分承擔有顯著之保險危險，且具合理之可能性，該再保險人將因該再保險契約承擔顯著損失。（管理辦法第5條）。

4. 兼業之禁止

即財產保險業不得承接人身保險業之再保險分出業務，人身保險業不得承接財產保險業之再保險分出業務（管理辦法第6條），此為原則性之規定。管理辦法另外規定，「如係保險法第138條第一項規定經主管機關核准經營者，不在此限」。按保險法第138條第一項係規定財產保險業經主管機關核准之後，可以經營傷害保險及健康保險。故財產保險業與人身保險業可以互相承接傷害保險及健康保險之再保險。專營專業再保險之業者，可同時接受人身再保險與財產再保險業務，並無兼業之禁止問題。（管理辦法第20條）

5. 再保安全性之規定

　　再保安全性係指保險人選定之再保人是否有能力履行再保責任，一般再保合約中稱在保險人係以原文的「security」一字稱呼，亦即必須「夠資格」，故管理辦法中稱其「適格再保險分出對象」。所謂適格分出對象種類，包括：

(1) 主管機關核准在中華民國境內專營或兼營再保險業務之保險業。

(2) 經主管機關許可在中華民國境內專營或兼營再保險業務之外國保險業。

(3) 經國際信用評等機構評等達一定等級以上之外國再保險或保險組織。

(4) 依照我國法律規定得經營再保險業務之再保險組織、保險組織或危險分散機制。

(5) 其他經主管機關核准之再保險組織、保險組織或危險分散機制。

　　（以上參考管理辦法第7條）

　　而針對外國再保險或保險組織之信評等級，必須合於國際信用評等機構評等達一定等級，例如：標準普爾公司之BBB等級、貝氏信用評等公司（A.M. Best Company）之B++等級、中華信用評等股份有限公司之 twA+ 等級。（管理辦法第8條）。

　　6. 再保仲介人之適格管理

　　主要係指保險業所委託的保險經紀人辦理再保險分出業務時，亦應有其適格性，否則即為未適格分出（管理辦法第9條）。按接受委託辦理再保分出業務之保險經紀人已成為再保險經紀人（reinsurance broker），再保險中之再保險經紀人擔任極為重要之角色，從再保合約成立、再保帳務處理，以致於再保合約終止後之後續處理，扮演著穿針引線之角色，好的再保經紀人使再保險交易較為順暢，再保險之糾紛較少。

　　7. 再保險對價之原則性管理

　　(1) 財產保險業以比例性再保險方式安排再保險分出時，自留費率應不得低於再保險費率及出單費率。

　　(2) 財產保險業以非比例性再保險方式安排再保險分出時，各自留層之費率，不得低於其高層之費率及同層之加權平均再保險費率，各層之費率水準應符合合理保費分配比例關係。

　　(3) 財產保險業之原簽單業務於安排臨時再保險分出後，不得以任何臨時再保或分保方式承接該分出風險。但航空保險、核能保險及專屬再保險業務，不在此限。

　　上開規定主要是強調自留費率不得低於再保險費率，低再保層之費率依據損失

機率原則，應較高再保層之費率為高。（管理辦法第10條）

8. 巨大保額之非比例再保險臨時再保險分出管理

此係商業火災保險業務及貨物運輸保險業務之再保險分出管理，規定該二種保險種類，以非比例性再保險方式安排臨時再保險分出者，有國內財產保險業參與承接之各層部分，包括但不限於基層及保單自負額或自我保險自留額買回等型式，應有經國際信用評等機構評等達一定等級以上之國外再保險或保險組織，或經主管機關核准在中華民國境內專營再保險業務之再保險業，以原承保範圍報價並共同承接該部分業務30%以上。（管理辦法第11條）。

此亦係基於再保安全性考量，按臨時再保險為再保實務中運用極多之再保險方法，通常亦係在補足合約再保險承保能量不足之情形，故針對臨時再保險再保人的財務安全性，以具備國際信用評等機構評等達一定等級之再保人為適格之再保人。

9. 非傳統風險分散機制之管理

非傳統風險分散機制是指保險法第147條所稱其他危險分散機制，即是指限額再保險或其他以移轉、交換或證券化等方式分散保險危險之非傳統再保險。而所謂限額再保險，則是將所移轉之保險危險限制於一定範圍內，並兼具有財務融通目的之再保險契約。（管理辦法第14條）。保險業辦理非傳統風險分散機制，應有一定之處理程序以及於財務報表中應揭露之事項，另外，分出對象亦有其適格要求，同時契約之內容亦應有最低應包括的事項。（管理辦法第15~19條）

第二個法規專門針對專業再保險業者之財務與業務之管理，包括各式準備金提存、資訊公開及外國再保險業之監理規定，分別說明如下：

1. 著重各種準備金之提存規定，依該管理辦法第4至第8條規定，包括未滿期保費準備金、保費不足準備金、特別準備金（包括異常業務損失特別準備金、危險變動特別準備金、賠款準備金。其中保費不足準備金為一較新之概念，原條文係規定，保險期間尚未屆滿之有效契約或尚未終止之承保危險評估未來可能發生之再保賠款與費用，該評估金額如逾提存之未滿期保費準備金及未來預期之保費收入，應就其差額按險別提存保費不足準備金。另外所謂異常業務，係指天然巨災事故與人為巨災事故。綜觀財務面關於各種準備金規定，主要目的無非在於維持再保險業之清償能力。

2. 資金運用為財務規範之另一面向，依第10條規定，專業再保險業國外投資總

額，不得超過其資金60%，且不受保險法第146條之4規定的限制。

(3) 外國保險業如專營再保險業，如其國外本公司財務健全，經提出其本公司制度之說明並聲明符合其本國法令者，免適用我國風險基礎資本額制度以及簽證精算制度之規定。而在準備金方面，其各種再保險準備金之提存，符合其本國法令及保險精算原理，並經簽證精算人員查核出具證明者，亦得不適用我國之提存規定。最後有關內部控制及稽核制度、資產評估及逾期放款催收款呆帳之處理以及其他經主管機關指定之財務、業務管理事項，如其本國法令或本公司制度有不低於我國法令之規定者，得提出其本國法令或本公司制度之說明，並出具已依其本國法令或本公司制度辦理之聲明，由在台分公司負責人簽署並報經主管機關備查後，依其本國法令規定或本公司制度辦理。（以上詳參閱管理辦法第12條至第14條）。

第貳章

# 再保險之功能

早期的再保文獻，將再保險功能分成財務功能（Financial Function）、承保能量功能（Capacity Function）、穩定承保業績功能（Stabilizing of Underwriting Function）與巨災保障功能（Catastrophe Function）等四個基本功能[1]，該四個基本功能亦為許多風險管理與保險學相關文獻之引用資料[2]。不過，論及再保險之功能，應稍加深入，可由原保險人、再保險人與被保險人等不同觀點分析，雖然功能甚多，但仍可歸納為經營技術面、財務面與其他等三個面向。屬於技術經營者主要有危險之分散與平均、提供承保能量、創造保險公司業績的穩定性；屬於財務面者主要有增加保險公司的財務力量、提高清償能力、克服技術性虧損、增加盈餘保障；其他雜項功能為便利業務移轉、提供技術服務。茲仍以原保險人、再保險人與被保險人為基礎，詳細分析如下。

# 第一節　對原保險人（被再保人）之功能

## 一、危險之分散與平均

危險之分散與平均為再保險最基本與最原始的功能，再保險分散與平均危險的功能，可由圖2-1說明。圖中最右邊是保險經營的理想原則[3]，最左邊是保險公司實際經營碰到之問題。由圖可知，原保險人可向再保險人分出業務或自同業分入業務，使原保險人承保的危險數量與額度可以提高，承保能量擴大，可以發揮大數法則的效果，獲取經營的安全與穩定。而原保險人經再保之分出與分入後，自留業務可達一定程度的齊一性，使平均數法則發揮作用。

---

[1] 例如1970年代Andrew J, "Reinsurance: A Practical Guide"乙書。

[2] 例如2013年George E. Rejda, Michael J. McNamara於第12版的"Principle of Risk Management and Insurance"乙書（pp.129-130）。

[3] 尚有理賠公平原則、費率適當原則。

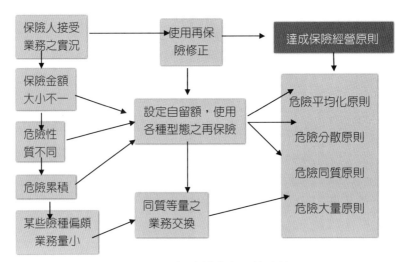

圖2-1　再保險基本與原始功能

## 二、提供承保能量（Providing Capacity）

　　此亦爲原保險人尋求再保險的主要理由之一。與巨大之保險標的物相比較，例如，海上鑽油平台設備、巨型的飛機[4]、超級油輪、晶圓廠、煉油廠、超級摩天大樓等等，保險人的資本相對上是有限的。亦即，如無其他機制相挺，保險人僅能承保偏向中小型業務，或謂中小型業務無須再保險之支撐，事實不然，保險經營的宿命之一爲危險累積，仍需適度求助額外承保能量。

　　基本上，保險人在經營過程中，必然也必要承保大型業務，承保大型業務定然遠超過保險人自身可自留額度，在承保技術上常藉助共同保險（Coinsurance）技術與再保險技術，前者保險業界頗有採用，也有其效用，但共同保險在操作上畢竟是逐案式，處理之案件畢竟有限，抑且有時針對特殊業務，運用上有其限制，在時間與效率上不及一個再保險合約直接方便與自動。再者，實務上採用共同保險之後，業者所承擔之危險仍屬巨大，仍不乏遠超過自留額之案件，仍須再行安排再保險二度分割危險。故再保險仍爲提供承保能量之主要

---

[4]　例如Jumbo747, Air Bus380。

機制。

　　依據上述，假設保險公司承保一艘3,000萬美金的新船，但是因為保險公司資本不大，其自留額度僅為200萬美金，藉助再保險合約分出2,800萬美金給其他保險公司（即再保人），則因有再保人承受2,800萬美金，使保險人可以簽發一張保險金額為3,000萬美金之船體保險單。此種情況下，吾人即可謂「再保險了提供保險公司2,800萬美金之承保能量」，茲再以圖2-2例示之[5]。依圖中所示，如無再保險提供，被保險人之危險可能需洽多個保險公司，未免耗時費力，保障產生問題，由於再保險提供額外之承保能量，問題迎刃而解。

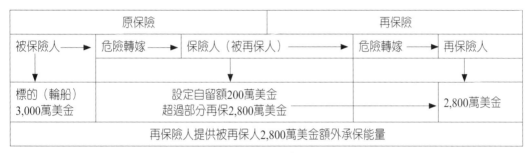

**圖2-2　再保險提供承保能量運作示意圖**

## 三、創造保險公司業績的穩定性（Creating Stability）

　　保險公司經營通常會碰到承保業績波動的情況，業績波動也是保險經營宿命之一，因為經營業務之過程中，巨災案件雖非年年觸碰，偶然碰上一次，當年經營業績必然產生劇變；有時一年之中大型案件異常偏多，也有相同效果。上述各種情況，共同的特色在於賠款累積，賠款累積正是損失率（Loss Ratio）[6]波動之來源。即便是大型單一危險案件之全損，亦有重大影響，例如

---

[5]　摘自鄭鎮樑，丁文城，再保險實務，2005。

[6]　損失率是評估保險人（尤其是產物保險業）經營績效的重要指標，其基本公式是「已發生賠款除以已滿期保險費」，已發生賠款，是指已付賠款（Loss Paid）加上未決賠款（Outstanding Loss）。但是，計算損失率的方法依據統計資料之不同，又區分為曆年制損失率（Calender Year Basis Loss Ratio）、保單年度制〔或稱承保年度制損失率（Underwriting Year or Policy Year Basis Loss Ra-

巨輪沉沒，對於海上船體保險整年之損失率即是典型例子；巨無霸噴射客機發生空難，非但涉及航空機體保險理賠，也涉及巨大的乘客責任保險，此種情況之下，保險人當年度航空保險之業績由紅翻黑，實不足為奇。年度與年度之間不合常理的損失率波動，正是保險公司經營客觀危險[7]之具體表徵，保險公司應在長期間追求合理性的經營客觀危險，其達成之方法仍以再保險為最佳機制。其基本原理是實際損失率較預期損失率高的年度，透過再保險約定將一部分損失轉嫁給再保險人，再保險人與保險公司一起分攤損失；反之，再保險人與保險公司一起分享利潤，在長期間求得業務經營之穩定性。由此可知，保險公司如欲求長期之經營穩定，原則上與再保險人亦應維持長期業務關係。

## 四、增加保險公司的清償能力（Solvency）與財務力量（Strengthening Financial）

有認為所有型態的再保險都具有「融資」的型式（All reinsurance is a form of financing），因為保險公司經由風險再轉嫁，可以保護其資產負債表，降低盈餘之波動性，亦可使其資本有較佳之使用層次[8]，該等說法可由保險公司的資產負債表變化情況分析，由分析中可發現保險公司清償能力提高之數據（請詳後面實例說明）。

保險監理官衡量保險公司的清償能力有許多指標，其中之一為最低清償比率，其公式如下所列[9]：

【資本（Capital）＋自由準備（Free Reserve）】÷淨保費收入
＝淨值（Net Worth）÷淨保費收入

---

tio）〕、意外事故年度制損失率（Accident Year Basis Loss Ratio）三種。

[7] 預期損失與實際損失之差距。

[8] Swiss Reinsurance Company, The Essential Guide To Reinsurance, 2010, p.9.

[9] Reinsurance for the Beginner by R. Phillip Bellerose revised by Christopher C. Paine, 5th edition, 2003, pp.4-5.

　　毛保費收入與淨保費收入之差異在於有無扣除再保險分出所支付之再保費。保險監理官之著眼點是保險公可自留多少保費,很有名的黃金法則(Golden Rule),是經驗法則之一,建議採用淨值與自留保費收入維持(1:3)關係。保險公司之毛保費收入一般會大於淨值之3倍,藉助適當再保險型態(例如,比率合約再保險),甚易達成該標準。不過,黃金法則只是一種參考性法則,不見得適用於所有國家。

　　保費收入能夠成長是保險公司所企求者,但由於保費是預收性質,於會計年度結束時必須提存未滿期保費準備,未滿期保費準備為負債科目,亦為資產負債表中最大之負債科目。經過再保險之後,提存基數係以淨保費收入為基礎,當有助於降低負債部位,自然提升淨值部分。例如,保險公司之淨值如為$300M(M為百萬),毛保費收入為$1200M,如維持黃金法則規定,可以安排25%比率合約再保險(Quota Share Reinsurance)[10],則其清償能力比率可由25%提升至33.3%。

　　前述提及安排再保險後對於資產負債表之變化,茲舉一例說明。假設某保險公司未安排再保險前之資產負債表如圖2-3。假設該保險公司安排60% Quota Share,再保公司支付35%平準式再保佣金[11],則該保險公司安排再保險後之資產負債表轉變如圖2-4。圖2-4的未滿期保費準備由400萬經安排60% Quota Share之後,僅須提列(400萬×40% = 160萬),現金部位300萬轉變為144萬,係因扣除240萬再保費支出,但可由再保人收取(240萬×35% = 84萬)之再保佣金,保單持有人權益(Policyholders Surplus,簡稱PHS)增加之部分,恰為再保佣金數字。PHS即是淨值之意。

---

[10] 【(1200M−300M×3) ÷1200M】×100% = 25%

[11] 再保佣金為再保人補償被再保人為取得業務所產生之取得成本(Acquisition Cost),請詳本書後述。

**圖2-3　未安排再保前之資產負債表**

**圖2-4　安排再保後之資產負債表**

## 五、克服技術性虧損

　　許多保險監理法規採用穩健保守主義，規定原保險人支出之保單取得成本（Policy Acquisition Costs），須於發生時即時以費用入帳。再者，保費收入必須提存準備金，此種情況必然會發生所謂的「技術性虧損」。當保險公司的業務量愈大時，在上述雙重壓力之下，「技術性虧損」之可能愈大，尤其是成立時間不久的保險公司。「技術性虧損」可能同時影響資產負債表與損益表，前

者有稱之爲淨值枯竭（Surplus Drain）現象，後者則可能影響淨利。藉著再保險之助，應列準備金與費用以自留部分爲限，且又可獲取再保佣金，可克服因保險法規所產生之技術性虧損問題。

## 六、增加盈餘保障

經由前述，保險公司安排再保險，由於提升其承保能量，當有助於保險公司之行銷與核保，使其有能力承保更多、更深、更廣之業務，又可使保險公司經營上之客觀危險有效降低。再者，再保佣金（Reinsurance Commission）可以攤回業務之取得成本，核保績效良好，通常有有盈餘佣金（Profit Commission）收入，在正常運作之情況下，必能增加保險公司之盈餘保障。再保佣金與盈餘佣金之意義與運作，將於第六章詳細說明。

## 七、加速業務發展

加速業務發展係指透過再保險支撐，使保險人可以開發新業務（New Business）或進入新的業務區域（New Area）。例如，開發新險種，由於欠缺經驗，但經與再保人洽商，安排再保合約之後，可以逐漸累積經驗，擴大保險公司之業務面向。保險公司亦可以再保分入（Inwards），嘗試接受新的險種，例如，太空保險（Space Insurance）中的人造衛星之發射前保險（Pre-Launch Insurance）、發射保險（Launch Insurance）、太空軌道保險（Satellite In-Orbit Insurance）與衛星使用者保險（Satellite User Insurance）。保險公司成長至一定規模，亦可將再保險視爲一種業務，設定好的核保機制[12]，由海外分進不同種類之再保險，間接進入新的業務區域。

---

[12] 此已涉及再保險經營領域，再保險之分入業務極爲複雜，非常具有專業性，進入該領域其實需格外謹慎。

## 八、便利業務移轉

便利業務移轉係指利用再保險為工具,達到移轉未了責任之目的。許多跨國保險集團,欲結束某一地區之業務,結束業務最大之問題在於未了責任,有時亦可透過再保險工具,例如未決賠款責任再保險(Loss Portfolio Transfer Reinsurance),將未了責任移轉於願意承受之再保人。關於未了責任之意義,請參閱本書第六章。

## 九、提供技術服務

一流的再保人聘用許多學理與實務經驗豐富的專家,透過再保險交易,基於互惠原則,可以給予保險公司承作業務時之建議與協助服務。另外,許多居於領導地位的國際性再保人,亦提供一些訓練課程予保險公司具有潛力的員工在職訓練機會,亦常舉辦一些技術或專業性研討會,提供保險公司員工修習成長。

綜合上開各項功能,區域性保險市場,於再保險機制之運作下而有一定程度的穩定性,亦提供資金於真實經濟社會中[13]。

# 第二節　對再保人與被保險人之功能

## 一、對再保人之功能

其實對於再保人而言,如果將其角色轉為受保障之對象,亦即,成為轉再保中的被轉再保人,則上述論及之功能,有許多亦可適用。不過,再保險之運

---

[13] Reinsurers stabilize local insurance markets and provide capital to the real economy. 參酌 Swiss Reinsurance Company, The Essential Guide To Reinsurance, 2010, p.9.

作對於再保人之功能，應該特別論述下列兩個。

## (一) 達成危險分散

再保人由不同之管道接受業務，危險累積實在難免。而累積之型態並不單純，有些是透明可控制的，有些是混沌不可控制的。前者，可謂為第一重再保鏈，再保人非常清楚知道業務區域與業務來源，其實亦可針對再保同業，透過業務交換方式，非但擴大經營基礎，亦達成危險分散。至於後者，轉再保多次之後，只能安排一些保障機制，以免一次巨災而致異常損失，危及清償能力。總的看來，再保人透過再保險進行之各種轉再保險安排，的確是有助於其達成危險分散。

## (二) 簡省營業費用

就專業再保人或是保險集團而言，經營再保險業務另一優點在於透過再保險機制，突破空間限制，無須於世界各地廣設分支機構，即可分入不同種類之大量業務，有簡省營業費用之功效。

# 二、對被保險人之功能

對被保險人而言，再保險之功能全為間接性的、經濟性的，茲分析如下。

## (一) 再保險提供被保險人之間接性安全保障

對於被保險人而言，購買保險為第一線、直接性的保障，但是關鍵在於保險人能夠信守承諾，在承保範圍內之損失，可以如數獲得補償。而信守承諾之根本在於清償能力，再保險既有加強保險公司清償能力之功效，對於被保險人而言，不啻是加深其保障，謂其為第二線保障亦不為過。

## (二) 簡化投保手續

此為前述提供保險人承保能量之延伸。假如沒有再保險機制，則因保險公司之承保能量受到限制，而被保險人（企業主）需求之保險額度又高，不論是保險業透過共保機制，或是被保險人接洽數家保險公司尋求保障，難免耗時費力。如今因再保險提供足夠承保能量，被保險人向單一保險公司安排保險即可，可節省人力與時間，故謂再保險可簡化投保手續。

## (三) 提高企業信用

融資為商業經營常態，例如企業購買船舶、飛機、建大型廠房，提供融資者固然在借貸中獲取利息，如何確保本利回收，應有其完整機制，其中之一為保險之配合。抵押貸款為一普遍現象，不幸要處理抵押品時，抵押品完整存在是基本要件，故抵押品是否有完備之保險甚為重要。進而言之，投保之保險公司是否財務健全，銀行亦應有所注意，於此，同樣觸及再保險提供之間接性安全保障。總之，企業主投保之保險公司與保險公司的再保險安排完備之時，對於企業貸款時提高信用是有間接貢獻的。

## 本章自我評量問題

1. 再保險的功能甚多，試就：(1)危險分散與平均，(2)擴大承保能量，(3)穩定損失經驗，(4)紓解淨值壓力（Surplus Relief）等四個功能，詳細說明之。（102.1核保學會）

2. 保險如何能穩定原保險人之損失經驗？試簡要說明之。（99.2核保學會）

3. 再保險的基本功能是什麼？如何達成？（98.2核保學會）

第叁章

# 再保險適用之基本原則概要

原保險契約適用保險利益、最大誠信、補償（其中包括代位求償及損失分攤兩個補助原則）、主力近因等四大基本原則。再保險除了適用該等四個原則之外，另適用同一命運原則，爲再保險適用之特色原則，但在實際運用上頗有爭端。本章將簡要說明該等原則之適用情形，特別是同一命運原則。

## 第一節　保險利益原則

保險利益是指要保人或被保人與保險標的間之經濟利害關係。所謂「利」，是指保險事故未發生，保險標的存在，要保人或被保人享有經濟利益；所謂「害」，是指保險事故發生，要保人或被保人將承受經濟上之不利益。而再保險之保險利益，係原保險人爲避免其承保責任發生所致給付保險金產生之不利益，亦即，原保險人對於再保險標的所擁有之經濟利害關係，此種經濟利益，承保之危險事故如不發生，則原保險人繼續享有，因發生則會承負損失。英國海上保險法（Marine Insurance Act 1906）第9條規定：「海上保險契約中之保險人對於其所承保之危險具有保險利益，可以就該保險利益安排再保險」[1]，即在於說明原保險人具有再保險利益。

由於保險公司安排再保險甚具彈性，原保險人或就其保險責任範圍悉數安排再保，或僅將保險責任範圍之一部分安排再保，故再保險之保險利益範圍不超過原保險人保險責任之範圍。例如，船體保險之再保險合約，可能僅約定再保範圍爲「全損險」（Total Loss Only，簡稱TLO），而未將單獨海損（Particular Average，簡稱PA）、共同海損（General Average，簡稱GA）列入。

## 第二節　最高誠信原則

保險中所謂最大誠信，主要意義爲保險契約當事雙方在法律上有義務向

---

[1] MIA §9：the **insurer** under a contract of marine insurance has an insurable interest **in his risk**, and **may reinsure** in respect of it.

彼此告知所有足以影響任一方作成簽訂保險契約決策之所有已要求或未要求之重要事項。因此,最大誠信同時適用於保險人與被保險人。就再保險而言,雖有認為再保交易當事雙方都是「專家」,所以,再保人已經知道的、應該知道的,分保人被賦予權利推測再保人已經知道的之情況,較為寬鬆[2]。但是就實務觀點,本書認為最大誠信原則適用之強烈程度,再保險應大於原保險,而且再保險當事雙方互負最大誠信之義務,茲再分述如下。

## 一、被再保人應承負之最大誠信較再保人為高

被再保人應承負之最大誠信較再保人為高之理由,有下列幾個:

1.首先,再保險為一種「虛擬式」交易。在交易過程中,當事雙方進行業務之要約與承諾,從較早紙本、電報、傳真等方式,至於現行普遍採用電子郵件傳遞業務資料供再保人核保,其所包括之資料為要約函件、統計數據、再保摘要表(Slip)等等。除了臨時再保險,就合約再保險而論,由於係整批式交易,實務作業上不容許針對每一張保單鉅細靡遺地陳述,所以,再保險並不像原始保險有具體事項可資對應。例如,於原保險的財產保險之中,重大保險件必須要有查勘(Survey)作業。因之,當事雙方彼此之互信為再保交易之基礎,其基礎即在於最大誠信之要求。

2.其次是核保權問題。除了臨時再保險是個案交易外,大部分的再保險為整批交易,再保人對於整批中之各個案件並無直接核保權,僅能就被再保人欲保障業務之結構、損失潛在可能性等等進行整體核保,此點說明被再保人為何亟需提供詳實之核保資料,亦為告知義務之具體表現。有再保文獻指出:「雖然再保險合約當事雙方均有交易力量(Bargaining Power),但是被再保人掌握所有業務相關資料,所以被再保人應向再保人告知所有相關的資訊」[3],故吾人認為,被再保人應盡之最大誠信實高於再保險人。

---

[2] Swiss Reinsurance Company, Reinsurance Matters: A manual of non-life branch, 2004, p.35.

[3] 參酌 Swiss Reinsurance Company, Reinsurance Matters: A manual of non-life branch, 2004, p.35.

## 二、再保人應負最大誠信之緣由

由另一方向觀察，尋求保障為被再保人安排再保之最終目的，當需要再保險人攤付再保賠款之時，再保險人不但須有能力也願意履行其義務（Honour Obligation）。職是之故，再保合約成立之際，再保人即應瞭解，信守對於被再保人之攤賠承諾，為其承接再保險業務之最終目的，此係最大誠信之終極表現。

基本上，被再保人與再保人成立業務關係之時，彼此應該謹慎的互相進行「人之核保」（Underwriting a Man），一旦成立合作關係，當事雙方應有共享利潤與共攤損失之基本認知，但此通常皆需長時間驗證。

## 三、臨時再保險與合約再保險在適用告知義務之差異性[4]

臨時再保險，基本上屬於零售式交易，再保人對於每一交易案件，如同原保險交易，透明度高，再保人亦有絕對之選擇權，在適用告知義務方面，較易掌握。至於合約再保險，則有所不同。

美國法院認為，對於合約再保險適用告知義務之標準較高，因為被再保人對於再保人提供之保障需求是較高的。再者，再保人不能選擇個案業務，而必須接受合約範圍中所約定之所有業務。所以在合約簽訂之前，分保人必須提出受保障業務之所有必要的核保資訊，以及損失統計資料，以便再保人可以全盤評估受保障之業務。依英國法律，被再保人之義務是絕對的。詐欺、過失、誤報均是違反告知義務，再保人可以主張契約自始無效，無論損失與未告知之事實（Missing Fact）有無關聯。

## 四、最大誠信持續期間

契約成立前須遵守當然無庸置疑，即使在契約成立之後依然持續，但文獻

---

[4] 參酌 Swiss Reinsurance Company, Reinsurance Matters: A manual of non-life branch, 2004, p.35.

建議涉及之層面僅限於危險（the risk）的重大變更或詐欺性賠案爲限。此外，最好於合約中明示要求被再保人確實持續其最大誠信。因此，現行實務規定持續告知義務通常於再保合約中明示[5]。

## 第三節　損失塡補原則

　　再保險契約適用損失塡補原則較原保險還要徹底，再保文獻謂損失塡補原則是再保險契約的必要原則[6]，其基本邏輯在於，再保險合約承保之標的爲原保險人於原保險中之潛在承保責任。雖然保險基本理論謂人身無價，人身保險並不適用損失塡補原則，但是人身再保險係在於補償被再保人給付被保險人之理賠金，在性質上即是補償概念。

　　損失塡補原則於再保險之運作，如前述保險法第40條之規定，遵循再保人對於被再保人攤付賠款之原則，即原保險契約之被保險人，對於再保險人無賠償請求權，於此須特別討論者爲該條文之但書，即「原保險契約及再保險契約另有約定者，不在此限」之規定。關於該但書，在實務中有所謂的直接給付條款（Cut-Through Clause）[7]，即是例外之一。事實上，直接給付條款只是在特定情況之下始能啓動，並非各種情況皆可適用。茲就該條文內容，分析如下。

---

[5] Swiss Reinsurance Company, Reinsurance Matters: A manual of non-life branch, 2004, p.36.

[6] Golding: The Law and Practice of Reinsurance, 5th edition, Witherby, 1987, p.11.

[7] 該條文部分內容如後：The reinsurers and reinsured hereby agree and guarantee that if the reinsured shall at any time be or become insolvent or suspend business, or file a petition in bankruptcy, or be adjudicated insolvent or bankrupt, or admit in writing its inability to pay its debts as they become due, or make a general assignment for the benefit of its creditors, or areceiver or liquidator or assignee or trustee shall be appointed in respect of the reinsured or any substantial part of its property and assets for the purposes of liquidation on account of insolvency, in all such cases each reinsurer, in lieu of payment to the reinsured, its successors in interest or assignees, shall pay that portion of any loss due to the insured for which such reinsurer would otherwise be liable to pay the reinsured, it being herein distinctly understood and agreed that any such payment by the reinsurers directly to the insured or its assigns shall fully discharge and release the reinsurers from any and all further liability for such payment made. For the purposes of this reinsurance, clause (1)above shall apply with respect to the interests of the insured and/or other interests noted on or in this reinsurance policy and, ...

直接給付條款係規定被再保人（即原保險人）發生下列情況時，再保人可以將賠款直接支付被保人：

1.喪失清償能力或停止營業或提出破產聲明。

2.經法院判決喪失清償能力或破產。

3.以書面承認無能力支付到期之債務。

4.為其債權人之利益進行共同分配[8]。

由於喪失清償能力之故，為了清算被再保人之資產或是其任何重大財產，而指定破產事務官或破產清算人或受託人處理被再保人之業務。

再保人逕行支付被保險人之款項，當然以被保險人應獲得之賠款為限，且應以再保險人就該單筆業務應攤賠之額度為限。再保人支付款項之後，就該部分自然完全解除承保責任。如將直接給付條款列入再保契約時，此時的再保險契約具有第三人利益契約的性質。

再保險人應攤賠之範圍，當然以再保合約所規定之範圍為限。原則上即為被再保人於原保險契約之中，依其承保範圍應負之賠償責任，再保人始就其參加再保險合約之成分分攤再保賠款。再保實務中對於合約用語之解釋，常引發是否為再保合約應攤賠之爭議，例如，再保合約中規定「to pay as may be paid thereon」，經判例解釋為「to pay as may be liable paid thereon」[9]，此係在區分「賠付」與「有責任賠付」之區別。

另外，損失填補原則於再保險之適用尚有一些特殊問題。例如，是否應分攤優惠賠款（Ex-Gratia Payment）、被再保人喪失清償能力或破產之時，再保人應如何攤賠以及攤賠對象，再保險人不履行再保險義務，被再保人應如何處理之問題。茲分析如下：

1.優惠賠款：假如再保合約之條款規定，被再保人有權以自己之判斷理結或協商（Compromise）所有賠案，且再保人完全無置喙之處，此種情況之下，再保人仍須分攤優惠賠款[10]。此點於同一命運原則中當再詳細說明。

---

[8] 共同分配，係指債務人自動將其全部財產移交給一個受託人處理，以滿足所有他的債權人的要求。

[9] Merchants Marine Insurance Company v. Liverpool Marine & General Insurance Company (1928)，詳見 Golding: The Law and Practice of Reinsurance, 5th edition, Witherby, 1987, p.12之解說。

[10] Giving the reinsured the right to settle or compromise all losses as it sole discretion and without interfer-

2.被再保人喪失清償能力或破產之時，再保人應如何處理之問題。除非有特別約定，再保人對於清算中之被再保人仍有攤付之義務，但其攤付之對象可能是被再保人之清算人。

3.再保險人不履行再保險義務，被再保人應如何處理之問題。再保險人不履行再保險義務，可能的原因之一，爲再保險人已在清算之中，被再保人應於申報債權期限內登記債權，以便於未來就再保人剩餘資產參與分配[11]；可能原因之二，爲再保合約產生爭議，可能進行調解、提交仲裁或進行訴訟等不同處理方式[12]。

# 第四節　同一命運原則

## 一、同一命運之基本意義

同一命運一般指被再保人之經營結果，再保人亦承受相同結果。不過，同一命運在適用時常有爭議。一般對於同一命運之界定，爲同一命運原則之適用範圍不應超越分保公司之保險命運，且強調在「合約範圍」（within the scope of agreement）之內，再保人與被再保人才是同一命運。

原則上，再保險所謂的同一命運是指保險命運，而非商業命運。保險命運（Insurance Fortune or Technical Fortune），係指原保險人依保單之約定所承擔之責任；商業命運，是保險人基於商業策略衍生的額外責任，最常見的商業命運就是優惠賠款（Ex-Gratia Payment）是否應攤賠的問題[13]，通常取決於再保險合約文字（Wording）之規定與解釋。

---

ence from the reinsurer, or to contest or defend a claim and to hold the reinsurer liable for a claim for its proportionate shareif any costs incurred in connection therewith.

[11] 鄭鎮樑、丁文城，再保險實務，初版，五南圖書出版公司，2004，p.461。

[12] 請詳鄭鎮樑、丁文城，再保險實務，初版，五南圖書出版公司，2004，第10章。

[13] 優惠賠款是指原不在承保範圍之內，但基於商業策略考量仍予理賠之賠款。

## ㈠ 同一命運條款與追隨命運原則

再保險合約（尤其是比例再保險合約）通常置有同一命運條款，即便是該條款不單獨列示一條，亦與其他條文結合[14]以顯示其實質意義。茲再分析如下。

### 1. 與處理賠款同一命運（Follow the Settlements）條款之原則性規定

與處理賠款同一命運之主要內容，為被再保人處理之賠款，只要在相關保險單之條件與條款範圍內以及再保險合約範圍內之條件與條款，將拘束再保人。被再保人支付被保險人之賠款如非屬承保範圍者，除於支付之前獲得再保人之同意外，無法拘束再保險人[15]。

### 2. 追隨命運原則（Follow the Fortunes Doctrine）

美國法院所稱的「追隨命運原則」[16]之規定，與處理賠款同一命運"follow the settlements"條款之規定效果相同。依據該原則，被再保人處理之賠案通常可拘束再保人[17]，但下列三點例外：

(1) 處理之賠款未在原保險或再保險範圍內者，再保人不受拘束（the settlement was for a loss that did not fall within the scope of the reinsurance or of the original insurance as a matter of law）。

(2) 被再保人處理賠案涉及詐欺、共謀或背信（the reinsured settled the claim fraudulently, collusively or in bad faith）。

(3) 被再保人未經適當調查即確認賠款（the reinsured failed to ascertain the

---

[14] 例如置於Reinsuring Clause之中。

[15] Claim settlements by the reinsured shall be binding upon the reinsurer, providing such settlements are within the terms and conditions of the relevant policy and within the terms and conditions of this reinsurance agreement. Payments by the reinsured to the insured where the reinsured is not liable shall be binding upon the reinsurer only where his approval is obtained prior to any payment. 出自 Swiss Reinsurance Company, Reinsurance Matters: A manual of the non-life branches, 2005, p.38.

[16] Colin Edelman etc, the Law of Reinsurance, Oxford University Press, 2005, p.81.

[17] the effect of these clauses is to bind the reinsurer generally by the reinsured's disposition of claims.

loss by a proper investigation）。

### 3. 條文用語影響再保人之責任

同一命運原則為再保險交易重大原則之一，再保險實務中之再保險合約（尤其是比例再保險合約），一般會有同一命運條款，該條款並無標準式，故其文字表現對於再保人有很大的影響。下面是三個例子[18]。

(1) Subject to the terms, conditions and limits of the (reinsurance) agreement, the reinsurer shall indemnify the reinsured with respect to losses arising **under the original policy**.

本段大意為：

依據再保險合約中之條件、條款與再保責任限額，再保人應補償被再保人源於原始保單所致之相關賠款。

(2) Subject to the terms, conditions and limits of the (reinsurance) agreement, the reinsurer shall **follow the technical insurance fortunes** of the reinsured.

本段大意為：

依據再保險合約中之條件、條款與再保責任限額，再保人與被再保人的技術性保險命運相同。

(3) The reinsurer shall follow the fortunes in all respects or unconditionally or subject to the same terms and conditions as the original policy.

本段大意為：

依據原始保單中之相同條件與條款，再保險人毫無條件的追隨所有相關的命運。

上列三種條文，第一個與第二個顯然是遵守前稱「保險命運」或是「技術命運」之規定，第三個則因有所有相關的或毫無條件的（in all respects or un-

---

[18] Swiss Reinsurance Company, Reinsurance Matters: A manual of the non-life branches, 2005, p.37.

conditionally）字眼，在解釋上難免擴及「商業命運」範疇。

## (二) 比例再保險與非比例再保險之適用

比例再保險與非比例再保險適用同一命運原則有程度上之差別。比例再保險中的比率再保險，因以固定比率分出，再保人對於每一張保單均應分享保費，相對上也要分攤可能產生之賠款，應可謂完全適用同一命運原則；而溢額再保險則因被再保人之自留額係採固定額度，凡於固定額度內之保險單完全自留，再保人所分進之業務通常是大型業務，其適用同一命運原則之波動性較大，故其適用同一命運原則不及比率再保險徹底[19]。非比例再保險，因採用損失為再保險人承擔責任之基礎，被再保人須承擔第一個損失（the first loss），故適用情況較不強烈。臨時再保險雖屬個案交易，仍有比例與非比例之別，如採比率方式，則完全適用，非比例型態適用情況較不強烈[20]。

---

[19] 此點初學者或難以體會，建議於研讀本書第肆章再保險基本型態之運作後再行回顧，即可理解。

[20] 關於比例再保與非比例再保之意義，請詳第肆章，此處先行列出參考。

## 本章自我評量問題

1. 同一命運原則（Follow the Fortune Principle）（98.1、101.2核保人學會）。何謂同一命運（Follow the Fortune）？（100.1核保人學會）

2. 同一命運原則（Follow the Fortune Principle）之原意何在？對於比例再保險與非比例再保險在適用上，有何差異？試簡要說明之。（99.1核保人學會）

3. 同一命運原則（Follow the Fortunes Principle）於比例再保險與非比例再保險之適用程度有何差異？試簡要說明之。（102.1核保人學會）

4. 再保險契約為保險契約之一種，亦適用最大誠信原則，請問原保險人踐行誠信原則具體表現於再保險契約中之哪些地方？（102.2核保人學會）

5. 原保險人履行再保險契約責任時，需要遵守更高的誠信原則，其理由為何？（103.1核保人學會）

第肆章

# 再保險之基本方法與
# 型態概述㈠

再保險的基本實務功夫，在於徹底認識再保險之基本方法與基本型態，茲先將基本方法與基本型態編表如下。

表4-1　再保險之方法與型態表

| 再保險方法<br>（Methods） | 再保險型態（Type） | |
|---|---|---|
| | 比例再保險<br>Proportional | 非比例再保險<br>Non-Proportional |
| 臨時再保險<br>Facultative | 比率再保險<br>Quota Share（簡稱Q/S） | 1. 超額賠款再保險（Excess of Loss Reinsurance，簡稱XOL）<br>(1) 普通超額賠款再保險（Working Excess of Loss Reinsurance，簡稱WXL）：以每一危險為基礎之普通超額賠款再保險（簡稱XOL-Per Risk）或以每一事件（Per Event）為基礎之普通超額賠款再保險<br>(2) 巨災超額賠款再保險（Catastrophe Excess of Loss Reinsurance，簡稱CXL） |
| 預約再保險<br>Open Cover | 溢額再保險<br>Surplus | |
| 合約再保險<br>Treaty | 複合再保險<br>Combined Q/Share & Surplus | 停止損失再保險或超率再保險<br>Stop Loss or Excess of Loss Ratio Reinsurance |

臨時再保險通常與比率再保險結合應用，也可與超額賠款再保險一起應用。預約再保險通常與溢額再保險之基本單位「線」（Line）連結，但亦可能採獨立承保額度運作。而合約再保險則是全面性的，可與各種型態配合使用。本章先行介紹基本方法與基本型態中的比例再保險。

# 第一節　再保險之基本方法

區分再保險方法，以再保險契約當事人間分出與分入業務之間的選擇性與義務性之運作為其基礎，最為清楚。如表4-2中所列，可以分出表示選擇性，必須接受則顯示有義務性，茲分述如下。

**表4-2　再保險方法區分表**

| 當事人 | 預約再保險 | 合約再保險 | 臨時再保險 |
|---|---|---|---|
| 被再保人 | 可以分出（選擇性） | 必須分出（義務性） | 可以分出（選擇性） |
| 再保人 | 必須接受（義務性） | 必須接受（義務性） | 可以接受（選擇性） |

## 一、預約再保險

### (一) 意義與特性

　　再保險之安排方法中，如果再保險當事人約定，一方（被再保人）對於再保業務是否分出有絕對之自由選擇權，而另一方（再保人）對於被再保人所分出之業務具有一定要接受之義務，稱之為預約再保險。由上可知，預約再保險，其精神在於「預約」二字，但是此處之預約比較偏向於被再保人，即被再保人「預約」了「再保能量」。由上開定義亦可知，預約再保險之特性在於半義務性，被再保人在安排業務上顯然有選擇權，而再保人則為百分之百的義務性，亦即，此種再保險安排，同時具有臨時再保險與合約再保險之特性，故原文稱其為Facultative Obligatory Cover，其意為臨時義務性再保險，另尚有半臨時再保險（Semi-Facultative Reinsurance）與半自動再保險（Scmi-Automatic Reinsurance）等不同稱呼。不過雖名為預約，仍須就預約內容與方式預為規範，本質上仍然是具有「合約」特性的一種再保險。

### (二) 預約再保險之基本運作方式

　　原則上，預約再保險與再保險型態中之比例再保險一起運作，尤其是與溢額再保險相配合。溢額再保險之再保人提供之承保能量通常為被再保人自留額（Ceding Company's Retention）之一定倍數，再保人於預約再保險之中提供之承保能量通常也與被再保人自留額的一定倍數相關，但是，有時係以一個固定金額型態提供再保險承保能量，已如前述。至於何謂自留額，將於比例再保險

個論中說明。

## ㈢ 預約再保險之缺點

由於預約再保險之運作原理爲被再保人有分出業務之選擇權,而再保人則有100%的義務接受特性,且產出之預定再保費收入通常不高,與再保人就每一危險承受之最高責任限額(Treaty Limit)相較,合約平衡性(Treaty Balance,簡稱TB)顯然偏低。合約平衡性公式如下:

合約平衡性=(比例再保合約預估再保費收入)/(再保險合約中承受每一危險最高責任限額)

TB = EPI / Treaty Limit

合約平衡性之倒數稱爲風險暴露比率(Exposure Ratio),即:

Exposure Ratio = 100%×(1 / (TB))

合約平衡性偏低,對於再保人而言,承受之風險必然高,所以,除非再保合約之其他條件對於再保人較爲有利,理論上被再保人欲獲取此種承保能量,較不容易。但是實際上,欲獲得較長久之特殊承保能量,被再保人不能只從有利於自己之方向考量,仍應給予再保人一些獲利空間,故在實務上之業務品質安排當不致過度極端。

## ㈣ 預約再保險之應用

雖有前述之理論缺點,但是預約再保險的確有其特殊用途,主要用以應付特殊之危險,尤其是事故發生極不規則的危險,或是被再保人欲將主力業務與

特定業務區隔[1]，其主要目的在於維持基本層次的再保險合約之業績的穩定性與平衡性。特定業務相對於主力業務，主力業務是指正常性的業務或是一般性業務。特定業務，通常是指性質較為特殊危險的業務，或是特定地理區域之業務，特別是指在一個年度之中的特定季節，特定業務之保險金額會有定期性暴增的業務[2]，例如火險中之製糖工廠業務，又如海上保險中從事特殊貿易（Special Trades）的船舶或某些特定貿易航線產生之業務[3]。除欲消除波動性質業務對於合約再保險產生之影響外，採用預約再保險的另一理由，是合約再保險的承保能量限額問題，此種情況下，預約再保險已呈現其補助性承保能量之角色。

　　由上所述，預約再保險承受之潛在風險本質較高，為維持再保當事雙方平衡立場，合約之運作傾向量身定作，再保人於再保條件中亦多所掌控，儘量平衡先天弱勢，諸如：非常明確的確認地理區域、業務性質、再保費率、再保佣金通常較低、合約期間之長短、提供業務詳細的業務明細表[4]。此外，再保人亦可進一步取得再保價格上之優勢地位，例如無盈餘佣金之規定，又如不提存再保費準備。

## 二、合約再保險（Treaty Reinsurance）

### (一) 意義與特性

　　再保險之安排方法中，如果再保險當事人約定，一方有義務分出，一方有義務接受，稱之為合約再保險。由上述意義可知，合約再保險之主要特性為：

---

[1] Golding, the Law and Practice of Reinsurance,1987, p.47.

[2] ... perhaps there are periodic sudden increases in sum insured at cetain seasons of the year.見 Golding, the Law and Practice of Reinsurance,1987, p.47.

[3] ibid

[4] Ibid. pp.47-48.

### 1. 義務性（Obligatory）

義務性為合約再保險之中心特性，再保合約一旦確定成立生效，合約範圍內的業務，無論良窳、大小，再保當事雙方並無異議，概括接受。對於合約內之業務產生之賠款，再保人自然也有分攤之義務。

### 2. 自動性（Automatic）

自動性係指合約內之業務在合約規範之內自動受到保障，無須如臨時再保險一般，須個案分出，個案接受，處於選擇之狀態。

### 3. 持續性（Continuous）

持續性係指在合約期間之內，提供持續性之保障，且須注意，再保期間縱然已滿，於再保期間內產生之未了責任，再保人仍須持續承擔，直至責任完全了結。

### 4. 長期關係性（Long-Term Relationship）

再保險目的之一在於提供被再保人長期間損失率穩定性，損失率波動屬於長期間之問題，預期損失率高於或低於實際損失率，基本上屬不確定，須在長期間達成平衡，亦只有在合約再保險當事雙方之關係維持長久始可能達成。被再保人不可能因一個合約年度損失率佳，即不續安排合約再保險，再保人通常亦不會僅是一年之損失較嚴重，即不再參與再保合約，通常會有一段觀察期。

## ㈡ 優點與缺點

由合約再保險之特性可知，此種再保險方法具有成本較低、提供自動保障與提供大部分再保功能等等優點。成本較低，係因合約再保險採用整批交易方式，再保期間內產生之業務無須一一檢視，再保帳單之中彙集保費與賠款等主要交易內容，正常情況下定期結帳，以目前電腦資訊功能強大之情況下，成本較低應無庸置疑。提供自動保障係因合約範圍內之業務全無須一一洽分，而提供大部分再保功能係指各種型態之合約再保險，依其運作設計基本上可以滿

足前述所稱之財務功能、承保能量功能、穩定承保業績功能與巨災保障功能。至於其缺點,亦僅是相對性的,某種型態之合約再保險固然無法滿足特殊之需求,但是透過再保險計畫安排,仍可解決相關問題。再保險型態請詳本章後述。

## 三、臨時再保險(Facultative Reinsurance)

### (一) 意義與特性

再保險之安排方法中,如果再保險當事人對於再保業務之分進分出,均有絕對之自由選擇權,亦即,被再保人是否分出業務有絕對考量權,再保人是否接受業務亦有絕對之選擇權,此種情況下之再保險,稱之為臨時再保險。由上可知,臨時再保險之特性為選擇性(Optional),因為其交易方式為個案式(Case By Case),被再保人個案式要約,再保人個案式選擇是否接受。臨時再保險尚有其他稱謂,例如零售再保險(Retail Reinsurance)、個別再保險等等,但僅能表達臨時再保險之部分本質[5]。

### (二) 使用時機

如同前述,臨時再保險為最早的再保險安排方法,但是就保險公司經營業務而論,可以預期存在許多特殊業務情況,或是突發性的,或是策略性的,可能是合約再保險或是預約再保險所無法應付或容納,全都需要臨時再保險。吾人甚至可以合理推測,只要是營運中的保險公司,臨時再保險永遠是不可或缺的再保險工具。揆諸再保相關文獻,臨時再保險的存在目的或使用時機,可以歸納為下列數點:

---

[5] 陳繼堯,再保險論,7版,三民書局,1993,p.123。

### 1. 救火隊功能

救火隊功能，即為提供額外承保能量功能。保險公司每年必然安排再保計畫，基本上，再保計畫仍以比例合約再保險為主力，但是，所有的再保險合約對於每一危險提供之承保能量（Undewriting Capacity，簡稱UC）均有一最高限額（Teaty Limit），當原始保險單之保險金額超過合約承保能量時，通常借助臨時再保險承受額外之保險額度，就此而論，臨時再保險的確扮演救火隊角色。例如，被再保人於在溢額再保計畫中，每一危險最高自留50萬美元，即每一線50萬美元，再保人承受限額為10線，亦即500萬美元，如有一筆業務之保險金額為750萬美元，則須安排200萬美元臨時再保險以消化額外之危險，詳如圖4-1所示。

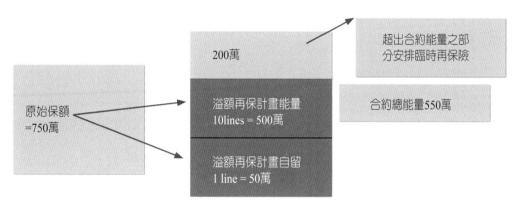

**圖4-1　臨時再保險之救火隊角色**

### 2. 維持合約再保品質功能

被再保人之原始業務，雖是同一險種，難免有些較具特殊危險，這些特殊危險，不是危險因素過高，就是業務量有限，如果硬將其置於合約之中，容易影響合約業績之穩定性，隨之使被再保人不易取得較佳的再保條件。例如，在諮商再保佣金、盈餘佣金時之比率較為不利。基本上，該等高危險業務於再保合約中以除外方式處理，被再保人仍須藉助臨時再保分出消化，但有時仍然置於合約之中，此時，合約再保當事雙方可以協議，將該等少數特殊業務以臨時再保險處理，以便維持合約再保品質，合約再保人亦保有較具利潤潛力之合約。茲將其圖示如下（圖4-2、圖4-3）。

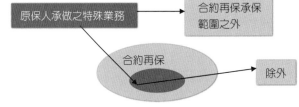

圖4-2　維持合約再保品質功能(1)

圖4-3　維持合約再保品質功能(2)

### 3. 處理一部分累積風險

專業再保險業者主要是扮演再保人之角色，保險市場中之原保險人有時亦可能成為再保險人。由於再保市場中之行銷管道多元化，扮演再保人者對同一危險可能承受大額之保險金額，亦可能在同一地理區域承受大量危險單位，致有危險累積之情況，對於單一危險之情況，採用臨時再保險最能有效消化危險累積，對於同一地理區域之情況，亦可針對特定幾個大型業務採臨時再保分出，當然可以降低一部分危險累積，如圖4-4所示。

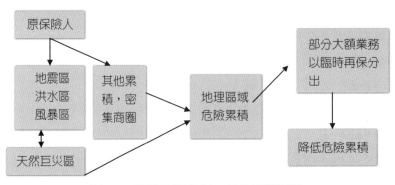

圖4-4　臨時再保處理一部分累積風險

### 4. 交換業務之標的

　　臨時再保險是保險業每日必須處理的交易，保險業者之間可以根據過去之業務經驗，就特定類別同質性之業務，例如商業火災保險或是工程保險，互相為臨時再保之約定，如此既達成危險分散，又可以擴大業務量基礎（如圖4-5）。

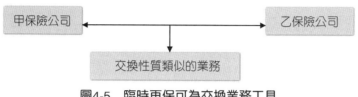

**圖4-5　臨時再保可為交換業務工具**

### 5. 作為新種險分散危險與提供承保能量之工具

　　保險業者開發新種險或嘗試承做新業務，通常業務量不大，又無損失經驗，不足以成立一個比例再保合約。另外，有些新領域保險之保險金額鉅大，例如，董監事責任保險，並無再保合約支撐，亦即，並未預約承保能量，亦可藉臨時再保險尋求必要之承保能量（如圖4-6）。

**圖4-6　臨時再保支撐新種險之承保**

### 6. 測試或評估核保能力

　　知名的保險公司或再保險公司專精於某些險種，保險業者為測試或評估自身對於該類業務之核保能力，可將其承保之業務，利用臨時再保險交易，獲得專精公司之核保技術之反饋，可吸取再保人之專業建議或技術。

## (三) 臨時再保險之優缺點

臨時再保險之優點來自於交易特性，亦即是當事雙方對於業務的自由選擇權利，故其適用於所有險種，因而引申出被再保人可以應付其臨時承保能量需求、再保人有充分之核保權、再保險之條件有彈性等等優點。

臨時再保險之缺點亦來自於其交易方式，基本缺點，對於原保險人而言，包括成本高與可能之保障空隙兩者。就前者言之，由於是個案交易，自要約業務開始，至完全分出以至於後續之業務管理，耗時費力。臨時再保險之交易，必須多方接洽再保人，再保險條件有時尚有差異性，因此花費較大的行政成本；就後者言之，也是最重要者，為臨時再保險提供的承保能量帶有不確定性，保障未能及時，在未完成分保之前，存在保障空隙，被再保人可能承擔一定程度之風險，詳如圖4-7所示，一筆大額保單10億，合約再保之整體承保能量（Underwriting Capacity）為5億，剩下5億全數分出，尚未完全分出前產生程度不一之保障空隙。即因如此，臨時再保險之再保佣金，因為交易成本一再墊高，通常不會太高。

另就再保人而論，雖然有業務選擇權與核保權，但是大部分的業務為危險性較高之業務，如未能接受到一定程度之業務量，難免一次大的賠案而遭受業績波動影響，故再保人針對臨時再保險而分入之業務，常需安排比例型轉再保合約或是購買超額賠款再保險合約以資保障。

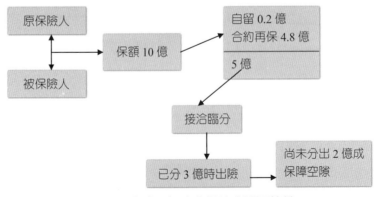

圖4-7　臨時再保險之保障空隙可能性

## ㈣ 臨時再保險之分類

實務上，保險公司每個營業日幾乎都有臨時再保險之需求，但是洽分之方式亦有許多變化，基本上可分為量的臨時再保險與質的臨時再保險。如純粹以保險金額或損失金額為著眼點所為之臨時再保險，稱之為量的臨時再保險；如果是基於特別考量洽分，例如特別針對標的（Subject Matter Insured）、承保危險事故（Perils Covered）或損失型態（Type of Loss）為分出之考量重點，則稱之為質的臨時再保險。例如，海上保險之船體保險臨時再保險，可以就全損險（Total Loss Only，簡稱TLO）部分安排再保險，即為質性臨時再保險之情況。

## ㈤ 採用比例型臨時再保險與非比例型臨時再保險策略之比較[6]

臨時再保險事實上是可採比例性或非比例性方式安排，前者是以保險金額為基礎，後者以賠款為基礎，各有其特點。採用前者，被再保人保留之保費較少，但由於損失發生時，依據自留金額與原保險金額比例分攤賠款，所以承擔賠款額度的風險較小；採用後者，由於被再保人必須先行承擔自行設定之自負損失額度，所承擔賠款額度的風險較大，因為損失規模如在自負損失範圍之內，全由被再保人完全承擔，實務上稱為優先自負損失（First Loss）。為使讀者充分瞭解上述理論，下舉一實例說明。

> 假設情境：
>
> 假設甲保險公司已安排有一60%比率合約再保險（60% Quota Share）[7]，但是再保人最高之承保額度為每一危險US$6,000,000，亦即分保公司就每一危險願意自留US$4,000,000，亦即，整個比率再保險之承保能量（Underwriting Capacity）為US$10,000,000。假設

---

[6] 本小段涉及再保險安排策略討論，如一時無法理解，可先行跳過，待研讀完後續相關章節之後，再行回顧，即可理解文中所言。

[7] Quota Share是比例再保險的一種，60% Quota Share意思是每一個危險之保險金額，分出60%給再保人，被再保人自留40%。

被再保人有一筆業務之保險金額達US$25,000,000,原始保險費率為0.2%(註:比例再保險之再保費率與原保險費率原則上相同),原始保費即為US$50,000,(1)如果採用比例型臨時再保險就額外危險全數分出,而不幸該筆業務發生US$10,000,000之賠款,則各當事人應分配之保額與賠款各如何?(2)又如採用非比例型臨時再保險就額外危險全數分出,再保費率設為40%(註:非比例再保險採用獨立費率,獨立費率於本書後述章節分析),被再保人設定最高自留賠款為US$4,000,000,亦發生US$10,000,000之賠款,各當事人應分攤之賠款又如何?以上兩種情況對於被再保人之影響為何?詳如下列所示。

首先,將假設情境中之再保險結構以架構圖表示如下:

1.完全採用比例型臨時再保之情況:

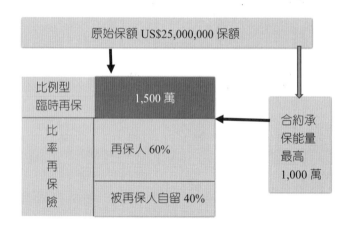

2.完全採用非比例型臨時再保之情況:

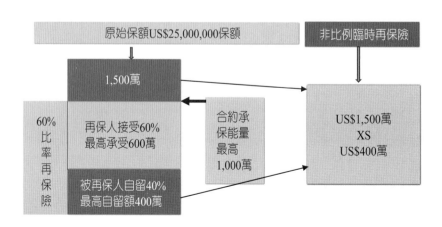

其次，分析各再保人與原保險人分配保費與賠款情形如下：

(1) 採用比例型臨時再保險就額外危險全數分出：

    (A) 保險金額分配：

        (a) 被再保人自留：US$4,000,000

        (b) 比率合約再保險再保人：US$6,000,000

        (c) 比例型臨時再保險再保人：US$15,000,000

    (B) 保費分配：

        (a) 被再保人自留：

            $US\$50,000 \times (US\$4,000,000 \div US\$25,000,000) = US\$8,000$

        (b) 比率合約再保險再保人：

            $US\$50,000 \times (US\$6,000,000 \div US\$25,000,000) = US\$12,000$

        (c) 比例型臨時再保險再保人：

            $US\$50,000 \times (US\$15,000,000 \div US\$25,000,000) = US\$30,000$

    (C) 賠款分配：

        (a) 被再保人自留：

            $US\$10,000,000 \times (US\$4,000,000 \div US\$25,000,000) = US\$1,600,000$

        (b) 比率合約再保險再保人：

            $US\$10,000,000 \times (US\$6,000,000 \div US\$25,000,000) = US\$2,400,000$

        (c) 比例型臨時再保險再保人：

            $US\$10,000,000 \times (US\$15,000,000 \div US\$25,000,000) = US\$6,000,000$

(2) 採用非比例型臨時再保險就額外危險全數分出：

    (A) 比率再保險對於保險金額分配：

        (a) 被再保人自留：US$4,000,000（此部分併入非比例再保險，成為非比例合約之中，被再保人之自負額）

        (b) 比率合約再保險再保人：US$6,000,000

    (A1) 非比例型臨時再保險再保人保障合約：

        US$15,000,000 XS US$4,000,000

    (B) 保費分配：

        (a) 被再保人自留：

US$50,000−US$12,000−US$15,200 = US$22,800

(b) 比率合約再保險再保人：

US$50,000×(US$6,000,000÷US$25,000,000) = US$12,000

(c) 非比例型臨時再保險再保人：

(US$50,000−US$12,000)×40% = US$15,200

(C) 賠款分配：

(a) 被再保人自留：US$4,000,000

(b) 比率合約再保險再保人：

US$10,000,000×(US$6,000,000÷US$25,000,000) = US$2,400,000

(c) 非比例型臨時再保險再保人：

(US$10,000,000−US$2,400,000) = US$7,600,000，為影響臨時再保之賠款。

US$7,600,000−US$4,000,000 = US$3,600,000

(3) 比較

| 再保險架構 | 比率合約再保+比例臨時再保 | | 比率合約再保+非比例臨時再保 | | 再保險架構 |
|---|---|---|---|---|---|
| | 再保費 | 賠款分攤 | 再保費 | 賠款分攤 | |
| 比例臨時再保險 | US$30,000 | US$6,000,000 | US$15,200 | US$3,600,000 | 非比例臨時再保險 |
| 60% 比率再保險 | US$12,000 | US$2,400,000 | US$12,000 | US$2,400,000 | 60%比率再保險 |
| 自留 | US$8,000 | US$1,600,000 | US$22,800 | US$4,000,000 | 自留 |

## 第二節　再保險之基本型態㈠——比例再保險

依據本章第一節所列，再保險之基本型態有比例再保險與非比例再保險之分別，比例再保險以原保險的保險金額（Sum Insured）為再保當事雙方之分保基礎，非比例再保險則以賠款（Loss）為運作基礎，本節先行分析比例再保險，第五章將分析非比例再保險。

# 一、比例再保險（Proportional Reinsurance）

## ㈠意義

　　比例再保險指再保險契約之當事雙方，對於再保險之權利義務，以保險金額為基礎運作之一種再保險。一旦再保險人就每一危險接受之保險金額與分保公司自留之保險金額確定之後，再保險人之再保費與其未來應分攤之再保賠款，均以保險金額比例分享或分擔，比例型再保險之再保險費率與原保險之費率相同[8]。觀察原文對於比例再保險之描述，最易顯現其基本特質，例如下例：

> A proportional treaty is an agreement entered into between an Insurance company and one or more reinsurers whereby the insurance company agrees to cede and the reinsurer agrees to accept a proportional share of all original insurances within the agreed limits of the treaty.[9]

　　上開原文顯示，比例再保險合約通常是單一的原保險公司與多個再保險人約定之合約，同時指出原保險公司與再保人之間分出與分入的義務性，重點在於所有合約所約定之每一危險[10]，在合約協議限額內，依比例成分運作。雖然有多個再保險人，但是再保合約之內容通常是由首席再保人（Leading Reinsurer）洽商，其他的再保人通常是追隨者（Follower），所以，每一再保人雖各執合約書乙份，但其內容基本上相同。

---

[8] 比例型再保險之費率與再保價格為不同之概念，此處所指與原保險費率相同，係針對每一危險之費率，而再保價格涉及再保險之成本，通常是與再保佣金、盈餘佣金等等有關，再保佣金、盈餘佣金之內容請詳本書後述討論分析。

[9] R. Philippe Bellerose, Reinsurance for the Beginner, 5th edit., 2003, Witherby & Co. Ltd., p.21.

[10] 每一危險可能是每一張保單，在同險（Same Risk）之情況下，則可能是兩張或兩張以上之保單構成一個危險。

## ㈡ 適用情況

比例型再保險依據實際需要安排，最常使用者係按險種（Branch of Business）安排，也可以依據特殊風險考量安排，例如針對特殊地理區域（A Specific Geographical Area）、特殊業務（Section of the Account）、特定危險型態（Specific Type of Risk）等等安排，達成分散危險之基本目的。

## ㈢ 比例再保險之優缺點

比例再保險之優缺點，應由被再保人（分保公司）與再保人分別說明。就分保公司而言，其優點在於成本較低、提供自動保障與提供大部分再保功能，請詳本章第一節之說明；對再保人而言，原則上亦有運作成本較低、再保費收入較多之優點，不過，再保費收入之多寡尚視不同型態之比例再保險而有分野。原保險人同樣的業務結構，採用溢額再保險通常較採用比率再保險為少。

再保人接受比例再保險合約最大之缺點，在於對於個別危險無核保權，所接受之業務，雖然低、中、高風險者皆有，但是其混合結構為何，較難控制。以往再保人藉由分保公司提供之每月業務明細表（Bordereaux）檢視，也不過是事後觀察功能，現行再保實務僅提供合約的首席再保人該明細表。實際上，再保人可使得上力之處，通常由觀察分保公司之經營管理哲學著手，尤其是核保與理賠之運作程序、合約過去之業務經驗。業務經驗通常是指合約長期的綜合率，綜合率包括損失率與費用率。

# 第三節 比例再保險之基本型態㈠——比率再保險

## 一、比率再保險（Quota Share Reinsurance）意義

比率再保險係被再保人就每一危險單位之保險金額，按事先約定之分出比

率分予再保險人之再保險，再保人爲限制所承擔之責任過於巨大，一般約定一特定金額，爲其對每一危險單位之最高責任限額。事先約定之固定比率，是比率再保險最大之特點。例如，意外傷害保險（Personal Accident Insurance）通常以一個人爲一個危險單位，分保公司可以與再保公司約定一個60%的比率再保險，合約約定每一危險最高爲新台幣1,000萬元，實務上的表現方式如下：

60% Quota Share with maximum N.T. Dollars 10,000,000 any one risk. (for 100%)

意思是每一危險被再保人分出60%，自留40%，但是整體合約對於任一危險之承受額度爲NT$10,000,000。必須特別注意，NT$10,000,000這個數字稱爲合約對任一危險之承保能量（Underwriting Capacity），再保人對任一危險提供之承保能量（Capacity）爲NT$6,000,000。再保人與分保公司按（60%：40%）比重分享保險費，也按該比重分攤再保賠款。

## 二、例示

如上舉例子，設有三筆業務保額分別爲NT$1,000,000、NT$10,000,000、NT$12,000,000，保費分別爲NT$200、NT$5,000、NT$6,000，則分保公司與再保公司之間，分配保險金額與分享保費之情況如下表：

單位：NT$

| 分入業務（Cession） | 原始保額與保費 | | 分保公司自留 | | 再保人分入 | |
|---|---|---|---|---|---|---|
| | 保額 | 保費 | 保額 | 保費 | 保額 | 保費 |
| 1 | 1,000,000 | 200 | 400,000 | 80 | 600,000 | 120 |
| 2 | 10,000,000 | 5,000 | 4,000,000 | 2,000 | 6,000,000 | 3,000 |
| 3 | 12,000,000 | 6,000 | 4,000,000 | 2,000 | 6,000,000 | 3,000 |

必須特別注意第三筆，被再保人自留係就合約本身而論，由於保額已超過再保合約最高承保能量1,000萬，所以額外的200萬，如無其他比例再保險合約承受，應該是安排臨時再保險，或是由被再保人額外自留。但是就合約本身而

言，分保公司應該是自留400萬無誤。

## 三、優點與缺點

比率再保險之優點與缺點，亦應由分保人與再保人分別觀察，茲分述如下。

### (一) 對於分保人之優缺點

易於運作是比率再保險主要的優點，合約範圍內之業務，以固定比率分出，配合資訊系統，帳單單純，易於製作，減少許多行政管理成本。原則上，合約範圍內之業務，無論品質優劣，均須分出，較適用大數法則，無逆選擇誘因，原則上損失率較為穩定，兼以合約平衡性高，再保人獲利潛在性較高，分保公司可取得較佳之再保條件。

不過，因為採固定比率分出，不論業務品質，分保人辛苦招攬之業務產生的保費，大量分出，失去較多之保費。事實上，比率再保險較大之缺點在於達成同質性之效果較差，因為比率再保險主要是降低分保人對於每一危險保險金額的自留額度，較難消除大額保單產生之損失波動可能性，試以下列各圖說明之。設有一火災保險業務之結構如圖4-8，X軸是保險金額規模，Y軸是保單量，例如保額在10萬元以下者有1,000張保單，將該等資料轉換為業務曲線，如圖4-9所示，可以發現該曲線之右尾較緩、較長，如以50%比率再保險分出，自留之曲線如圖4-10，其形狀與圖4-9並無差異，僅是額度規模變小，亦即並未改善其同質性，如果大額保單發生重大賠款，其產生之損失率波動性，分保人與再保人並無二致。

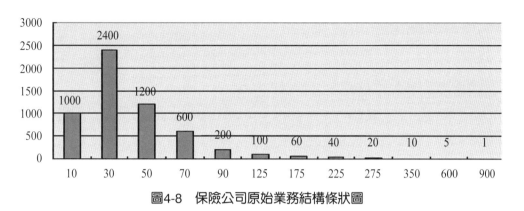

圖4-8　保險公司原始業務結構條狀圖

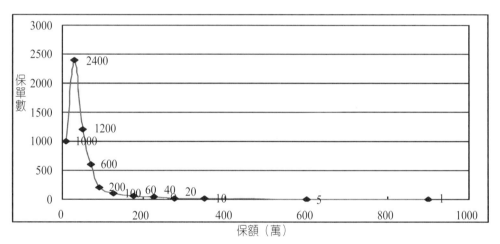

圖4-9　保險公司原始業務結構曲線圖

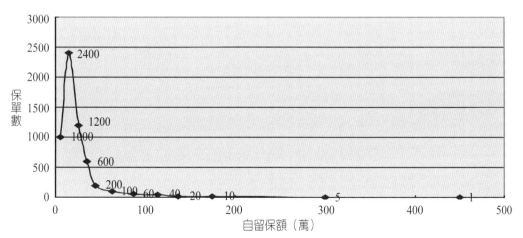

圖4-10　安排Q/S後自留業務結構圖

## (二) 對於再保人之優缺點

對於再保人而言，由於比率再保險約定合約範圍內每一危險均須分入，較可避免業務逆選擇之問題，相對於溢額再保險，原則上其潛在之獲利性較高，但相對上可能須支付較高之再保佣金。再者，如原保險承受天然巨災潛在性之業務，亦屬於再保合約保障範圍，由於每一危險均分入一定比率，自然產生危險累積之情況，再保人自然亦須求助再保險的保障合約。當然，在實務操作中，再保人根據再保市場之供需情況，亦有可能採取相應措施，最常見的是設定事件限額（Any One Event Limit），或是就巨災業務設定分入限額（實務上稱為Cession Limit），當然亦可限制品質較差業務之分入，不過，此已成為經營策略之範疇問題。

## 四、使用時機

比率再保險雖有上述之缺點，但是在特定情況下，還是值得使用，茲分述如下。

## (一) 欠缺經驗之情況下，最常使用比率合約再保險

欠缺經驗通常與「新」的活動有關聯，例如，新成立的保險公司、新承做之險種、進入新的營業區域之內活動，基本上需要再保人提供相關的支持，無論是承保能量之需求或是吸取業務經驗，都是使用比率再保險很重要的原因。

## (二) 交換業務的需求

保險經營範疇中，擴大經營基礎之必要條件為足夠的業務量，以再保險方式交換業務為一可行之路。不過，交換業務之原則在於以最小之成本進行同質等量的交換，易於配合同質等量操作的再保險為比率再保險。其實操作良好之交換業務，可以使交換之雙方達成分出與分進之平衡，比率再保險為一不錯的

工具。同質是指業務品質要相當，此涉及業務結構與損失率經驗，等量指再保費量要接近。

## ㈢ 紓解淨值枯竭窘困

依本書前述，再保險有增加清償能力之功能，主要係透過比率再保險，由於原保險人僅須針對自留部分提存未滿期保費準備與賠款準備等重大負債，負債額度因而大量下降，淨值自然提升，解決淨值枯竭之窘困。

## 五、變動性比率再保險（Variable Quota Share，簡稱VQS）

變動性比率再保險係依據保險金額分級區間設定不同自留比率之比率再保險，基本上，被再保人仍然設定最高之淨自留額，且在每個保額區間之最高淨自留額完全相同，低保額區間之自留比率較高，高保額區間之自留比率較低，合乎危險較低之業務自留比率較高，危險較高之業務自留比率較低之策略，此點與溢額再保險有部分相似之處，但是溢額再保險之自留額度依據自留限額表而定。下例指出任一危險最高淨自留額是US$400,000，第一個保額區間在50萬美元以下，因為自留40萬，故應自留80%，分出20%，再保人於此區間最高責任10萬，當保額區間介於100萬至400萬之間時，分保公司最高仍留40萬，故應分出90%。

| 最高淨自留額US$400,000 | 分出百分比 | 自留百分比 | 再保人最高責任 |
|---|---|---|---|
| 保額在500,000元以下之業務 | 20 | 80 | 100,000 |
| 保額在500,001元~1,000,000元以下之業務 | 60 | 40 | 600,000 |
| 保額在1,000,000元~4,000,000元以下之業務 | 90 | 10 | 3,600,000 |

# 第四節　比例再保險之基本型態㈡——溢額再保險

## 一、溢額再保險（Surplus Reinsurance）之意義

　　溢額再保險係指被再保人承保之每一危險單位，其保險金額超過被再保人設定自留額（Retention）之部分，依約定之線數（Lines）分予再保險人之再保險。通常被再保人自留之部分設定為一線（Line），再保險人之責任則以線數代表，「線」之實際意義為「限額」。溢額再保險之意義全在「溢」字，分保公司自留之後尚有餘額，始溢流於再保人提供之承保能量。再保文獻常以《孟子・離婁下》「原泉混混，盈科而後進」[11]文句，形容溢額再保險之構成元素。「科」者，低窪地區之坑洞，相當於分保公司對於每一危險之自留額；「盈科」者，即自留額度確實已滿；「後進」者，即分入再保人提供之承保能量中。吾人若觀察下列原文中對於此種再保險之描述，即可對應該涵義。

> An agreement whereby the ceding company is obliged to cede and the reinsurer is obliged to accept the surplus liability over the ceding Company's own chosen retention.
>
> 中文大意：
>
> 溢額再保險合約者，為分保公司與再保人共同協議，分保公司有義務分出，而再保人有義務接受超出分保公司自行選擇的自留額以上之溢額責任的一種再保險。

---

[11] 原文完整文句為：「原泉混混，不舍晝夜，盈科而後進，放乎四海；有本者如是，是之取爾。苟為無本，七八月之間雨集，溝澮皆盈；其涸也，可立而待也。故聲聞過情，君子恥之。」

## 二、運作原理

溢額再保險之運作原理，甚為簡單。如前所述，分保公司就每一危險自行
承擔之自留額，通常稱為一線，而線數則為再保人提供之再保能量。例如，一
線設為200,000美元，約定再保人提供之能量為10線，則再保人就每一危險最高
承受額度為2,000,000美元。實務上之表現方式類似下列：

To accept up to 10 lines of any one risk with maximum limit of
US$2,000,000, reassured maximum retention of US$200,000 any one risk.
中文大意：
再保人就任一危險接受10線，最高責任限額US$2,000,000，被再保人
（與分保公司同義）就任一危險最高自留額度US$200,000。

實務上，分保公司就自己之需求再保能量，可以單層安排，亦可按多層次
安排，以第一溢額再保險、第二溢額再保險、第三溢額再保險等等稱之，例如
圖4-11所示。

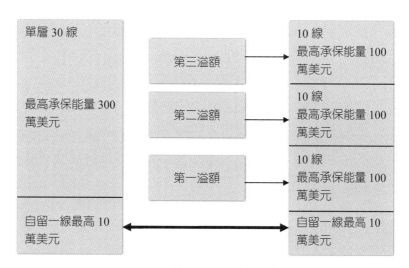

圖4-11　多層溢額再保險計畫

　　由圖4-11可知，單層提供之總承保能量為310萬（含自留一線），在分層方式中，每層之再保人各提供100萬承保能量，含自留一線，整個溢額再保險計畫之總承保能量亦為310萬。既然能量相同，為何分層？主要有三個理由，分述如下：

### 1. 分層較易安排並取得所需求之承保能量

　　如果分保公司已預定一定額度之再保能量，單層溢額再保險之表徵再保價格，也就是再保佣金，可能因未分配不同層次之承保能量，致再保價格產生混淆情況。愈高層次的溢額再保險，基本上承受比較高額保險金額之業務，承受較多所謂的「尖端業務」（Peak Risk），所能分到之再保費相對上較少，本來就具備平衡性較低之特性，呈現大好與大壞之波動極端特性，再保佣金因而呈現較低之情況。雖然第一溢額再保險可能是大部分再保人之選擇，但是市場上仍有不同危險偏好之再保人，可供選擇。再者，單層安排情況再保額度大，單一再保人接受之成分，相對上較小，需要再保險之對象，為數可能較多，不利於業務管理。

### 2. 分層安排可使第一溢額再保險平衡性較高，獲得較佳之再保條件

　　前已提及，平衡性欠佳本來就是較高層次之溢額再保險的固有特性，故將單層區分為複數層之情況，可以提高第一溢額再保險之平衡性，爭取較佳之再保條件。

### 3. 被再保人可隨業務擴展，於再保期間逐次增加所需之承保能量

　　此係分保公司於擴展業務之情況下，逐步安排再保險能量之情況，基本上亦可分散於不同之再保對象。

## 三、溢額再保險計畫例示

　　設分保公司之溢額再保險計畫，設有第一、第二、第三溢額再保險，分別設10線，每線額度為50萬元，設有5筆業務，則再保人與被再保人各分配之保險

額度,如下表所示。

| 分入業務<br>Cession | 原始保險金額<br>Sum Insured | 自留額<br>Retention | 第一溢額<br>1st Surplus | 第二溢額<br>2nd Surplus | 第三溢額<br>3rd Surplus |
|---|---|---|---|---|---|
| 001 | 500,000 | 500,000 | 無 | 無 | 無 |
| 002 | 15,500,000 | 500,000 | 5,000,000 | 5,000,000 | 5,000,000 |
| 003 | 20,000,000 | 500,000 | 5,000,000 | 5,000,000 | 5,000,000 |
| 004 | 9,500,000 | 500,000 | 5,000,000 | 4,000,000 | 無 |
| 005 | 5,000,000 | 500,000 | 4,500,000 | 無 | 無 |

　　由上表可知,第一筆業務因保險金額與分保公司設定之自留額相同,所以再保人全未分入;第二與第三筆,再保人提供之再保能量全數使用,稱為滿線(Full Lines),亦即整個再保計畫之總承保能量(含自留之一線)為1,550萬,但是第三筆尚餘450萬無法由再保計畫承保,可能需求助於臨時再保險。第四筆僅及第二溢額再保險,第五筆僅及第一溢額再保險,可見愈高層次之再保險保費收入較少,承受之業務以危險性較大之高額保單為主,合約平衡性,如同前述,當然較差。

## 四、自留額、自留限額與自留限額表

　　自留額(Retention)與自留限額(Retention Limit)為不同之概念[12],前者為分保公司基於各種因素之衡量,對於每一危險單位實際自行承擔之責任額,未以再保險分出之部分;後者為基於各種因素之衡量,對於每一危險單位「可以」承擔之最高責任額度,故其差異在於一個是實際,一個是預定,兩者相等之時,當然是分保公司認為良好之業務,按預定之額度實際自留。

　　由於分保公司承保之業務,危險不盡相同,不同危險性質之業務,設定不同之自留限額,不同之自留限額結合一起形成自留限額表(Table of Limits)。實務上,分保公司的確是按每一危險之性質,在自留限額之下,決定實際之

---

[12] 以下解釋參酌保險事業發展中心編,2003年版保險英漢辭典,pp.1106-1107。

自留額[13]。不過,再保人爲防止分保公司自留過低,於再保合約中通常亦會規定,保證最低自留之額度。雖有上述之區分,但是原則上,自留額應與自留限額相同應是常態。自留限額表之表現方式不盡相同,下例爲海上貨物保險之實務例示。由表中可以發現,貨物如由狀況較佳之船舶運送,分保公司自留限額設得較高,例如第一等級的船,每次運送之自留限額可達USD750,000,可見運送貨物的船舶品質,非但爲海上貨物保險之重要核保因子,也是被再保人設定每種類別業務自留限額之重要目標因子。

**表4-3 海上貨物保險自留限額表**

| Classification(船舶等級) | Limit(自留限額) |
|---|---|
| Goods carried by first class iron or steel steamers or motorships or fully powered vessels or under 15 years of age and classed according to the Institute Classification Clause<br>中文大意:<br>貨物由鋼鐵製具自我動力而船齡在15年以下,依協會船級條款分類為第一等級之船舶運送。 | USD750,000 per conveyance<br>每次船運之額度USD750,000 |
| Goods carried by iron or steel steamers or motorships or fully powered vessels over 15 years of age but not over 30 years of age and classed according to the Institute Classification Clause<br>中文大意:<br>貨物由鋼鐵製具自我動力而船齡在15年以上、30年以下且依據協會船級條款分類之船舶運送。 | USD625,000 per conveyance<br>每次船運之額度USD625,000 |
| Goods carried by vessels over 30 years<br>貨物由船齡超過30年之老船運送 | USD312,000 per conveyance<br>每次船運之額度USD312,000 |
| Goods carried by railway<br>貨物由火車運送 | USD500,000 per conveyance<br>每次運送之額度USD500,000 |
| Goods carried by truck<br>貨物由卡車運送 | USD250,000 per conveyance<br>每次運送之額度USD250,000 |
| Goods carried by airplane<br>貨物由飛機運送 | USD625,000 per conveyance<br>每次運送之額度USD625,000 |

---

[13] The reassured agrees to cede only that part of any individual insurance policy which is surplus to its **net retention**. As the net retention may **vary risk by risk**, the percentage cession may vary risk by risk, each cession requiring to be noted and the reinsurance premium being calculated individually.

又如火災保險，通常亦可以建築結構（Construction）與使用性質（Occupancy）為簡單之自留限額表。火災保險對於抗火性之幾個主要因子為COPE（建築結構Construction、使用性質Occupation、私人消防設備Protection、四周環境Exposure），其中以C與O為主要，故可以此為決定自留限額之基本，例如下表所列。表中之意為，凡屬於A1等級之建築物，可適用被再保人設定之最高自留限額之100%；如為D4，代表危險性最高之業務，僅可適用30%。當然，實務上設定火災保險自留額可能甚為複雜，此處僅係為說明之便。

表4-4　火災保險簡易自留限額表

| 使用性質 ＼ 建築結構 | 1 | 2 | 3 | 4 |
|---|---|---|---|---|
| A | 100% | 80% | 70% | 60% |
| B | 80% | 70% | 60% | 50% |
| C | 70% | 60% | 50% | 40% |
| D | 60% | 50% | 40% | 30% |

## 五、自留限額表之應用

以上列之火災保險自留限額表為例，設某保險公司就其火災保險業務安排溢額再保險計畫為第一溢額再保險10線，第二溢額再保險5線，每一危險最大自留額設為$1,000,000，自留額按等級下降調整。又，該公司為進一步分散危險，就自留一線安排另行安排60%比率再保險，故整個再保險計畫形成複合再保險。則在下列假設下，各再保人應分擔之保險金額、分享之保險費、應分擔之賠款，如下所述。

第一種情況：某筆業務之資料為，**Occupancy Category：A，Construction Class：1**，原始保險金額$16,000,000，原始保費$160,000，原始理賠金額$1,600,000。詳細結果如下。

| | 第一溢額再保人 | 第二溢額再保人 | 比率再保險再保人 |
|---|---|---|---|
| 保額分配 | 10,000,000 | 5,000,000 | 600,000 |
| 保費分配 | 100,000 | 50,000 | 6,000 |
| 賠款分攤 | 1,000,000 | 500,000 | 60,000 |

所以，分保公司淨自留保險金額為$400,000，自留保費為$4,000，自留賠款為$40,000。

第二種情況：某筆業務之資料為，**Occupancy Category：B，Construction Class：4**，原始保險金額$20,000,000，原始保費$200,000，原始理賠金額$2,000,000。由於業務屬於B4等級，自留之一線降為（1,000,000×50% = 500,000），詳細結果如下表所示。特別注意再保人提供之再保能量隨著分保公司自留一線之實際額度調整，所以，本例尚有$12,000,000需仰賴臨時再保安排或其他安排予以消化。

| | 第一溢額再保人 | 第二溢額再保人 | 比率再保險再保人 |
|---|---|---|---|
| 保額分配 | 5,000,000 | 2,500,000 | 300,000 |
| 保費分配 | 50,000 | 25,000 | 3,000 |
| 賠款分攤 | 500,000 | 250,000 | 30,000 |

## 六、優缺點

溢額再保險之優缺點，亦可由分保公司與再保公司角度分別觀察，茲分述如下。

### (一) 對於分保公司之優缺點

溢額再保險採用固定自留額，凡是保險金額小於或等於該額度之業務不必分出；由於不必分出每筆業務，分保公司保留之業務較多，尤其是穩定性較高的小型業務幾乎可以全數保留，所分出者大部分是容易造成業績波動的中大型

業務。雖然分保公司對於中大型業務亦需自留一部分額度，但是自留額度為一固定數字，在自留範圍內之業務，額度大小類似，可達成損失率穩定，因此，溢額再保險為可達成分保公司獲利性與業務同質性經營目標的一種再保險。經採用溢額再保險之後，分保公司之自留效用，詳如圖4-12所例示。圖中所示者，直立黑線代表自留額，主要顯現小型業務全部自留，大型業務分出之情形，即便發生大型賠案，由於大部分之保險金額業已分出，分保公司僅保留一小部分之保險金額，且自留賠款係按保險金額比例分攤，故可擺脫損失波動之嚴重性。

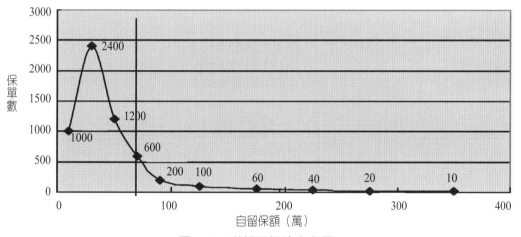

**圖4-12　溢額再保險自留圖**

不過，溢額再保險亦有其缺點，一般係認為分保公司必須確認每一筆業務之自留額，花費之管理成本較高之故。再者，由於再保人接受業務之合約平衡性較比率再保險為低，分保公司可獲得之再保佣金自然亦較低。

## ㈡ 對於再保公司之優缺點

對於再保公司而言，主要是合約平衡性較低，原則上所支付之再保佣金較諸比率再保險為低，此點僅是比較，要說其對再保人為一優點，實屬勉強。倒是其所接受之業務，大致上屬於大型業務，性質上屬於尖端風險業務（Peak

Risk），亦有單一大額危險累積問題，業務品質較差，合約平衡性較差，故在實務上亦常有採前述所稱複合再保險安排方式，溢額再保險人同時亦為比率再保險之再保人，用以平衡溢額再保險人之承受風險，尤其是再保人於溢額再保險中已虧損多年之情況下，欲使其繼續支持，必須有其誘因，算是再保計畫安排之一種策略。

　　比例再保險之複合再保險，簡言之，即是同一比例再保計畫中同時安排比率再保險與溢額再保險，以溢額再保險為主體，分保公司於其中自留之一線，再度以比率再保險分出，通常兩者之再保險人相同已如前述。茲將此種概念以圖4-13表現如下。

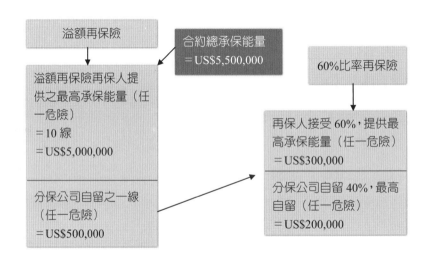

**圖4-13　比例再保險之複合再保險**

　　事實上，將溢額再保險自留之一線再以比率再保分出，有時是原保險人評估自留之一線仍然偏高，為控制其真正可以自留承保能量，有時單獨安排比率再保險。此種情況之下，有時原保險人必須告知溢額再保險人，此為溢額再保險人控管原保險人經營業務可能產生心理危險之一種預防措施。實務上，原保險人亦可針對自留之一線購買以每一危險為基礎之超額賠款再保險，再度分散其自留風險。

## 七、比率再保險與溢額再保險之基本比較

　　由上所述，比率再保險與溢額再保險基本不同之處，在於其對於每一危險之自留比率不同，比率再保險屬於完全固定，溢額再保險則隨不同危險而有變動，試就下例說明。

　　假設有第一溢額再保險合約，分保公司每一危險最大自留額為US$500,000，再保人提供10線能量，設有一筆最佳品質之業務，原始保險金額US$5,000,000，則該筆業務分保公司自留比率為10%，分出比率為90%；假設有另一筆業務屬於品質較差之業務，原始保險金額亦為US$5,000,000，分保公司僅自留US$250,000，再保人相對提供US$2,500,000（亦即，US$250,000×10），則就該第一溢額再保險合約而言，自留比率為5%，分出比率為50%，至於剩餘之US$2,250,000，需由分保公司安排其他再保險消化。由上舉例可知，溢額再保險每筆分出比率不盡相同。

## 本章自我評量問題

1. 解釋名詞：

(1) 自留額（Retention）（103.01核保學會考題）

(2) 溢額再保險合約中之「線」（Line）（102.01核保學會考題）

2. 何謂自留額（Retention）？何謂自留限額（Table of Limit）？兩者有何差異？試簡要說明之。（102.02核保學會考題）

3. 保險公司在何種情況之下必須安排臨時再保險？（103.01核保學會考題）

4. 臨時再保險係個案風險單獨安排，在實務上，其洽分之基礎可分為以危險單位或以保險單為基礎等兩種，試分別說明之。（100.02核保學會考題）

5. 再保險的分類，若依當事人雙方是以單一或整批業務為對象，並以每一業務之分出分入有無義務性來看，可分為臨時再保險（Facultative Reinsurance）、合約再保險（Treaty Reinsurance）及預約再保險（Open Cover）三種型態。請問對原保險公司而言，這三種型態的再保險其重要性之順序為何？又，這三種型態的再保險應分別使用在哪些場合？亦請說明之。（101.02核保學會考題）

6. 在安排再保險之前，分保公司須先決定自留額（Retention），再以自留額為基準來安排再保險之責任額。請問何謂自留額？分保公司決定自留額水準時，一般會考慮哪些因素，請列舉並簡要說明。（101.01核保學會考題）

7. 在比例性再保險中，溢額再保合約使用最為廣泛，原因何在？（100.02核保學會考題）

8. 合約最高責任額（Treaty Limit）的意義是什麼？與每一筆分保業務有怎樣的關係？（101.01核保學會考題）

9. 本章正文自留限額表例題第一種情況之例題，如某筆業務之分類等級為Occupancy Category：C，Construction Class：3，如其他條件不變，則其結果為何？（請用下表解答）

| | 第一溢額再保人 | 第二溢額再保人 | 比率再保險再保人 |
|---|---|---|---|
| 保額分配 | | | |
| 保費分配 | | | |
| 賠款分攤 | | | |

10. 假設有一60% Quota Share with maximum limit US$10,000,000再保合約,試依表格中所列舉之危險單位保額、原始保險費、原始賠款之假設,完成表格中所欲計算之數據。

| 危險單位保額 | 被再保人自留40% | 再保人之責任額度 | | | | 其他 |
|---|---|---|---|---|---|---|
| | | 甲25% | 乙20% | 丙10% | 丁5% | |
| (1)8,000,000 | | | | | | |
| (2)10,000,000 | | | | | | |
| (3)12,000,000 | | | | | | |
| 原始保險費 | 被再保人自留 | 再保人分配之再保險費 | | | | |
| (1)16,000 | | | | | | |
| (2)50,000 | | | | | | |
| (3)120,000 | | | | | | |
| 原始賠款 | 被再保人自留 | 再保人分攤之賠款 | | | | |
| (1)6,000,000 | | | | | | |
| (2)7,000,000 | | | | | | |
| (3)10,000,000 | | | | | | |

# 第伍章

## 再保險之基本方法與型態概述㈡——非比例再保險

# 第一節　非比例再保險概述

## 一、非比例再保險（Non-Proportional Reinsurance）之意義與型態

　　非比例再保險之意義，簡要言之，即爲被再保人（即分保公司）之理賠額度超過預設之損失總限額時，再保險人始支付超過部分的賠款予被再保人的一種再保險[1]。非比例再保險主要重點在於直接以賠款爲分攤風險之基礎，由於非以保險金額之比例爲基礎，嚴格言之，並無「分保」之概念，所以有文獻主張在非比例再保險，並不以分保公司稱呼受保障之一方，而專以被再保人（Re-assured）稱之[2]。試觀察下列原文，即可知英文中之「Loss」（賠款）、「Exceed」（超過）、「Balance」（餘額）爲非比再保險之重心所在。

　　An agreement made between an insurance company and one or more re-insurers whereby the reinsurer agrees to pay the balance of any loss which exceeds a certain specified monetary limit and that loss arises out of the portfolio of risks being protected.[3]

中文大意：

非比例再保險，為某一保險公司與一個或兩個以上之再保人的一個協議。依該協議，再保人同意支付超過被再保人預先設定之自留賠款以上部分之賠款餘額，但是再保人承負之再保賠款亦有其最大限額。而所稱賠款，以受到再保合約保障之業務產生者為限。

上述所謂受到再保合約保障之業務，係指被再保人所欲保障之業務。

例如，被再保人之火災保險業務，業已安排比例再保險，針對其在比例再保險中之火災保險自留業務另以非比例再保險再度保障。

---

[1] 本段之解釋，部分參酌保險事業發展中心編，2003年版保險英漢辭典，p.891。

[2] R. Philippe Bellerose, Reinsurance for the Beginner, 5th edit., 2003, Witherby & Co., Ltd. p.22.

[3] R. Philippe Bellerose, Reinsurance for the Beginner, 5th edit., 2003, Witherby & Co., Ltd. p.22.

由於在實務上購買非比例再保險之目的不同，故賠款之表現方式不以固定數字為限，有時會採用損失率（Loss Ratio）之概念。所以，非比例再保險可以分成兩大類，分別是超額賠款再保險（Excess of Loss Reinsurance，簡稱XOL）與超過損失率再保險（Excess of Loss Ratio Reinsurance，又稱停止損失再保險 Stop Loss Reinsurance），前者以固定賠款數字為基礎，後者以損失率為基礎。超過損失率再保險雖以損失率為基礎，但是計算再保賠款時，仍須依照計算損失率之約定，換算為以貨幣表現之賠款。

## 二、非比例再保險特性

如前所述，賠款、超過、餘額，為非比例再保險之中心，由此亦延伸非比例再保險主要之特性為下列幾點：

### 1. 再保人承負之責任、分攤再保賠款之基礎，與原始保險金額無任何關係

由於無比例關係，所以，非比例再保險之再保人是否須分攤再保險賠款，通常需視賠款是否超過被再保人設定之賠款自負額（就再保人而言，可稱為起賠點Attachment Point）而定；如未超過，再保人無須攤付再保賠款，此亦顯示出前述非比例再保險適用同一命運原則不如比例再保險來得強烈之情況。

### 2. 再保人承負責任之對價，與原始保險費率並無直接關係

非比例再保險之再保費，由獨立的再保險費率與計算再保費之基礎共同決定。所謂計算再保費之基礎，涉及再保人承擔風險之大小，或是再保人暴露於風險之情況。從再保精算角度看，通常有具體之衡量單位，一般稱為毛淨保費（Gross Net Premium Income，以下簡稱GNPI）。關於再保費率如何釐訂以及GNPI之意義，請詳本書後述。

## 三、非比例再保險之發展

非比例再保險之發展，至目前為止，學者認為歷經四次元（Dimension）發

展[4]，茲簡要列示如下。至於其詳細內容，請詳本書相關章節說明。

## ㈠ 第一次元

以每一危險為基礎之超額賠款再保險（XOL-Per Risk）的出現，本書稱此為一種點的非比例再保險概念。必須特別注意，每一危險不一定是每張保單（Per Policy）。以火災保險為例，兩張保單或許歸屬於不同之被保險人，但是在火險實務上可能因為同險（Same Risk）關係，兩張保單視為一個危險，於再保險中，被再保人自留一次。正常情況下，如無同險情況，每張保單可視為獨立的個別危險單位。

## ㈡ 第二次元

以每一事件為基礎之超額賠款再保險（XOL-Per Event）的出現，此為一種面的概念。本書稱其為面的概念，係因每一事件波及兩個（含）以上危險單位，為一種損失累積之概念。

## ㈢ 第三次元

以一定時間（例如一年）為基礎之累積超額賠款再保險的安排（XOL Aggregate and Time），為面加上時間之結合。

## ㈣ 第四次元

非傳統再保險之出現。例如，財務再保險（Financial Reinsruance）、巨災債券（Catastrophe Bonds）、巨災選擇權（Catastrophe Option）、巨災交換

---

[4] 參酌(1)陳繼堯，再保險論：當前趨勢與各型態之研究，七版，著者發行，三民書局經銷，1993，pp.267-268。(2)陳繼堯，再保險理論與實務，初版，智勝文化事業有限公司，2001，p.400。

（SWAP）、再保邊車（Side-Car）等等，此為運用資本市場進行類似再保險功能之操作。

以上所列，前三者為傳統性之非比例再保險，第四個屬於非傳統性之再保險，其中之財務再保險可能兼採比例再保與非比例再保方式操作，其他大部分採非比例再保方式操作。但是，非傳統再保險僅具再保險之外型，其內涵與傳統性再保險差異頗多。關於非傳統再保險，請詳本書最後一章所述。

## 四、非比例再保險之安排

非比例再保險，無論是採用超額賠款再保險或是超過損失率再保險，在安排時通常設有多層，為再保計畫之重要環節，其中第一層稱為基層再保層（Underlying Layer），最上層稱為頂層（Top Layer）。第一層起賠點即為被再保人在整個非比例再保險計畫中之自負額，第一層之被再保人自負額加上第一層再保人責任額為第二層之起賠點，所以，第二層之起賠點僅是代表該層再保人之責任啟動點。至於圖中之2500數字（頂層的起賠點加上頂層再保人之責任限額）係代表整個再保計畫提供之賠款承保能量（Underwriting Capacity），如果損失案件規模大於2500，超過部分，被再保人仍須自己承擔。

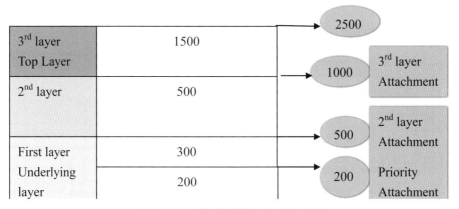

圖5-1　非比例再保險計畫分層圖

　　如以停止損失再保險為例，第一層之自負額即為被再保人於再保計畫中預定自留之損失率，例如設定為80%，假設所欲保障之損失率為70%，將該70%分層安排，例如分成兩層，如第一層再保人承擔損失率的30%，則第二層再保人之起賠點應為損失率100%，其承擔之損失率則為40%，整個合約提供之總保障為150%的損失率。

　　再保實務中總是採用多層次安排，其主要理由如下[5]：

## ㈠ 基於再保費之公平性考慮

　　由於各再保層承擔損失頻率之高低有別，愈高層次者，受損失波及之機率較低，較低層次者較高，因之，各再保層應有不同再保險費率，達成訂價的公平性。

## ㈡ 適合再保人對於業務選擇之不同偏好

　　分層訂立可滿足再保市場上，各種不同危險偏好之再保險人的需要，而有利於再保險之完全安排。通常再保險計畫一開始即包含多層，提供國際再保市場的再保人認受。有些再保人較富冒險性，傾向選取中層或底層，有些較具保守性，偏向較高再保層，有些再保人則喜歡搭配認受多層，所以，再保分層有利於被再保人安排再保險。

## ㈢ 基於被再保人之保障需求逐步擴張再保層

　　有時被再保人於再保期間逐步擴張業務，此時可視業務擴展情況逐年增加再保險層，新層次可由原再保人認受，亦可洽新再保險人接受，由新再保人認受時，也不致影響舊有層次之再保險人成分。

---

[5] 參酌中華民國產物保險核保學會，產物保險業核保理賠人員資格考試綱要及參考試題（共同科目篇）第三版中之再保險學綱要及參考試題（薄慶容、鄭鎮樑、林國和、林永和等編著），2011年9月，p.66。

# 第二節　超額賠款再保險概論

## 一、超額賠款再保險之意義與基本類別

### (一) 意義

　　超額賠款再保險之意義，與前述非比例再保險之意義本質上相同，亦即，再保險當事雙方對於再保險責任以賠款額度爲基礎，被再保人設定一個損失自負額（Deductible），賠款超過自負額時，由再保險人承負再保責任，但是再保責任通常設定最高額度（Limit），超額賠款再保險強調的是以固定的數字設定自負額與再保責任額度。

### (二) 基本類別概述

　　超額賠款再保險依其保障功能不同，可區分爲普通超額賠款再保險（Working Excess of Loss reinsurance，簡稱WXL）與巨災超額賠款再保險（Catastrophe Excess of Loss Reinsurance，簡稱CXL）。前者原則上以保障普通賠款案件爲對象，後者則絕對是以保障特定巨災事件爲對象。特定巨災事件通常於再保合約中訂明，原則上包括天然巨災（Natural Peril）與人爲巨災（Man-Made Peril），前者最常見者有地震（Earthquake）、颱風（Typhoon）、颶風（Hurricane）、旋風（Cyclone）、龍捲風（Tornado）、洪水（Floods），後者則有恐怖主義（Terrorism）、罷工暴動和民眾騷擾（Strikes, Riots and Civil Commotions）。又在實務運作上，WXL可以採每一危險爲基礎（簡稱WXL-Per Risk），此時即與前述以每一危險爲基礎之超額賠款再保險同義，亦可採每一事件爲基礎（簡稱WXL-Per Event），而CXL必然是以每一事件爲基礎，如圖5-2所示。

**圖5-2　超額賠款再保險基本類別**

當然，前述第三次元中以一定時間為單位中之累積超額賠款再保險，如果以一定的數字設定被再保人之自負額與再保人之責任限額，仍然是超額賠款再保險之一種，只是在實務上不常見該種安排，大部分是以損失率表現。

## ㈢ 普通超額賠款再保險

### 1. 意義

普通超額賠款再保險，其特點即在「普通」二字，原文「Working」更能突顯WXL之意義。「Working」本身代表此種合約之保障活動性強，因為受保障之業務的危險暴露屬於日常性質，且一般是以「每一個危險」（Any One Risk）為基礎，所以產生之賠案數可以預期有多個，具有一定程度的規律性，再保人接受此種合約通常預期會攤付數個賠案。需特別注意者，有時普通超額賠款再保險亦會以每張保單（Per Policy）為基礎，「每一個危險」（Any One Risk）與每張保單之不同處在於，遇有同險（Same Risk）之情況時，前者可能包括兩張以上的保單。

綜上，可將普通超額賠款再保險定義為「被再保人用以保障其正常性危險暴露的一種非比例再保險」[6]。

普通超額賠款再保險通常亦設有多層，構成一個普通超額賠款再保險計畫，已如前述。被再保人安排此種再保險之目的，在於尋求正常保障，故合約所設定之基層起賠點（Underlying Layer Deductible）通常較低，至於各層合約

---

[6] 參酌中華民國產物保險核保學會，產物保險業核保理賠人員資格考試綱要及參考試題（共同科目篇）第三版中之再保險學綱要及參考試題（薄慶容、鄭鎮樑、林國和、林永和等編著），2011年9月，p.60。

設定之再保責任額度則視實際情況切割。


## 2. 用途

普通超額賠款再保險可有效擴大保險公司之承保能量，亦具有穩定業績之功能，雖亦有保障巨災方面之功能，惟效果不明顯。擴大保險公司之承保能量通常是以WXL取代比例再保險之情況；穩定業績通常是用於保障其於比例再保險合約中自留之業務，例如，比率合約再保險中分保公司自留之百分比（即所謂XOL on Retention of Quota share），溢額再保險中自留之一線（即所謂XOL on Retention of Surplus）；具有少部分保障巨災之功能主要是可以設定事故保障機制，不過，此種再保險所購買之再保額度究竟不似巨災超額賠款再保險巨大，面對巨災，普通超額賠款再保險之保障機制有其限制。


## 3. 型態

由上述可知，普通超額賠款再保險一般以「每一個危險」（Any One Risk）或「每一張保單」（Any One Policy）為基礎安排；在某些情況下，也有採每一特定事故或原因為基礎。茲就其運作方式分述如下。

(1)以每一危險為基礎之超額賠款再保險（XOL-Per Risk, WXL-Per Risk）

① 意義

以每一危險為基礎之超額賠款再保險之意義，係被再保人與再保人約定，承保範圍內之業務，每一危險所涉及之每一次損失，如超過被再保人設定之自負額，則再保人在約定之再保責任限額之內，就超過部分負再保攤賠責任。所以，此種型態之再保險，何謂一個危險之範圍甚為重要，但是卻沒有公認的標準，再保合約之內通常會界定何謂一個危險由被再保人自行判定。以每一危險為基礎之超額賠款再保險，主要用於財產保險（Property Insurance）。觀察原文對於此種再保險之描述，可以加深印象，吾人可特別注意「each risk」字眼，為重心所在。

A form of excess of loss reinsurance which, subject to a specified limit, indemnifies the ceding company against the amount of loss in excess of a specified retention with respect to **each risk** involved in each loss.[7]

XOL-Per Risk之主要功能[8]在於保障被再保人對於每一危險之危險暴露損失威脅，至於其對於被再保人遭受之每一事件所致之累積賠款損失與一年內之累積賠款損失，則僅具有限度減少之效用。

② 實務表現方式

以每一危險為基礎之超額賠款再保險，主要重點在於「每一危險加上每一次損失」，故於實務上通常之表現方式為「Each and every loss, each and every risk」，通常簡稱為E & EL、E & ER等等，茲以圖5-3表現如下。圖中顯示，再保人的責任額與被再保人的自負額都是以特定（Specified）數字表現，而其中之R1、R2、R3代表每一危險，每一危險產生之賠款，只要超過被再保人的自負額，超過的部分，於再保人的責任額之內，再保人均需分攤再保賠款。

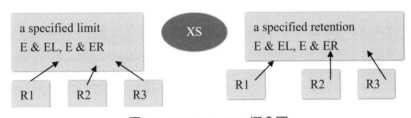

圖5-3　WXL-Per Risk概念圖

③ 例示

設有下列WXL-Per Risk再保計畫，計分三層，分別是：

第一層：300 XS 200

第二層：500 XS 500

第三層：1,500 XS 1,000

已知大於150（含）以上之賠案數個，如表中所示，則該再保計畫各再保層之再保人的攤賠情況如表中所示。請注意實務上XS代表超過之意，所以上列中XS之後代表被再保人自負額。

---

[7] 引自Guy Carpenter Website。

[8] 參酌Carter, Leslie, Nigel Carter on Reinsurance, Volume I, 5th edition, Witherby Insurance. 2014, p.162。

| Losses From Ground Up≧150 | First layer | Second layer | Third layer |
|---|---|---|---|
| | 300 XS 200 | 500 XS 500 | 1,500 XS 1,000 |
| 3,000 | 300 | 500 | 1,500 |
| 2,200 | 300 | 500 | 1,200 |
| 1,700 | 300 | 500 | 700 |
| 900 | 300 | 400 | Nil |
| 600 | 300 | 100 | Nil |
| 500 | 300 | Nil | Nil |
| 200 | Nil | Nil | Nil |
| 150 | Nil | Nil | Nil |
| 770 | 300 | 270 | Nil |
| 30 | Nil | Nil | Nil |

事實上，以每一危險爲基礎之超額賠款再保險各再保層應攤賠之原理，甚爲簡單。就上例，讀者可以用下圖5-4思考。以第一筆爲例，賠款規模大，超過整個再保層提供之2,500元保障額度，三個層次的再保人均全損，被再保人於再保計畫中自負200元賠款外，尚需自行承擔超出再保計畫的500元賠款。第二筆賠案雖大，但未造成第三層全損，第七筆至第十筆之賠款規模未及第一層起賠點，並無再保層受到波及。

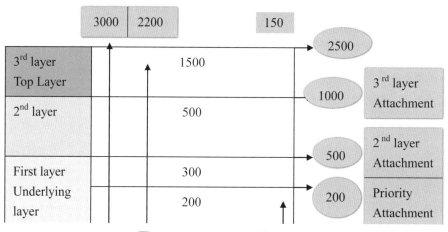

圖5-4　WXL-Per Risk實際運作圖

④ 以每一危險爲基礎之超額賠款再保險附加事件限額（Event Limit）之再保險

由於以每一危險爲基礎之超額賠款再保險之再保險人須對每一危險之潛在性賠款負再保責任，如發生較大事件，例如一次大火事件，波及甚多危險單位，雖然每一危險單位相對之賠款有所限制，一次事件累積之賠款可能相當可觀，再保人爲限制其責任，實務上頗多設定事件限額（Event Limit）。此種情況之下，僅是XOL-Per Risk的一種修正，例如下列規定，被再保人安排下列單層合約，事件限額（Event Limit）設定爲US$400,000。

US$200,000 each and every loss, each and every risk, in excess of US$200,000 each and every loss, each and every risk.
Event Limit: Subject to a maximum recoverable of US$400,000 arising from any one event.

假設在合約期間內發生不同之損失，再保人應分攤之再保賠款如下表所示〔表中R代表危險單位，R1～R3爲不同原因之賠款，R4～R6爲同一次大火中同時受波及之三個賠款，因此，受限於事件限額（Event Limit）〕。

| 受損危險單位 | | 200,000 XS 200,000 Event Limit 400,000 | |
|---|---|---|---|
| | | 再保人 | 被再保人 |
| R1火災事件300,000 | | 100,000 | 200,000 |
| R2爆炸事件200,000 | | Nil | 200,000 |
| R3雷閃事件500,000 | | 200,000 | 200,000<br>尚有超出合約之100,000賠款 |
| R4 350,000 | 大火<br>（Major Fire） | 400,000<br>（再保人本應承擔550,000） | 800,000<br>（3張保單原本每張自負20萬，計60萬，另事件限額之故承擔15萬，另承負R6之5萬） |
| R5 400,000 | | | |
| R6 450,000 | | | |

茲將其內容再圖示如下。圖5-5中顯示，一次大火事件波及R4、R5、R6三個危險，首先即須檢視該三個危險之個別損失是否超越被再保人之自負額，超

越者之再保賠款，仍受再保人於每一危險中最高責任限制外，累加之賠款受限於事件限額。

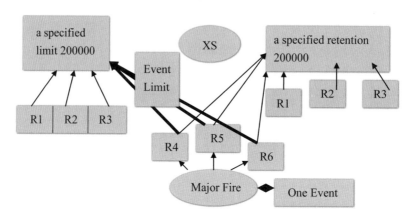

圖5-5　WXL-Per Risk與事件限額運作圖

(2)以每一事件為基礎之超額賠款再保險（Per Event Excess of Loss reinsurance，簡稱XOL-Per Event）

① 意義

以每一事件為基礎之普通超額賠款再保險，係被再保人與再保人約定，承保範圍內之業務，每一事件之賠款，如超過被再保人設定之自負額，則再保人在約定之再保責任限額之內，就超過部分承負再保險攤賠責任。每一事件具有賠款累積概念，同一事件為此種再保合約之責任啟動機制，許多危險單位在同一事件中之累積賠款，如超過被再保人設定之自負額，再保人就超過部分進行賠款分攤。

② 適用情形

購買此種再保險通常是因為被再保人有些業務（尤其是海上保險、人身意外險）有明顯的潛在累積危險，被再保人為降低自留賠款，有時將XOL-Per Risk與XOL-Per Event共同運作[9]。界定此種再保險責任基礎之用語並非單一，每一損失事故（each and every loss occurrence）、任一意外或事故或事件（any

9　Swiss Reinsurance Company, Reinsurance Matter, 2004, pp.123-124.

one accident or occurrence or event）等等，均為此種再保險之表現方式。

責任保險本身簽發之原始保單，採用「任何一損失事故」為常態，隨之安排XOL-Per Event甚為自然。實務上之表現方式不盡相同，例如：

> To pay up to US Dollars 300,000 ultimate net loss each and every loss in excess of US Dollars 200,000 ultimate net loss each and every loss.

雖未明書「Event」一字，但是此種超額賠款再保險之目的，在於允許被再保人可將源於同一原因之任何以及所有索賠之賠款予以累積[10]。依據上述，XOL-Per Event之關鍵在於「每一事件」。「每一事件」之範圍有多大，顯然甚為重要，因為被再保人可否把賠款累積，全視合約中設定之範圍而定。就責任保險而論，E & EL範圍包括下列[11]：

(1) 任何一個損失（any one loss）
(2) 任何一個意外（any one accident）
(3) 任何一個事件（any one event）
(4) 任何一個事故（any one occurrence）
(5) 偶然直接源於一個意外或是一個事故或一個事故產生之一系列以及相同事件或相同原因產生之一系列之所有個別賠款[12]。

近年來，責任保險承保延伸至第三人經濟損失、財損或體傷，所以所安排之再保險，更須注意其承保界限問題。

基本上，此種再保險主要是在應付規模較大的事件，但該種事件尚不足以構成巨災（Catastrophe）的規模。此種再保險可能會有復效次數（Number of Reinstatements）之限制，亦可能規定可無限次復效，復效是否需加繳保費，視合約規定。復效為一複雜問題，請詳本書專節討論。茲將此種再保險圖示如

---

[10] Allow the reinsured to accumulate any and all claims that arise from the same originating cause as one excess of loss recovery. R. Philippe Bellerose, Reinsurance for the Beginner, 5th edit., 2003, Witherby & Co. Ltd. p.109.

[11] Ibid. pp.109-110.

[12] all individual losses arising out of and directly occasioned by one accident or by one occurrence or series thereof arising out of one and the same event or cause. Ibid, p.110.

下，請注意圖中並未標明巨災事件。

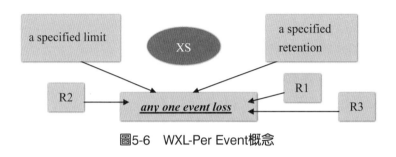

圖5-6　WXL-Per Event概念

## (四) 巨災超額賠款再保險

### 1. 巨災超額賠款再保險之意義

巨災超額賠款再保險與以每一事故為基礎之超額賠款再保險之意義類似，差異處在於前者之每一事件，限定是由巨災引起，故其意義可謂為「被再保人與再保人約定，承保範圍內之業務，因一次巨災事件或一系列事件產生之累積賠款，如超過被再保人設定之自負額，則再保人在約定之再保責任限額之內，就超過部分，承負再保險攤賠責任」。巨災（Catastrophic），即是巨災超額賠款再保險別於普通超額賠款再保險之處，雖然影響單一危險單位之重大損失亦可稱為巨災，但並非巨災超額賠款再保險保障之對象。同樣是一個事件波及兩個以上之危險單位所致之賠款累積概念，巨災超額賠款再保險中所稱之賠款累積是屬於「地毯式」（Blanket）的賠款，例如颱風、地震、海嘯等天然巨災，或是類似2001年發生於美國紐約之911恐怖攻擊事件，係屬於人為（Man-Made）巨災。茲將巨災超額賠款再保險之概念，圖示如下。

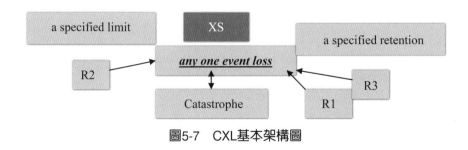

圖5-7　CXL基本架構圖

由圖5-7中可知構成累積之賠款至少由兩個危險單位產生，為確保其運作機制，故巨災超額賠款再保險通常有「兩個危險單位保證條款」（Two Risks Warranty Clause），以茲對應。吾人如觀察下列原文，即可發現此種再保險之特點即為巨災事件（Catastrophic Event）一詞。該原文與前述之巨災超額賠款再保險之意義類似。

A form of excess of loss reinsurance which, subject to a specified limit, indemnifies the reinsured company for the amount of loss in excess of a specified retention with respect to an accumulation of losses resulting from **a catastrophic event** or **series of events**. The actual reinsurance document is referred to as "**a catastrophe cover**."[13]

### 2. 巨災超額再保險之表現方式

實務上，巨災超額再保險之表現方式不盡相同，下舉兩例說明。

例一：

$5,000,000 Ultimate net loss each and every loss **occurrence** in excess of $5,000,000 Ultimate net loss each and every loss **occurrence**.

例二：

To Pay up to $5,000,000 Ultimate net loss each and every loss or series of losses arising out of **one event** in excess of $5,000,000 Ultimate net loss each and every loss or series of losses arising out of **one event**.

上述中，Ultimate net loss稱為最終淨賠款，簡稱UNL；而occurrence、event一詞則稱為事故、事件。最終淨賠款，是指會影響到一個超額再保險合約的賠款額度，攤賠順序不同的超額再保險合約，最終淨賠款之額度亦異。例如，一

---

[13] Guy Carpenter Website

次颶風波及之賠款,被再保人如分別安排比率再保險、以每一危險為基礎之超額賠款再保險、巨災超額賠款再保險,則比率再保險先行攤賠一部分賠款,而保障被再保人於比率再保險中自留的WXL-Per Risk,其最終淨賠款即為被再保人於比率再保險自留之賠款,WXL-Per Risk必然亦攤賠一部分賠款,剩下之賠款即構成巨災超額再保險之最終淨賠款。詳如後述巨災超額賠款再保險之攤賠運作例示。

### 3. 巨災超額賠款再保險之用途

巨災超額賠款再保險主要在於應付特定巨災事件,可能產生之地毯式累積賠款(Blanket Loss),對於被再保人之財務影響。對於任一被再保人而言,其發生頻率雖低,但是何時發生並不確定,就保險公司之高階管理階層而言,仍是重要而必備之管理工具,所以是屬於風險管理理論中,降低企業經理人心理憂慮之範疇,為風險管理事前目標之一。實際上運用時,巨災超額賠款再保險,通常係在保障被再保人之淨自留賠款,例如,被再保人就其火災保險業務,可能已安排溢額再保險,並針對自留之一線安排WXL-Per Risk,巨災發生之後,被再保人支付之原始賠款,雖可由比例再保與WXL-Per Risk攤回賠款,但是其自留部分仍可能非常大,亦即面臨自留累積賠款風險,可以購買巨災超額賠款再保險,等於是被再保人建立了另一道較為後端之賠款防線。

### 4. 巨災超額賠款再保險之攤賠運作例示

巨災超額賠款再保險之攤賠運作,全視其於再保計畫中之地位而定。假設被再保人就比例再保險中自留部分,再行安排WXL-Per Risk保障,之後又再安排巨災超額賠款再保險保障WXL-Per Risk之自留賠款之累積風險,則其攤賠地位位於該兩種再保險之後,也就是一件巨災造成之賠款,應扣除比例再保與WXL-Per Risk攤賠後,剩餘之自留賠款才會影響到巨災超額賠款再保險。例如發生颱風巨災,設有8個危險單位受到波及,扣除比例再保攤賠之後,被再保人之於比例再保中之自留賠款分別為(單位:美金萬元):

(1)8.3、(2)60、(3)30、(4)75、(5)35、(6)45、(7)90、(8)100

如果被再保人之WXL-Per Risk提供第二線保障,起賠點為25萬,再保人責

任額75萬,則WXL-Per Risk應攤之額度分別為:(下列均以萬為單位)

(1)0、(2)35、(3)5、(4)50、(5)10、(6)20、(7)65、(8)75

此時之自留賠款為:

(1)8.3、(2)25、(3)25、(4)25、(5)25、(6)25、(7)25、(8)25

總數為183.3萬,假設被再保人復就此自留賠款購買巨災超額賠款再保險,起賠點為50萬,再保人責任額150萬,則CXL應攤之額度為133.3萬,亦即被再保人於颱風事件中最終之淨自留賠款為50萬。上述183.3萬即為CXL之最終淨賠款。

### (五) 累積型超額賠款再保險(Aggregate Excess of Loss Reinsurance)

#### 1. 意義

累積型超額賠款再保險易於與前述以每一事件為基礎之超額賠款再保險或巨災超額賠款再保險混淆一起,事實上,採用累積概念計算賠款的確是相同的,不過,累積的範圍大小卻有區別。累積型超額賠款再保險通常是以一段時間(通常是一年)之賠款為其累積範圍。累積型超額賠款再保險之表現方式有兩種,其一為以固定金額為基礎,此種型態仍屬超額賠款再保險之一種,已如前述;其二為以損失率(Loss Ratio)表現之型態。

有時可見到以每一危險為基礎之固定金額型累積型超額賠款再保險,例如下列再保結構:

"To pay US\$2M in the aggregate **of a risk** in excess of US\$0.5M in the aggregate **of a risk**"

則其累積範圍僅限某特定危險(Risk)[14]。假設2013年某特定危險前後發生下列意外事故五次,各次賠款分別為:(1)loss US\$5,000、(2)loss US\$10,000、(3)loss US\$40,000、(4)loss US\$50,000、(5)loss US\$500,000,則再保人應分攤之

---

[14] 危險為非比例再保的一個術語,以白話言之,即是業務之意,例如一個核電廠。

再保賠款爲US$105,000。

　　如同前述，大部分的累積型超額賠款再保險，其賠款累積期間以一年爲常態，通常扮演被再保人再保計畫中最後一道防線，尤其是以損失率爲基礎的累積型超額賠款再保險。茲就上述兩種型態再行分析如下。

### 2. 以固定金額爲基礎之累積型超額賠款再保險

此種超額賠款再保險之表現方式，如下所列。

(1) US$500,000 in the aggregate excess of US$500,000 in the aggregate.

(2) US$500,000 in the aggregate excess of $500,000 in the aggregate applying only to losses greater than $50,000 per loss.

　　上列第一例爲常例，第二例之安排較爲特別，該例指出，構成其最終淨賠款之要件是賠款規模大於$50,000之賠案，亦即以該等規模以上之賠案爲合約保障對象，所以，賠款規模在$50,000以下之賠案仍由被再保人自行承擔。當賠款規模大於$50,000之賠案，賠款累積額度達到$500,000時，超出部分始由再保人負責。

### 3. 損失率爲基礎之累積型超額賠款再保險（Stop Loss Reinsurance or Excess of Loss Ratio Reinsurance）

#### (1)意義

　　損失率爲基礎之累積型超額賠款再保險，一般稱停止損失再保險或超率賠款再保險，係再保人與被再保人約定，當損失率超過被再保人設定之自負損失率時，超過之損失率由再保人承擔，但再保人通常有最高損失率之限制。惟因損失率爲一相對數字，換算爲實際賠款時，數字可能甚大，再保人爲避免承負之責任過大，通常會設定另一固定再保責任限額，再保人之責任以兩者較小者爲準。

　　損失率爲基礎之累積型超額賠款再保險，除應用於特殊險種之再保險外，通常爲典型的再保計畫最後一道防線。所稱特殊險種，通常是指農作物之冰雹

保險，此種情況下，再保期間有時並未加上固定期間，僅謂「某年的冰雹季節」，例如2013冰雹季節（Hail Season）。損失率通常是指一年的淨自留損失率，亦由累積淨自留保費與累積的淨自留賠款兩個因子共同算定。累積的淨自留賠款係指扣除所有前置再保險攤賠後之剩餘自留賠款[15]。計算損失率之兩個因子，當然會受到不同約定的統計基礎之影響，例如曆年制、意外事故年度制、承保年度制，各有不同之對應數字。下列為原文對於停止損失再保險之描述，請讀者參考。

A form of excess of loss reinsurance which indemnifies the reinsured against the amount by which the reinsured's losses incurred (net after specific reinsurance recoveries) during a specific period (usually twelve months) exceed **either an agreed amount or an agreed percentage** of some other business measure, **such as aggregate net premiums** over the same period or average insurance in force for the same period. This form of reinsurance is also known as stop-loss reinsurance, stop-loss-ratio reinsurance, or excess of loss ratio reinsurance.[16]

### (2)功能[17]

　　停止損失再保險既係針對一年期間之淨賠款累積問題，自然是在穩定被再保人之自留損失率。亦即，停止損失再保險基本上是提供被再保人最全面性的自留保障（Comprehensive Cover），不過，吾人不應誤解其具有巨災保障功能，因為停止損失再保險係在減緩被再保人之自留損失率，特別是巨災發生之年度對於自留承保業績之過度不利影響，而非在保障其核保利潤。職是之故，合約中設定之自留損失率通常不會太低。

---

[15] 前置再保險可能有比例再保險、WXL-Per Risk、WXL-Per Event、CXL等等，許多原文所稱"net after specific reinsurance recoveries"，即是其意。

[16] Guy Carpenter Website

[17] 參酌Swiss Reinsurance Company, Reinsurance Matter, 2004, p.129。

## (3)例示

停止損失再保險之實務表現方式，通常亦無標準方式，下列是幾個例子。

例一：

50 loss ratio points excess of 75 loss ratio points.

例二：

The reinsurer hereunder shall be liable for 95% of the amount, if any, by which the aggregate ultimate *net losses* of the Reinsured *occurring during each calendar year* of the term of this Agreement exceed the greater of ￡20,000,000 or 70% of the Gross Net Earned Premium Income of the Renisured for each calendar year of the term of this Agreement. The Reinsurer, however, shall not be liable for more than ￡3,600,000（being 90% of ￡4,000,000 of such excess losses during each calendar year of the term of this Agreement.）

例三：

Losses excess of 100% of the reinsured's gross net premium income or US$10,000,000 whichever is the greater, up to a further amount of 50% of the reinsured's gross net premium income or US$5,000,000 whichever is the lesser.

　　第一例僅是簡要地表現出停止損失再保險以損失率作爲合約當事雙方之運作機制，第二例規定甚爲詳細，被再保人之自負額，爲最終淨賠款￡20,000,000或是損失率70%，以較大者爲準，再保人之責任限額，爲損失率95%，但以不超過￡3,600,000爲限。此處再保險承擔之責任係採用共同再保險方式，原100%責任額再保人僅承擔90%，被再保人成爲10%責任的「共同」再保人。用以計算損失率的因子，分子爲曆年期間內之累積最終淨賠款，分母爲曆年期間內之毛淨滿期保費收入。第三例類似第二例，茲將其以圖5-8表現如下。

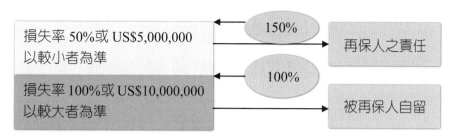

**圖5-8　停止損失再保險基本架構例示**

　　再保人之責任額中取較小者與被再保人自負額取較大者，對再保人有利，前述再保人責任額採共同再保方式，亦是再保人控制危險措施之一。下列有一簡單假設情境，說明停止損失再保險如何運作。

假設情境：

設有2013年再保合約條件如同上舉第三例，如被再保人最終之淨賠款為$25,000,000，毛淨自留滿期保費收入$15,000,000，再保人與被再保人如何分攤損失？

說明：

首先確定實際自留損失率為166.67%（即$25,000,000/$15,000,000），非但已超出被再保人設定之自留損失率100%，亦超過合約可以提供之損失率保障，正常情況下，等於再保人承受全損。但在本例中，由於被再保人之自留額度與再保人之責任額度有特別規定，故須特別注意。依設定條件，損失率100%乘以毛淨自留滿期保費為$15,000,000，大於$10,000,000，故被再保人之自留額度應取$15,000,000；而損失率50%乘以毛淨自留滿期保費為$7,500,000，大於$5,000,000，所以再保險人應分攤$5,000,000。

如果有設定共同再保，例如90%，則再保人僅需分攤$5,000,000×90%，即$4,500,000，其他賠款全由被再保人自留。

# 第三節　再保計畫概觀（綜合再保計畫概論）

比例再保險與非比例再保險之型態已如前述，事實上，保險公司安排再保險是具有整體性的，也就是有再保計畫，一般是以每一部門（例如火災保險部）為基礎，進行完整之規劃，所以原則上是比例與非比例配合再保險方法並行運用，茲舉一例如下。至於所有的再保人如何分攤賠款，亦可在其中顯現。

假設情境：

設有一保險公司安排2014年火災保險部之再保險計畫如下：

1. 溢額合約再保險：被再保人自留一線，最高額度$200,000，再保人提供5線承保能量。

2. 預約再保險，設定20線。

3. WXL-Per Risk保障自留之一線，$150,000 excess $50,000。

4. CXL保障被再保人淨自留部分，$1,800,000 XS$250,000。

試根據下列不同情況，計算各再保險人應分攤之賠款為何？

1. 保額$3,000,000之業務發生全損。

2. 保額$3,000,000之業務發生部分損失$1,500,000。

3. 受編號80之颱風侵襲，有20棟房屋全損，每棟保額各$200,000。

討論：根據三種不同假設情況，分別說明如下。

1. 保額$3,000,000，全損：

(1)首先分配保險金額，被再保人於溢額再保中自留20萬，溢額再保之再保人承受100萬，預約再保險之再保人承受180萬。非比例再保之再保人與保險金額不相干。

(2)由於發生全損，所以，溢額再保之再保人與預約再保險之再保人分攤之再保賠款與其承受之保險金額相同。被再保人於溢額再保自留之賠款，因受WXL-Per Risk之保障，WXL-Per Risk分攤15萬，被再保人淨自留賠款為5萬

2. 保額300萬，損失50%，則溢額再保之再保人分攤賠款50萬，預約再保險

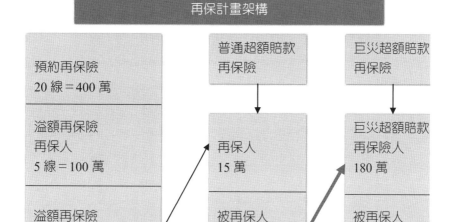

再保計畫架構

| 預約再保險 20 線＝400 萬 | 普通超額賠款 再保險 | 巨災超額賠款 再保險 |
| --- | --- | --- |
| 溢額再保險 再保人 5 線＝100 萬 | 再保人 15 萬 | 巨災超額賠款 再保險人 180 萬 |
| 溢額再保險 被再保人 1 線＝20 萬 | 被再保人 5 萬 | 被再保人 25 萬 |

粗色箭頭代表
巨災連結

之再保人分攤賠款90萬。被再保人於溢額再保自留之賠款為10萬，因有WXL-Per Risk之保障，WXL-Per Risk分攤5萬，被再保人淨自留賠款為5萬。

3.颱風侵襲全損：

首先分配保險金額：每棟保額各20萬，全由被再保人自留，20棟房屋全損，被再保人每棟承負20萬原始賠款，因有WXL-Per Risk之保障，WXL-Per Risk分攤每棟15萬，共300萬。至此階段，被再保人自留之賠款為20×5萬，為100萬。由於屬於巨災性質，巨災超額賠款再保險承擔75萬，被再保人淨自留賠款為25萬。

## 本章自我評量題目

1. 保險人在訂定超額賠款再保險（Excess of Loss Reinsurance）計畫時，通常採用分層（Layer）策略，試簡述採用分層安排之理由。【99.01核保學會考題】

2. 辛亥保險公司安排2010年火災保險部之再保險計畫如下：

   (1) 溢額再保險（Surplus Reinsurance）：被再保人自留一線，最高限額為$1,000,000，再保人提供5線承保能量。

   (2) 溢額再保險中自留之一線，另行安排60%比率再保險（Quota Share Reinsurance）。

   (3) 辛亥保險公司於比率合約再保險之自留部分，另行安排以每一危險為基礎之普通超額賠款再保險（Per Risk Working Excess of Loss Reinsurance），再保人之責任額為$300,000，自負額為$100,000。

   (4) 辛亥保險公司火災保險自留限額表如下：

| 使用性質＼建築結構 | 特等 | 頭等 | 貳等 | 參等 |
|---|---|---|---|---|
| 甲 | 100% | 80% | 70% | 60% |
| 乙 | 80% | 70% | 60% | 50% |
| 丙 | 70% | 60% | 50% | 40% |
| 丁 | 60% | 50% | 40% | 30% |

   試根據下列不同情況，計算再保險計畫中之各型態再保險人應分攤之賠款為何？又辛亥保險公司之淨自留賠款為多少？又比例型再保險之再保人應分配之保險金額為何？

   (5) 編號001之業務經查勘為參等，使用性質乙等，原始保額為$3,000,000，發生全損。編號002之業務經查勘為特等，使用性質甲等，原始保額$5,000,000，發生部分損失$2,500,000。

   又，如果辛亥保險公司火災保險業務中許多保單附加颱風洪水保險，則上述再保計畫是否完備？試討論之。【99.01核保學會考題】

3. 有關比例再保險之安排，試回答下列各題：

   (1) 何謂溢額再保險？何謂比率再保險？主要之差異何在？又，就分保公司而言，

溢額再保險之自留比起比率再保險之自留，最大之優點為何？試分別說明之。

(2) 設甲保險公司為爭取較多業務，設定其最高承受額度為每一危險（Any One Risk）US$10,000,000，最大自留額設定在每一危險US$250,000，經洽其溢額合約再保之首席再保人，該首席再保人覆稱「不願意以每線US$250,000為基礎提供超過10線以上之承保能量；但如以每線US$1,000,000為基礎，則可考慮接受該合約，並提供足夠之承保能量」。由於甲保險公司管理階層堅持每一危險之最高自留額仍維持在US$250,000，該公司再保人員深思解決之道。試回答下列兩小題：

①再保人員決定配合首席再保人之要求安排再保險，則甲保險公司之再保人員如何以比率再保險解決此再保計畫之安排問題？（本小題須以數據說明）

②甲保險公司之再保人員如何向溢額再保險之首席再保人解釋其所安排之整個再保險計畫？【99.02核保學會考題】

4. 下列為一個具有兩層超額賠款再保險的再保計畫，第一層起賠點為美元20萬，第二層起賠點為美元50萬，假設有四個危險，分別發生四個賠案，則被再保人與第一層再保人、第二層再保人各應分攤之賠款為何？

| Case | 1st layer | | 2nd layer |
| | 300,000 XS 200,000 | | 500,000 XS 500,000 |
| | Reinsurer | Reinsured | Reinsurer |
|---|---|---|---|
| 300,000 | | | |
| 850,000 | | | |
| 125,000 | | | |
| 1,500,000 | | | |

某巨災再保合約之架構為A$7.5 M ultimate net loss each and every loss occurrence in excess of A$7.5M ultimate net loss each and every loss occurrence，設該合約受颱風波及，計有五個危險單位受波及，影響CXL之最終淨賠款如下：「Risk 1: A$2M, Risk 2: A$0.5M, Risk 3: A$4M, Risk 4: A$1.5M, Risk 5: A$0.2M」試計算再保人應攤金額。如果最終淨賠款改為「Risk 1: A$2M, Risk 2: A$0.5M, Risk 3: A$0.4M, Risk 4: A$1.5M, Risk 5: A$0.2M】，再保人應分攤多少？

第陸章

# 比例合約再保險合約

前述各章僅就再保險之基本運作概念進行介紹，可謂僅就再保險之「外觀」說明，本章開始將介紹再保險之「內在」。所謂再保險之「內在」，主要為再保險合約之重要內容，包括再保條件（Terms）、再保條款（Conditions）。由於再保條款之內容繁複，本書僅就關鍵性條款擇要分析說明。實際上所謂再保險合約，其範圍應包括再保險當事雙方進行再保交易時之再保摘要表（Placement Slip）、供核保之相關資料（Underwriting Information）、修改再保摘要表之修改書（Endorsement）、合約成立後之合約書（Treaty Wording）、修改合約書之附約書（Addendum）。本章先就比例再保險合約進行分析。

## 第一節　比例再保險合約項目概觀

### 一、比例再保險合約文件架構圖

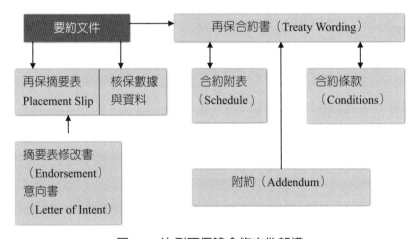

**圖6-1　比例再保險合約文件架構**

要約文件，即是分保公司提供準再保人核保的相關參考文件，一般包括要約函及其附件。附件包括再保條件明細表以及供核保之相關數據資料，再保條件明細表一般稱為再保摘要表。在實務中，如果原列之再保條件有變更，必須

修改時，通常採用摘要表修改書或直接以意向書（Letter of Intent）修正。各分保公司所提供之核保相關數據與資料，差異性大，有些甚為複雜。不過經多年發展，大置採核保問卷（Underwriting Questionnaire）之概念，其中必要的項目有：合約歷年來的業績（Result）、受保障業務的業務結構（Risk Profile）、核保哲學等等資料。再保合約書為具體的再保文件，其架構一般包括合約條款與合約附表，設計合約附表之用意，主要係將合約重要條件列出，非但是構成合約之一部分，也便於當事人查核。至於再保合約中再保條件或條款如有變更，一般採用附約相應修正。

再保條件先設定於再保摘要表之中，而合約書中通常置有附表，並與再保摘要表之再保條件連結，已如前述，因此，認識再保合約宜由再保摘要表起始。

## 二、比例再保險合約之再保合約摘要表（Placement Slip）

再保實務中並無標準式的摘要表，故對於摘要表中之關鍵性再保條件應特別注意。基本上，比例再保險之再保摘要表主要項目包括再保承保範圍、再保險期間、再保險條件、合約對每一危險之最高承保限額與自留額、再保價格（包括再保費率、再保佣金率、盈餘佣金率）、保證性質事項（包括保費準備提存、賠款準備提存）、未了責任之轉出與轉入（包括未滿期責任保費、未決賠款責任）、帳務制度、部分核保數據（過去之業績統計資料、預估之保費收入）等等。

以下列舉比率合約再保險與溢額合約再保險之再保摘要表各一個，並加上中文內容，以便比對。至於其重要項目之詳細內容，請詳重要項目解說乙節。

表6-1　比率合約再保險摘要表

| Ceding Company<br>分保公司 | XXX Insurance Company Limited |
|---|---|
| Type of Treaty<br>合約型態 | Quota Share<br>比率再保險 |
| Class of Business<br>承保之險種與危險事故 | Fire and Allied Perils<br>火災保險及其附加保險 |
| Territorial Limits<br>承保地理區域限制 | Republic of XXXXXXX<br>XXXXXXX共和國 |
| Period<br>再保期間 | Continuous Agreement from 1$^{st}$ January 2013<br>2013年1月1日起（持續型合約） |
| Notice of Cancellation<br>暫時性註銷通知 | 3 months prior to 31 December in any year<br>任一年度12月31日之前3個月 |
| Limits<br>任一危險合約最大責任 | Maximum Liability hereon $1,000,000（for 100%） Sum Insured any one risk<br>保險金額為基礎，任一危險合約（100%）最高責任$1,000,000 |
| Maximum Cession<br>再保人任一危險最大責任 | 50% Quota Share cession, subject to Maximum cession hereon of $500,000 sum Insured any one Risk<br>每一筆業務分出50%，以保險金額為基礎再保人任一危險最大責任額度$500,000 |
| Rate<br>再保費率 | Original Gross Rate<br>原始毛費率 |
| Commission<br>再保佣金率 | 25%<br>再保佣金率25% |
| Profit Commission<br>盈餘佣金率 | 10%（Reinsurers' Expenses 5%, Losses carried forward to extinction）<br>盈餘佣金率10%（計算盈餘時，扣除再保人費用5%，往年合約虧損移轉至完全抵銷） |
| Premium Reserve Deposit<br>保費準備提存 | 35% in event of cancellation<br>（合約註銷時提存35%） |
| Loss Reserve Deposit<br>賠款準備提存 | 100%<br>賠款準備提存率100% |
| Portfolio<br>未了責任移轉 | 35% premium, 90% losses<br>未滿期責任保費35%，未決賠款責任90% |
| Cash Loss / Loss Advice Limit<br>現金攤賠／損失金額通知點 | $250,000 for 100% hereon<br>現金攤賠及損失金額通知啓動額度$250,000 （100%） |

| Ceding Company<br>分保公司 | XXX Insurance Company Limited |
|---|---|
| Bordereaux<br>業務明細表 | None<br>不提供 |
| Accounts<br>例行帳務制度 | Quarterly（Including Outstanding Losses）<br>季帳（包括未決賠款數據資料） |
| Account Settlement<br>帳單製作與帳款收付 | 45 days for preparation 15 days for reconciliation and further 30 days for settlement（90 days in all）<br>帳單製作45天，再保人覆證期15天，帳款收付期間30天（共90天） |
| Brokerage<br>再保經紀人佣金 | 2% on OG.R<br>原始毛保費費率之2% |
| Statistics<br>統計資料 | Usually attached for past 5 years or more<br>至少5年之統計資料 |
| Estimated Premium Income<br>預估保費收入 | $5,000,000（for 100% hereon）<br>$5,000,000（100%） |

表6-2　溢額合約再保險摘要表

| Ceding Company<br>分保公司 | XXX Insurance Company Limited |
|---|---|
| Type of Treaty<br>合約型態 | First Surplus Treaty<br>第一溢額再保險合約 |
| Class of Business<br>承保之險種與危險事故 | Fire and Allied Perils<br>火災保險及其附加保險 |
| Territorial Limits<br>承保地理區域限制 | Singapore<br>新加坡 |
| Period<br>再保期間 | Continuous agreement at $1^{st}$ January 2013<br>2013年1月1日起（持續型合約） |
| Notice of Cancellation<br>暫時性註銷通知 | 3 months prior to $31^{st}$ December in any year<br>任一年度12月31日之前3個月 |
| Maximum Limit per Line<br>每線最高限額 | Maximum $200,000 P.M.L. any one risk Minimum P.M.L. 40%<br>PML基礎任一危險最高$200,000，最低PML比率40% |
| Number of Lines<br>線數 | 20<br>20線 |

| Ceding Company 分保公司 | XXX Insurance Company Limited |
|---|---|
| Maximum Limit hereon 合約最高限額 | Maximum $4,000,000 P.M.L. any one risk PML基礎任一危險最高$4,000,000 |
| Rate 再保費率 | Original Net Rate （ON.R.=OG.R. less maximum deductions of 30% in all） 原始淨費率＝原始毛費率－費用（最高扣除30%） |
| Fire Brigade Charges 消防捐 | 3% on OG.R. 原始毛費率之3% |
| Overriding Commission 手續費 | 5% on O.N.R. 原始淨費率之5% |
| Profit Commission 盈餘佣金 | 15% (Reinsurer's Expenses:5%) Losses carried forward 3 years 盈餘佣金率15%（計算盈餘時，扣除再保人費用5%，往年合約虧損移轉3個年度） |
| Premium Reserve Deposit 保費準備提存 | 40% 保費準備提存率40% |
| Interest on Deposit 保費準備提存利息 | 3% per annum 年利率3% |
| Portfolio Assumption / Withdrawal 未了責任之承受與移轉 | Premium 35% Outstanding Losses 90% 未滿期責任保費35%，未決賠款責任90% |
| Cash Loss / Loss Advice Limit 現金攤賠 / 損失金額通知點 | $250,000 for 100% of treaty 現金攤賠及損失金額通知啓動額度$250,000 （100%） |
| Bordereaux 業務明細表 | Nil 無 |
| Accounts 例行帳務制度 | Half Yearly 半年帳 |
| Account Settlement Period 帳單製作與帳款收付 | 30 days for preparation, 15days for reconciliation, plus further 15days for settlement (60 days in all) 帳單製作30天，再保人覆證期15天，帳款收付期間15天（共60天） |
| Brokerage 再保經紀人佣金 | 3% on Original Net Rate（=2.1% on O.G.R.） 原始淨費率之3%（原始毛費率之2.1%） |
| Statistics 統計資料 | Usually attached for past five years or more 至少5年之統計資料 |
| Estimated Premium Income 預估保費收入 | $5,000,000（for 100% treaty hereon） 整個合約$5,000,000（指分保人與再保人合在一起之預估保費收入） |

## 第二節　重要項目解說㈠
### ——合約型態、再保期間、再保責任額與自留額

　　以下根據上節所列舉之再保摘要表，就重要項目進行分析說明。本節先行說明合約型態、再保期間、再保責任額與自留額。

### 一、合約型態

　　比例再保險摘要表通常清楚點出合約型態，關於合約型態之基本意義，請參考本書前幾章之說明。於此尚須補充者為溢額再保險與比率再保險之結合安排，一般稱之為複合再保險，本書在前面亦有所說明，此處擬就其於再保摘要表之表現方式，分析說明如下。由表中可發現，本複合比例再保險包括兩個部分，即比率再保與溢額再保。事實上，複合比例再保險僅是被再保人於溢額再保險自留之一線，再行安排比率合約再保險。下例中明顯指出，溢額再保險自留之一線為每一危險最高US\$20,000,000，該自留一線另安排50%比率合約再保險，所以，分保公司任一危險之最高自留額為US\$10,000,000。至於溢額再保險之再保人最高之承保責任，每一危險為美元US\$100,000,000元。

| | Quota Share Section |
|---|---|
| Limits | 50% of Maximum US\$20,000,000 and scaled down in accordance with the Table of Limits. All cessions ceded will be on per risk basis subject to the maximum limit of US\$10,000,000. |
| | Surplus Section |
| | US\$100,000,000.-comprising 5 lines of maximum US\$20,000,000. -per line surplus |
| | The reassured may have his own discretion as to what constitute one risk. |
| Reassured's Max. retention | US\$10,000,000.- any one risk. |

## 二、再保期間與註銷通知之關聯性

比例再保險之再保期間特性，為合約期間採用繼續性基礎（on continuous basis），其主要概念應係來自於再保基本功能之作用，亦即於長期間由再保當事雙方分攤不佳年度之賠款與分享良好年度之利潤，進而達到消除保險公司經營上之業績波動現象。不過，再保合約究竟是自由市場中之交易，為保持彈性，同時讓再保當事雙方保有選擇之彈性，故有暫時性註銷通知（Provisional Notice of Cancellation，簡稱PNOC）之機制，允許雙方可於每年合約期間到期日前3個月（或約定的一定期限）提出暫時性註銷。提出暫時性註銷通知之一方，是否會撤銷該通知，需視其對於未來一年之合約的看法。基本上，吾人可以由再保人與被再保人之不同角度說明，亦即兩者提出PNOC之目的稍有不同。再保人提出時，可能是想要重新評估合約之統計數據，例如，統計數據顯示業績欠佳，如果被再保人可以提出較新之數據或是改善方案，也許再保人會撤銷原提出之PNOC；被再保人提出時，通常原因是其欲修正再保合約之條件與條款，故其提出時，通常會表明新的再保計畫將於適當時機提供再保人請其考量，如經再保人接受，則等於撤銷原提出之PNOC，原合約則繼續存在[1]。如果當事雙方之任何一方提出確定性註銷通知（Definite Notice of Cancellation，簡稱DNOC），顯示有一方確認終止合約關係。再保人對於業績良好之再保合約通常不會提出PNOC，避免分保公司順勢終止關係，同樣的分保公司對於業績表現差強人意或是不佳者，通常亦不會主動提出PNOC，以免引起再保能量之變動。

## 三、被再保人之自留額與再保人最高責任額（Maximum Liability）

比率再保險與溢額再保險中，被再保人之自留額與再保人最高責任額之表現方式已如前述，前述第一例與第二例之架構分別如下。

---

[1] Robert Brown and Peter Reed, Marine Reinsurance, Witherby, 1981, pp.181-182.

於此須特別分析者爲，實務上對於任何一個危險的額度，不一定完全採用
保險金額基礎，有時採用PML（Probable Maximum Loss）基礎或EML（Esti-
mated Maximum Loss）基礎[2]，有時兩者同時並陳。例如下例[3]：

"The surplus amounts ceded to the reinsurers on any one risk shall in no
case exceed 5 times the Reassured's net retention up to a maximum limit of
$5,000,000 Probable Maximum Loss (PML), but not exceeding $15,000,000
irrespective of the PML. The reassured shall be the sole judge of what con-
stitutes one risk and of the PML, of any risk."

上開文字指出再保人每一危險之最大責任，以PML爲基礎$5,000,000，但
不得大於保險金額$15,000,000，換算爲最大自留之一線，分別爲$1,000,000與
$3,000,000。假設有一筆業務採用60%PML，原始保險金額爲$20,000,000，分保
公司依自留限額表，以保險金額爲基礎，如該業務被再保人僅取$2,000,000，
則再保人之責任額應爲$10,000,000；相對之下，以60%PML表示者應爲
$1,200,000，再保人之責任額應爲$6,000,000，與合約限額對應之下顯然超過

---

[2] 尚有其他基礎，例如M.P.L、M.A.S.（Maximum Amount Subject）等。

[3] Robert Kiln and Stephen Kiln, Reinsurance in Practice, Witherby, 2001, p.84.

$5,000,000，故分入之保險金額應降爲$8,333,333（即$10,000,000×5÷6）[4]。

就再保人而言，採用PML基礎之情況下，較無法掌握其對於每一危險之潛在的最大賠款責任限額，因爲PML本身爲一種估計，必然會有偏差或是錯誤，故再保合約中不是採用上述PML與保險金額並陳之方式，就是要求設定PML之最低百分比，例如，「Minimum PML 50%」，再保人即瞭解，一旦發生全損事件，其責任限額不超過2倍的PML[5]。例如，假設再保合約之限額係以US$10,000,000PML爲基礎，如果PML百分比並未超過總保額之50%，則一張保險金額爲US$20,000,000之保單，將可由再保合約完全保障[6]。設定PML最低百分比之目的，在使再保人知道每一危險之潛在的最大賠款責任限額。亦可避免PML訂得過低而致巨大之保險金額業務完全分入，使得再保人蒙受巨大風險[7]。由於現今經濟社會之標的物巨大化，採用PML或其他估計基礎者屬於常態，再保人於此應注意。基本上，再保交易之初，被再保人應提供或說明其自留限額之規範情形。

## 四、分保基礎（Cession of Reinsurance）

以上所提之每一危險之計算基礎，採用比率之原始保險金額或採用PML，或採用線，泛稱爲分保基礎（Cession of Reinsurance），分保基礎是極易混淆之名詞。除上述之分保基礎外，尚有其他種類的分保基礎，有些極爲特殊，例如，有些工業火災保險之保單是由好幾個單位所構成，於再保合約中通常會採用其中最高額區域爲基礎（Top Location and Pro-Rata Basis），海上貨物保險之再保險合約可能採用每一保單爲基礎（Per Policy Basis）或每一船運爲基礎（Per Bottom Basis），海上船體保險之再保險合約可能採用每船基礎（Per Vessel Basis），人身意外保險之再保險合約則採用每一個人爲基礎（Per Person

---

[4] 參酌Robert Kiln and Stephen Kiln, Reinsurance in Practice, Witherby, 2001, p.84.

[5] 參酌Swiss Reinsurance Company, Reinsurance Matter, 2004, p.96與R. Philippe Bellerose, Reinsurance for the Beginner, 5th edit., 2003, Witherby & Co. Ltd. pp.27-28.

[6] Keith Riley, Reinsurance:The Nuts and Bolts, 3rd edition, Witherby Insurance and Egal, 2012, p.26.

[7] 例如合約責任爲PML基礎1,000萬，如PML僅爲1%，則會分入保額達10億之保單。

Basis）[8]。

# 第三節　重要項目解說㈡——比例再保險之再保險價格

　　雖然比例再保險之再保險費率與原保險保單之費率相同，一般採用原始毛費率（Original Gross Rate），但是有時採用原始淨費率（Original Net Rate）。

　　不過，比例再保險之眞正價格主要卻表現於各種型態的佣金中，另尚有其他價格技術條款，例如，損失參加提款。以下擬就再保佣金、盈餘佣金等等進行分析。

## 一、再保佣金

### ㈠ 再保佣金之意義

　　再保佣金（Reinsurance Commission）又稱分保佣金（Ceding Commission），其最原始之意義爲，再保人將原保險人支付之再保險費，按雙方約定之一定比例退還原保險人，用以補償分保公司之業務取得費用（Acquisition Cost）。業務取得費用主要構成分子爲分保公司支付給保險經紀人、保險代理人或保險業務員之佣金。不過，對於再保人而言，在實務上，再保佣金之比率

---

[8] 本段為較深入之內容，同一張保單可能承保數個區域，所有區域之保險金額分別記載於一張附表之中，如果以最高額區域之額度為基礎設定整個再保合約承受限額（包括自留與再保額度），則整張保單均可在其承保範圍之內，其他區域分出之額度則依最高區之比率減少。海上貨物保險再保險合約採用每一張保單為基礎之情況下，可以提供分保公司數批貨物同船之同險的保障，但是分保公司每筆自留仍可能導致累積，此時可採以每一危險為基礎之超額賠款再保險再度分散風險。每一船運為基礎主要在於控制危險累積，此種基礎之下，分保公司必須維護每船之裝船額度之紀錄，不過，因為海上船運變化多端，例如常有轉船問題，故在適用上頗有困難。船舶保險在保險合約中，以每船為基礎主要是船舶保險承保範圍非僅是船殼與機器，有時尚及於責任風險，極易超出再保合約之責任額度，故常以船殼與機器之保險價額為基礎，至於船隊之情況下，亦以每船為基礎分保。至於以每一人為基礎，則較易理解，不過，再保人為控制風險暴露過於嚴重，通常會規定每船、每架飛機之「已知累積責任額度」，即以每人最高限額之一定倍數為限。詳細內容請參閱Keith Riley, Reinsurance: The Nuts and Bolts, 3rd edition, Witherby Insurance and Legal, 2012, pp.24-29。

高低，是比例再保險最主要的交易價格表徵。再保險之交易價格，有時亦有「負向價格」，例如，於再保合約中設置「損失參加條款」（Loss Participation Clause），即是其中一種，請詳後述。

## (二) 影響再保佣金的因子*[9]

決定再保佣金率高低的因子，並不是單一的，是許多因子共同運作的結果，原則上可由下圖6-2中所列的因子觀察[10]。

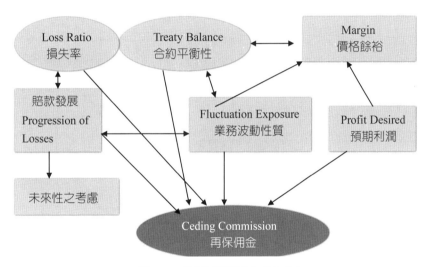

圖6-2　影響再保佣金的因子

由圖6-2可知，再保佣金受到三大因素之影響，分別是損失率、合約平衡性、再保人考慮之餘裕（Margin）的大小。原則上，損失率愈低與愈具平穩性，合約平衡性（Treaty Balance）愈佳，再保人考慮之價格餘裕較小，可使再保佣金率處於高檔。價格餘裕類似一種「意外準備」，請詳後述。

特別注意損失率必須考慮賠款發展，因為有些賠款具有長尾性，有統計落

---

[9] *本段為較深入之探討，初學者可以先行跳過。

[10] 本圖綜合後列再保文獻編成：(1)Robert Carter, Leslie Lucas and Nigel Ralph, Reinsurance, 2000, chapter 6；(2)Robert Kiln and Stephen Kiln, Reinsurance in Practice, Witherby, 2001, chapter4, chapter5.

後之特性。再者，過去之賠款統計資料通常需配合未來性因子調整，以符未來之發展，因為所決定的是未來一年的再保佣金率，影響未來性因子甚多，例如業務結構改變，巨災業務比重增加[11]。而合約平衡性必須講究眞實的平衡，一般所稱的合約平衡性是由下列簡單公式所計算：

（合約之預估保費收入 / 每一危險之最高限額）×100%

但是影響合約平衡性因素極多，必須詳細評估始見眞實，詳如下圖6-3所示[12]。

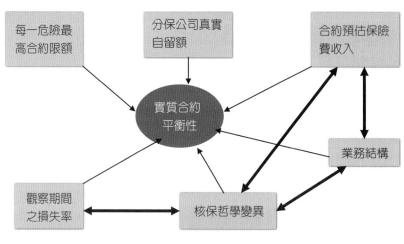

圖6-3　影響合約平衡性因子

由上可知，再保險人在觀察合約平衡性時，應該分辨表面的平衡與眞實的平衡，也就是分保公司應考慮業務結構是否均勻，觀察期間的損失率是否在合理範圍內，核保哲學有無偏頗之處，則由上列公式所計算之合約平衡性可謂為

---

[11] 尚有(1)損失趨勢，(2)原始費率之改變，(3)人事變更（ownership, underwriting staff, agency network），(4)New class or new territory，(5)Common account或其他再保險之持續性，(6)統計資料基礎之一致性，(7)賠款資料之完整性（年度、已付賠款、未決賠款、理賠費用），(8)長尾業務（賠款型態之改變）。詳Robert Kiln and Stephen Kiln, Reinsurance in Practice, Witherby, 2001.第五章說明。

[12] 鄭鎮樑，合約平衡性之探討，風險與保險雜誌。中央再保險公司發行。

真實的平衡性，否則僅是一種表象，屬於表面平衡。

再保人考慮之餘裕（Margin）大小，係受到業務波動性質、預期利潤之影響。受保障之業務波動性愈大，等於損失成本較難信任，必須考慮波動因子，於長期間調節因應，最後反應於再保佣金中。至於預期利潤也受許多因素影響，除固有之邊際利潤外，再保人利用再保費產生之投資收益會影響到固有邊際利潤之大小，預估之投資收益又受到預估再保費量、保費準備提存率、賠款準備提存率、再保帳務制度之影響。

## (三) 再保佣金之種類

再保佣金之約定方式有兩種，分別是單一佣金率制（Flat Commission）與梯次佣金率制（Sliding Scale Commission）。一般言之，單一（固定）佣金率制常與盈餘佣金配套使用，例如，本章所舉比率再保險之再保摘要表中即有該種配套。在合約文字中通常也表現得非常簡單，例如下列[13]，指出再保佣金等於分給再保人之再保費的32%。

The Reinsurer shall allow to the Company a commission of 32% on the premium ceded under this Agreement.

至於梯次佣金率制，為融入固定佣金與盈餘佣金概念的一種再保佣金制度，其主要特點有下列幾個：

### 1. 損失率與佣金率呈反向關係

於最高佣金率與最低佣金率之限制下，依據損失率之高低，適用不同之佣金率，基本上呈反向概念。損失率愈高，再保佣金率愈低；損失率愈低，再保佣金率愈高。

---

[13] R. Philippe Bellerose, Reinsurance for the Beginner 5th edit., 2003, Witherby & Co. Ltd. p.246.

### 2. 設定最高佣金率與最低佣金率

當損失率低至一個預設門檻時，即使再低，亦適用最高佣金率，其目的在於保障再保人於正常情況下應有之合理利潤；而當損失率高至一個預設門檻時，即使再高，亦適用最低佣金率，其目的在於使被再保人仍能攤回業務取得費用。

### 3. 設定暫定再保佣金率

由於梯次佣金制主要之運作關鍵在於真實的損失率，但是合約開始之際無法計算真實損失率，也就無法對應真正的佣金率，故需由過去經驗先行設定一個暫定佣金率。暫定佣金率之高低，原則上與分保公司之業務取得費用有關係，但也有可能因為分保公司過去之損失率較佳而設得較高。

### 4. 由暫定再保佣金率與實際佣金率共同比對調整再保佣金

在最高佣金率與最低佣金率之區間限制下，當實際損失率較低時，對應之實際佣金率較高，此時可能高於暫定佣金率，再保人應支付較原來為高之佣金；反之，分保公司應返還多收之再保佣金，此種情況下均須製作再保佣金調整帳單。

梯次佣金制融合損失率與分保公司之業務取得費用，為不錯之再保佣金制度，但不見得適用於所有的業務種類，例如，地震、颱風、洪水或是一些人為巨災業務，由於損失率之波動性非常極端，採用梯次佣金制就不適當。

## (四) 梯次佣金制之損失率

梯次佣金制適用之佣金率，完全視損失率而定。損失率之一般式為：

（已發生損失/已滿期保費）×100%

但是已發生損失與已滿期保費如何計算，則視合約中之規定，一般亦不脫離曆年制（Calendar Year Basis）、承保年度制（Underwriting or Policy Basis）、意外事故年度制（Accident Year Basis）等三種。不同的制度，統計的資料即不相同，計算之損失率亦有相當差異[14]。茲以曆年制爲例說明其公式如下：

> 已發生損失（Incurred Loss）＝當年度已付賠款（LPc）＋當年度年底未決賠
> 款（LOc）－上年度年未決賠款（LOp）
> 已滿期保費＝當年度簽單保費（WPc）－當年度年底未滿期保費（UPRc）＋
> 上年度未滿期保費（UPRp）

## ㈤ 梯次再保佣金制合約條款內容

以下列舉一梯次佣金制合約條款，本條款頗稱複雜，爲方便瞭解條文，每小段以中文意譯。

(1) Reinsurer will allow Company a provisional ceding commission of 30% of the "gross net written premiums" on ceded premium hereunder.

暫定再保佣金率爲30%，再保佣金以分予再保人之再保費（暫以毛淨簽單保費爲基礎）乘以30%計算。亦即，

> 暫定再保佣金＝毛淨簽單保費爲基礎之再保費×暫定再保佣金率（30%）

The final ceding commission to company for each annual period shall be determined by the loss ratio of the business hereunder for that period calculated in accordance with the procedure described below. The final percentage of ceding commission so determined shall be applied to

---

[14] 曆年制一般用於短尾業務（Short Tail business），例如火災保險。承保年度制（Underwriting or Policy Basis）常用於長尾業務（Long Tail Business），例如海上保險，責任保險。

the earned premium hereunder for that annual period and Reinsurer or Company shall forthwith pay to the other the difference between such finally determined ceding commission and 30% of the earned premiums for that annual period.

每一年度之最終分保佣金依損失率決定，損失率依條款中所定之公式計算，所對應之實際再保佣金率與該年度之滿期保費共同決定實際分保佣金。每年度就實際再保佣金率與暫定再保佣金率（30%）之差異率，調整再保佣金。

調整再保佣金＝毛淨簽單保費×（實際再保佣金率－暫定再保佣金率（30%））

The first ceding commission adjustment shall be made as of December 31, and shall cover the period from inception hereof. Subsequent calculations shall be made every December 31 thereafter.

12月31日進行第一次調整再保佣金，之後每年12月31日重新計算調整。

(2) The loss ratio for each annual period shall be determined by dividing "losses incurred" by "premiums earned" during the annual period and shall be calculated within 90 days after the close of each annual period. For the purposes of adjusting the ceding commission, the loss ratio shall include any "debits" or "credits" carried forward from the preceding annual period.

每年度結束後90日之內計算該年度之損失率，損失率由該年度之已發生損失除以該年度之滿期保險費。因調整再保佣金之故，計算損失率因子應包括以往年度結轉之任何「借記」或「貸記」金額。

(3)"Losses incurred" shall mean:

(a) "Losses" and "allocated loss expenses" paid less salvages and other recoveries received during the period under calculation ("current period"), plus

(b) "Loss" and "allocated loss expense" reserves outstanding at the end of the "current period", less

(c) "Loss" and "allocated loss expense" reserves outstanding at the end of the preceding period (not to be included in the first computation), less

(d) "Credit" carry forward referred to below, if any, plus

(e) "Debit" carry forward referred to below, if any,

(f) "loss" and "allocated loss expense" reserves shall include amounts for development of "loss" and "allocated loss expense" and for incurred "loss" and "loss" and "allocated loss expense" not yet reported as agreed between Company and Reinsurer.

所謂「已發生賠款」其意為:

(a)計算損失率當年度之「已付賠款」與「已付可估理理賠費用」,扣除當年度已收之殘值與其他追償額,加上

(b)計算損失率當年度年末之「未決賠款準備」與「未決可估理理賠費用準備」,扣除

(c) 前一年度年末之「未決賠款準備」與「未決可估理理賠費用準備」(未在第一次計算時之數字),扣除

(d) 「貸記」結轉金額(如有),加上

(e) 「借記」結轉金額(如有)

(f) 「未決賠款」與「未決可估理理賠費用」應包括發展中之「賠款」與「可估理理賠費用」,以及再保當事人之間達成協議之已發生但尚未報案之「賠款」與「可估理理賠費用」。

(4) "Premium earned" shall mean:

"Gross net written premiums" for the "current period", plus

Unearned premiums at the end of the preceding period (not to be included in the first computation), less

Unearned premiums at the end of the "current period"

所謂「已滿期保費」意指：

當年度毛淨簽單保費，加上

前一年度年末之未滿期保費（未在第一次計算時之數字），扣除

當年度年末之未滿期保費

(5) "Loss Ratio" shall mean:

"Losses incurred" divided by "premiums earned" for the period.

損失率係指：

當年度之「已發生損失」除以「已滿期保費」

The provisional ceding commission of 30.0% shall be adjusted by applying the "loss ratio" computed above to the following formula:

暫定再保佣金率30%，按下列公式，依適用之損失率相應調整

(a) If the "loss ratio" is 62.5% or more, the minimum ceding commission of 25.0% shall apply.

如果損失率大於或等於62.5%時，適用最低再保佣金率25%。

(b) If the "loss ratio" is less than 62.5%, but not less than 47.5%, the minimum ceding commission of 25.0% shall be increased by two-thirds of 1% for each 1% decrease in the "loss ratio" to an actual commission of 35%.

損失率介於62.5%（不含）與47.5%（包括）之間，每降低1%損失率，再保佣金率增加（2/3）%，損失率為47.5%時，實際再保佣金率為35%。

(c) If the "loss ratio" is less than 47.5%, the commission of 35% shall be further increased by three-fourths of 1% for each 1% decrease in the "loss ratio" until a maximum commission of 50% is reached at a "loss ratio" of 27.5% or less.

損失率介於47.5%（不含）與27.5%（包括）之間，每降低1%損失率，再保佣金率增加3/4%，損失率為27.5%或低於27.5%時，實際再保佣金率為50%。

(6) If the ratio of "losses incurred" to "premium earned" for any period,

including any "debits" or "credits" carried forward, is less than 30.0%, the difference between that ratio and 30.0% shall be multiplied by the "premium earned" for the current period and the product shall be carried forward as a "credit" to the next period's ceding commission adjustment calculation as a reduction of "losses incurred".

任一年度之損失率（已發生損失／已滿期保費），如係包括任何「借記」或「貸記」移轉金額，如實際損失率低於30%，則將實際損失率與30%間之差異乘以當年度之滿期保費，其乘積應予「貸記」移轉於下一個調整再保佣金之計算科目，視為「已發生賠款」之降低。

(7) If the ratio of "losses incurred" to premium earned" for any period, including any "debits" or "credits" carried forward, is greater than 70.0%, the difference between that ratio and 70.0% shall be multiplied by the "premium earned" for the current period and the product shall be carried forward as a "debit" to the next period's ceding commission adjustment calculation as an increase in "losses incurred".

任一年度之損失率（已發生損失／已滿期保費），如係包括任何「借記」或「貸記」移轉金額，如實際損失率高於70%，則將實際損失率與70%間之差乘以當年度之滿期保費，其乘積應予「借記」移轉於下一個調整再保佣金之計算科目，視為「已發生賠款」之增加。

In the event that this Agreement should be cancelled as provided herein, no further calculation of commission adjustment shall be made until all cessions have expired or been terminated, all losses settled, all premiums adjusted, and all liability discharged.

本合約註銷時，不再進行再保佣金調整之計算，俟於所有業務期滿或終止，所有賠款業經理結，所有保費業經調整，以及所有責任完全解除之後，始再行調整再保佣金。

上開條文中應特別注意者，為再保佣金之跳階機制，最高佣金率為50%，最低佣金率為25%，其間之佣金率調整採用二階段跳階方式，第一跳階區間採（1：0.667）模式，第二跳階區間採（1：1）模式，對於被再保人有相當之誘因與激勵作用。茲將運作繪圖如下，見圖6-4。

上開條文尚有一特點，即將特殊情況下之盈餘與虧損移轉於下一年度，為一種長期間之再保佣金調節機制。

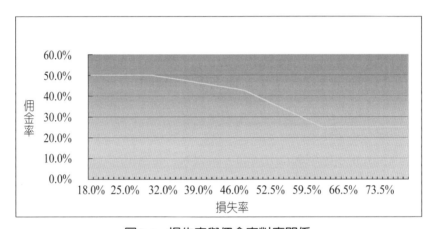

圖6-4　損失率與佣金率對應關係

## ㈥ 梯次再保佣金運作例示

假設某溢額再保險合約，2014年合約之暫時再保佣金率為32.5%，梯次再保佣金率區間設定於30%至37.5%之間，損失率大於或等於42.5%時，佣金率為30%，損失率每下降1%，佣金率增加0.5%，亦即損失率大於41.5%但小於42.5%時，佣金率為30.5%，當損失率低於28.5%時，適用最高佣金率37.5%。假設2014年之再保費為\$4,000,000，當年度已發生損失為\$1,499,200，其損失率應為37.48%，依上述規定推算其佣金率應為33%，所以應行調整之再保佣金應為：

$(33\% - 32.5\%) \times 4,000,000 = 20,000$

即再保人應另行支付額外再保佣金予以分保公司。上開佣金率之架構如下：

| 損失率X（%） | 佣金率（%） |
|---|---|
| X≧42.5 | 30（最低佣金率） |
| 41.5≦X＜42.5 | 30.5 |
| 40.5≦X＜41.5 | 31 |
| 39.5≦X＜40.5 | 31.5 |
| 38.5≦X＜39.5 | 32 |
| 37.5≦X＜38.5 | 32.5 |
| 36.5≦X＜37.5 | 33 |
| 35.5≦X＜36.5 | 33.5 |
| 34.5≦X＜35.5 | 34 |
| 33.5≦X＜34.5 | 34.5 |
| 32.5≦X＜33.5 | 35 |
| 31.5≦X＜32.5 | 35.5 |
| 30.5≦X＜31.5 | 36 |
| 29.5≦X＜30.5 | 36.5 |
| 28.5≦X＜29.5 | 37 |
| X＜28.5 | 37.5 |

## 二、盈餘佣金（Profit Commission）

### ㈠ 盈餘佣金之意義與性質

　　盈餘佣金之原始意義甚為單純，為再保人將其接受原保險人（被再保人）業務，所獲利潤的一部分退還被再保人，目的在於鼓勵與報答被再保人謹慎核保之功，有利潤分享之性質在內。基本上，盈餘佣金應與單一佣金率制相互配合。在實務上，盈餘佣金仍然是比例再保險之一種價格，可用以調節再保價格之合理性。再保人接受之合約有盈餘時，始啟動盈餘佣金機制，故盈餘佣金為一種或有佣金（A Contingent Commission）。

　　其實，就比例再保險中之比率與溢額再保險而論，設置盈餘佣金之作用仍

有差異[15]。就比率再保險而言，由於按照固定比率分出，被再保人與再保人於合約中之業績相去不遠；而溢額再保險，被再保人因就不同性質之危險設定不同之自留額，掌控合約業績之力量大。就此而論，同樣是設定盈餘佣金，溢額再保險之盈餘佣金較具利潤分享（Profit Sharing）之性質。所以，如果比率再保險之再保佣金原已有較高水位，盈餘佣金之重要性不高，再保人亦應考慮不應支付太高之盈餘佣金率。另一值得注意者，巨災性質之業務，由於具波動性質，原則上不應有盈餘佣金率或其水位應該較低。

## (二) 盈餘佣金率之考慮因子

如前所述，盈餘佣金固然具有鼓勵被再保人優良核保之用意，在設定盈餘佣金率時，除考慮正常性因子，例如合約損失率、相關費用因子，另需考慮波動因子，即再保人應考慮每年度留有「餘欲」（Margin），用以調節再保價格。影響「餘欲」大小之因子基本上有[16]：

### 1. 合約業務量大小
合約業務量小之情況下，合約平衡性欠佳，考慮之「餘欲」較多。

### 2. 合約承受之業務結構
此係涉及巨災危險因子或大型危險因子分布狀況，高危險暴露業務較大的合約，理論上需考慮較大「餘欲」。

### 3. 大型損失額度限制之妥協
此係指計算盈餘佣金時，再保當事雙方同意個別大賠案設定最大損失計算額度，超過部分不計入。此種情況下，再保合約亦同意再保人設定較高之管理費用。每年收取較高之管理費用，可謂為將某一特定年度之大型賠案，因最大

---

[15] 以下參酌Robert Kiln and Stephen Kiln, Reinsurance in Practice, Witherby, 2001, p.118。

[16] Robert Kiln and Stephen Kiln, Reinsurance in Practice, Witherby, 2001, p.118.

損失額度之限制，未計入計算盈餘之賠款部分，分年進行分攤。分保公司之業務結構中，倘存在潛在性巨災性業務或大型業務時應特別注意，亦須考慮較大之「餘欲」。

### 4. 以往年度虧損之移轉年數（Loss Carried Forward Years）

設定損失移轉年數，亦為考慮「餘欲」之一種措施。因此，如規定以往年度之虧損應持續移轉，直至虧損由其他年度之盈餘完全抵銷（Loss Carried Forward to Extinction），與虧損移轉3年（Loss Carried Forward to Three Years），對於計算盈餘佣金之效果有極大差異。基本上，如果再保人已就賠款波動情形考慮「餘欲」，則通常會配合虧損移轉3年（或更少）之制度，以防某年度之大巨災導致好幾年無盈餘佣金之情況。

---

### 問題探討

再保合約中如承保長尾性質之業務，在設定盈餘佣金時要注意哪些事項？此問題為一較為深入之實務問題，下列論述或可為再保合約當事雙方參考[17]。

長尾性的合約在設定盈餘佣金時要特別注意，無法在短期內估計盈餘，故應注意如何設定計算盈餘佣金之時間，理論上必須等待損失經驗業經合理估計或是未決賠款業經折算或是轉入下個合約年度時再行計算。

雖然實務上常以3年後之未決賠款為基礎估算，未來之未決賠款數字如有變動，應順序於未來年度計算盈餘佣金時調整。但是此法可能會產生多付盈餘佣金之情況，而且事後可能完全無法更正，例如，合約業已註銷或是未來合約年度根本沒有獲利。

對於長尾性之比率合約再保險，最好不要設定盈餘佣金或是在至少3年之後始可計算盈餘，而且僅在當事雙方同意折算賠款之時始得為之。

---

[17] Robert Kiln and Stephen Kiln, Reinsurance in Practice, Witherby, 2001, p.118.

### (三) 一般性盈餘佣金之運作型態

盈餘佣金之運作型態，約可區分為一般性與特殊性制度。如為一般性，依採用之帳務系統有所差異，亦即依會計年度制、承保年度制、意外事故年度制有別。

#### 1. 會計年度制

會計年度制帳務之構成屬於混血型態，一個會計期間內之業務，混雜當年度以及以往年度之保費與賠款，雖然其適用之險種為短尾（Short Tail）性質險種，但計算盈餘佣金時易於碰到業績大起大落之情況，對於再保當事雙方如何計算始稱合理公平，考慮較多，故常搭配不同機制因應。前述虧損移轉概念即是其中之一，另尚有針對被再保人參與盈餘分配產生之不同分配制度，已屬於特殊性制度。茲就一般性的制度分析如下。

#### (1)固定盈餘佣金率（Fixed Rate or Flat Rate）制度

固定盈餘佣金率制度為常見之制度，也甚易理解，即就再保人之盈餘課以固定之盈餘佣金率計算盈餘佣金。合約書種之文字亦甚為單純，例如「再保人同意支付20%的盈餘佣金」，計算方式如下所列：

The Reinsurers agree to pay to the Reinsured's a profit commission of 20%, which shall be calculated as hereinafter provided.[18]

#### (2)盈餘佣金之計算

① 確認盈餘數字：

不管是任何型態的盈餘佣金制度，首先須計算再保合約是否有盈餘。亦即，再保人於再保合約中之收入（Income）項目扣除再保合約中之支出（Outgo）項目尚有餘額之意。茲將會計年度制中，計算盈餘之收入與支出項目列示，並分析如下：

---

[18] Reinsurance Contract Wording edited by Robert W. Strain, Strain Publishing, 1996, p.476.

A.收入項目

= 已滿期保費

= （當年度簽單保費＋上年度年末滿期保費－當年度年末之未滿期保費）

B.支出項目

= 已發生損失＋各種費用＋以往年度之虧損結轉

= 【（當年度已付賠款＋當年度年末之未決賠款－上年度年末之未決賠款）－共同保障之再保攤回賠款】＋【（當年度再保佣金＋再保人管理費用＋雜項費用）＋共同保障之再保費】＋以往年度之虧損結轉

　　上開支出項目中，共同保障之再保攤回賠款、共同保障之再保費、以往年度之虧損結轉等三個科目，必須進一步解釋。其中之以往年度之虧損結轉較為複雜，於另段中說明。共同保障之再保攤回賠款與共同保障之再保費，通常發生於比率合約再保險之中，為避免合約受重大巨災之波及，由保險人與再保人約定共同購買巨災超額賠款再保險以資保障，發生巨災時攤回之再保賠款，有助於降低比率合約再保險之賠款，故應扣除。而共同保障再保費為支出之一種，自應計入費用之中。至於其他的比例再保險型態，由於再保人與被再保人之損益平衡結構差異較多，通常是各自安排超額賠款保障合約，計算盈餘佣金時通常無此相關項目。至於雜項費用，則視合約之規定。

　　C.虧損結轉

　　以往年度之虧損結轉通常有幾種制度，其一為完全抵銷（Loss Carried Forward to Extinction）制，其二為虧損移轉3年（Loss Carried Forward to Three Years）制，前者即是以往年度之虧損必須由往後年度完全抵銷，易於瞭解；後者在實際操作上稍許複雜，茲舉例說明如下。

　　假設再保合約採用會計年度基礎，復假設六個會計年度之盈虧情形如下〔（　）：表示虧損〕：

　　第一年：（10,000）、第二年：（15,000）、第三年：15,000、第四年：

（5,000）、第五年：（12,000）、第六年：35,000，則依虧損移轉3年制運作，各年度調整後之損益如下表所示。

| 第1年 | 第2年 | 第3年 | 第4年 | 第5年 | 第6年 |
|---|---|---|---|---|---|
| （10,000） | （10,000） | （10,000） | （10,000） | | |
| | （15,000） | （15,000） | （15,000） | （15,000） | |
| | | 15,000 | 15,000 | 5,000 | |
| | | | （5,000） | （5,000） | （5,000） |
| | | | | （12,000） | （12,000） |
| | | | | | 35,000 |
| 虧損移轉3年制運作後各年度之損益 | | | | | |
| （10,000） | （25,000） | （10,000） | （15,000） | （27,000） | 18,000 |

說明：第一會計年度之虧損結轉至第二會計年度時，由於當年亦產生虧損，繼續結轉至第三會計年度，由於合約規定僅能結轉3年，故於第五會計年度時一筆勾消。至於第三會計年度、第四會計年度與第五會計年度之情形，第三會計年度當年盈餘$15,000，結轉至第四年先行抵銷第一年之$10,000虧損，故於第五年度時僅可結轉$5,000，其餘數字，讀者可類推。

D.數學公式

收入項目與支出項目之構成因子經移項之後，成為數學上之公式如下，公式中未將共同保障之再保攤回賠款與共同保障之再保費列入，如合約中有該等規定，自應列入。

$$盈餘 = (GWP_c + LO_p + UPR_p) - 【CP_c + LP_c + UPR_c + LO_c + RME_c + D_p + MC】$$

式中：

- $GWP_c$ ＝當年度簽單保費
- $UPR_c$ ＝當年度未滿期保費
- $UPR_p$ ＝上年度未滿期保費
- $LP_c$ ＝當年度賠款
- $LO_c$ ＝當年度未決賠款
- $LO_p$ ＝上年度未決賠款
- $CP_c$ ＝當年度再保佣金

- $RME_c$ = 當年度再保人管理費用
- $MC$ = 雜項費用
- $D_p$ = 以往年度之虧損結轉

② 計算盈餘佣金：

盈餘佣金 = 盈餘數字 × 盈餘佣金率
　　　　 = （收入項目 − 支出項目） × 盈餘佣金率

③ 盈餘佣金計算例示（以下數據均以美元為單位）：

假設情境：

設某再保合約當年度簽單保費$150,000，再保佣金率30%，未滿期保費準備率40%，當年末未決賠款準備為$30,000，上年末未決賠款準備為$50,000，上年末未滿期保費準備$40,000，再保人管理費用率5%，當年度已付賠款$50,000，以往年度之虧損結轉為0，復假設盈餘佣金率為10%。則該合約之盈餘佣金計算方式如下表所列。由表中之收入科目與支出科目相抵之後，顯然該合約盈餘額度為正，再保人應支付盈餘佣金。

| 支出 | | 收入 | |
|---|---|---|---|
| 科目 | 額度 | 科目 | 額度 |
| $CP_c$ | 45,000 | $GWP_c$ | 150,000 |
| $LP_c$ | 50,000 | $LO_p$ | 50,000 |
| $UPR_c$ | 60,000 | $UPR_p$ | 40,000 |
| $LO_c$ | 30,000 | | |
| $RME_c$ | 7,500 | | |
| $D_p$ | 0 | | |
| Profit | 47,500 | | |
| Balance | 240,000 | Balance | 240,000 |
| 盈餘佣金 = 47,500 × 10% = 4,750 | | | |

(3)平均制（The Average System）（3年移動平均制）[19]

3年移動平均制（Three-Year Moving Average）係以當年度（例如2012年）以及以往兩個年度（例如2011年及2010年）之平均利潤為計算盈餘佣金之基礎。當然，如3年累積之利潤為淨損情況，即無盈餘佣金。假設被再保人由2010年開始安排再保合約，至2014年為止，每年之盈餘情形如下表，假設每年之盈餘佣金率均為10%，則各年應支付之盈餘佣金如表中第三列所示。至於如何計算，請詳表之註解。

（單位：千元）

| 年度 | 2010 | 2011 | 2012 | 2013 | 2014 |
|------|------|------|------|------|------|
| 盈餘 | （10,000）* | 6,000 | 25,000 | 30,000 | 25,000 |
| 盈餘佣金 | 無 | 無** | 700*** | 2,033**** | 2667***** |

*（ ）表示虧損；**兩年累加仍為虧損；***(1/3)×(−10,000 + 6,000 + 25,000)×10%；****(1/3)×(6,000 + 25,000 + 30,000)×10%；*****(1/3)×(25,000 + 30,000 + 25,000)×10%

### 2. 承保年度制

由於承保年度制為一種封閉式帳務系統，一個特定簽單年度內（例如2013年）簽發之業務所產生之保險費與賠款，群聚一起。以賠款而言，只要可追溯為該特定簽單年度內簽發者，縱然發生於簽單年度後數年，賠款數字仍歸屬之，故計算盈餘佣金衍生之問題較會計年度制為少，其最大之問題在於短期內難以判斷是否有盈虧，因為此種制度大抵適用於長尾（Long Tail）性質之險種，例如海上保險、責任保險等等。

承保年度制之盈餘計算因子，收入項目為當年度之保費，支出項目包括當年度再保佣金、雜項費用（例如稅金、手續費）[20]、管理費用、賠款準備提存、賠款準備解還。一個承保年度之帳務發展往往要延續數個會計年度，故

---

[19] 參酌(1) Swiss Reinsurance Company, Reinsurnace Matters: A reinsurance Manual of the Non-Life Branches, 2005, p.106；(2)Swiss Reinsurance Company, A reinsurance Manual of the Non-Life Branches, 4th edition, 1986, p.112。

[20] 原文稱other deductions，例如Taxes, overriding commission。

2014年承保年度之盈餘佣金，固然需要計算其帳務發展滿一年之盈餘情形，當其帳務發展至滿兩年時，亦需計算第二個發展年度的盈餘，前一個發展年度之虧損，需與第二個發展年度之盈虧一併考慮，以計算應調整之盈餘佣金。例如，2014年承保年度之第一個發展年度帳務計算盈餘200萬，盈餘佣金10%，再保人支付20萬，第二個發展年度帳務計算虧損100萬，則2014年承保年度截至第二個發展年度之真實盈餘僅有100萬，實際盈餘佣金為10萬，故應調整盈餘佣金，分保公司應退還10萬之盈餘佣金。

### 3. 意外事故年度制

意外事故年度制之盈餘佣金計算科目與會計年度制相似，但有些微不同，由下表所列即可顯現：

| 支出科目 | 收入科目 |
|---|---|
| 再保佣金 | 當年度保費收入 |
| 雜項費用 | 前一事故年度轉入之未滿期保費 |
| 當年度之已付賠款 | |
| 當年度未滿期保費 | |
| 未決賠款準備 | |
| 管理費用 | |
| 前一事故年度結轉虧損 | |

其差異僅在於收入科目中未計入上年度未決賠款，因為意外事故年度制主要重點在於當年度發生之損失案件。

## ㈣ 特殊性盈餘佣金之運作型態[21]

### 1. 概述

特殊的盈餘佣金制度種類甚多，並未脫離利潤分享之本質，主要目的在於取代較高之固定型盈餘佣金率，並使再保人支付之盈餘佣金能夠「適得其所」。特殊盈餘佣金制度之運作方式，採用分層方式支付盈餘佣金，較低層之佣金率大抵是對應基本的盈餘水準，中高層的佣金率對應較高盈餘水準之部分，如此一來，再保人可以防止支付不對稱之盈餘用金率。茲分別說明如下。

### (1)梯次分享制（Stepped Scales of Profit Commission or Sliding Scale Participation）

此制之合約盈餘額度，仍然按再保當事雙方約定之項目計算，在分享盈餘時，以分層盈餘佣金率對應於分層簽單保費或滿期保費百分比，基本上，愈上層之盈餘，佣金率愈高，表現出高業務量之同時，亦能達成高獲利之對應獎勵。而所謂的分層簽單保費或分層滿期保費，係將合約盈餘切割為保費之一定百分比。假設有一再保合約2012年分享合約盈餘之規定如下表第一欄與第二欄，已知保費為$200,000,000，結算盈餘$70,000,000，則其盈餘佣金分配如第四欄。

| 分層盈餘佣金率 | 以保費百分比為基礎之分層合約盈餘 | 盈餘基數分配 | 分配之盈餘佣金 |
|---|---|---|---|
| 20% | 合約保費之10% | 20,000,000 | 4,000,000 |
| 30% | 合約保費之11%~20% | 20,000,000 | 6,000,000 |
| 40% | 合約保費之21%~30% | 20,000,000 | 8,000,000 |
| 60% | 結算盈餘扣除上三項盈餘基數分配後之餘額 | 10,000,000 | 6,000,000 |
| 總數 | | 70,000,000 | 24,000,000 |

---

[21] 參酌(1)Robert Carter, Leslie Lucas and Nigel Ralph, Reinsurance, 2000, pp.257-258；(2)Reinsurance Matters, Swiss Reinsurance Company, 2004, p.106；(3)Swiss Reinsurance Company, Proportional Reinsurance Accounting, 1999.

　　由上可知，梯次分享制其實與梯次再保佣金有相同之意義，即是盈餘愈多，分配愈多。假使上開盈餘僅有$30,000,000，被再保人僅能分配至第一層與第二層之一部分。

## (2)盈餘率制或損失率制（Profit Ratio or Loss Ratio）

　　盈餘率制或損失率制，顧名思義，係將盈餘數以再保費收入之百分比方式，階梯式跳躍，主要精神為盈餘率愈高，盈餘佣金率亦隨之呈現階梯式提高。以另一角度觀察，即是損失率與盈餘佣金率呈現相反方向。例如，某再保合約規定盈餘率於10%之下，對應之盈餘佣金率為20%；介於10%至20%之間，對應之盈餘佣金率為30%；20%以上者，對應之盈餘佣金率為40%。設該年度之再保費收入為$1,000,000，盈餘為$400,000，則再保人應支付之盈餘佣金如下：

　　盈餘率為（400,000 / 1,000,000），即40%，計算盈餘佣金之基礎可以切割為三塊，分別是100,000、100,000、200,000，所以，盈餘佣金為：

　　$20\% \times 100,000 + 30\% \times 100,000 + 40\% \times 200,000 = 130,000$

## (3)特別盈餘佣金制度（Super Profit Commission）

　　特別盈餘佣金制度在性質上屬於一種「額外盈餘佣金」，故事實上，分保公司已設定一個基本的盈餘佣金率。對於一個平衡性極佳且其品質業經長期觀察的確良好之再保合約，再保人也樂於支付「額外盈餘佣金」。此種佣金制度通常用於短尾性質之業務，有時也用於套裝再保合約（Bouquet of Teaties）。所謂套裝再保合約，就如同原保險市場中之套裝保險，分保人將其所需要之比例再保險，例如各險種之再保險，統一分保，再保人應就套裝再保合約之所有合約統一認受，不得選擇其中之一種。套裝再保合約有時包括兩個險種，有時三個，全視分保公司之需求而定。

## (4)經驗退費制（Rebate Systems）

　　經驗退費制實際上可視為一種再保合約的再保費調整計畫，運作之先決要件在於合約之損失經驗的確較原先協議的損失經驗為佳。經驗退費制的運作方式甚多，比較有名的為經驗退費費率釐訂計畫（Rebate Rating Schemes）與預繳保費制（Advanced Deposit Premium），分析如下[22]。

---

[22] 參酌Robert Carter, Leslie Lucas and Nigel Ralph, Reinsurance, 2000, p.260，並加以引申分析。

### ① 經驗退費費率釐訂計畫

經驗退費基本上針對預期賠款與實際賠款之差異為退費基礎,因此,此制係將再保費切割成兩個部分,即純再保費與附加再保費,如純再保費大於實際賠款,則將差額退還被再保人。此種制度之下,再保人仍持有附加保費之構成元素,諸如意外準備、預期利潤、行政管理費用等等。經驗退費難以操作之處,在於確認真正的與最終的實際賠款時間,可能延宕甚久。

### ② 預繳保費制

預繳保費制之重點在於合約成立之初,建立專案管理的「賠款基金」(Claim Fund)帳戶,其運作原理亦為切割再保費,將再保費區分為「賠款基金」與再保人專屬的「再保費」。再保人專屬的「再保費」組成元素包括再保人必須承擔之「剩餘危險」的預期損失成本(the expected cost of the residual risk the reinsurer assumes)、再保人之行政管理費用、再保人之預期利潤等。所謂的「剩餘危險」之預期損失成本,類似意外準備金概念。本制度之重點在於「賠款基金」如何運作。

基本上,每年再保費中屬於「賠款基金」之部分,應置於特殊帳戶之貸方,已發生之賠款則置於借方,經過長久運作,如貸方金額扣除借方額度,其餘額超過再保當事雙方約定之最高額度,則被再保人於來年僅需支付再保人專屬的「再保費」。當然,「賠款基金」如因賠款較多致低於原約定最高額度,應行調整。預繳保費制需長久運作,如合約業經註銷,「賠款基金」餘額不能立即返還被再保人,仍需用於支付未決賠款,俟所有賠案完全理結,有剩餘始歸還被再保人。

## 三、損失參加條款[23]

損失參加條款(Loss Participation Clause)並非新鮮條款,其實二十世紀八○年代業已出現。其出現原因必然是合約虧損多年,分保公司為求合約仍能順利分出,主動或被要求參與分攤合約之一部分損失。故所謂「損失參加」,

---

[23] 主要參考鄭鎮樑,再保險價格表徵條款與再保險核保相關性探討,核保學報。

係指被再保人分攤再保合約一部分損失。如由再保險核保觀點解讀，損失參加條款代表下列幾種意義：

1.可視為一種價格因子。

2.可視為被再保人改善合約業績之一種誠意表現，也可視為分保公司行銷合約之一種手段。

以損失率表現被再保人分攤再保合約一部分損失，為本條款之特色。本條款之內容亦甚為簡單，通常規定合約之損失率超過約定之比率時，被再保人必須承擔超過該約定比率以上一個固定比率，惟設有最高限制，通常以不超過滿期保費之一定比率為限[24]，而所謂損失率應指已發生損失率。此條款可化為下式：

$$\{\,\llbracket IL-(EP \times LR)\rrbracket \times X\,\} \leqq \llbracket EP \times Y\rrbracket$$

式中：

IL為已發生損失，EP為已滿期保費，LR為已發生損失率，X為損失參加百分比，Y為最高限制百分比。

此條款可供再保險核保人員於核保時，重新調整合約之「相仿」業績（as if result），作為中長期承保決策之參考。因之，分保公司參加損失分攤，無疑地具有長期間調整比例再保合約價格之性質，蓋其與再保佣金比率之部分功能為一體之兩面，就被再保人參加損失之範圍與參加點之原則當更能驗證。按理論上參加損失之範圍與參加之點，仍以合約之平均損失率、再保佣金率、再保人之營業成本率與預期利潤率等等為其關鍵因素，由此可導引出簡易之關係式

---

[24] 再保合約中之文字可能類似下列：

1.If the total losses of any treaty year exceed. X% of the earned premium income, the ceding company shall take a 20% share of the losses exceeding that percentage, limited however to 8% of the earned premium. 2.Total losses in the context of this clause shall mean the losses paid in the current year plus the reserve for outstanding losses at the end of the current year less the reserve for outstanding losses from the previous year. The loss ratio shall be calculated by dividing the total losses by the earned premium and expressed as a percentage. Earned premium shall mean the premium income of the current year plus the premium reserve from the preceding year less the premium reserve for the current year. 3. The loss franchise shall be taken into account when calculating the slide scale commission or the profit commission.

如下：

> 損失參加點＝合約預期損失率
> 參加損失之範圍＝f（再保佣金率，再保人之營業成本率與預期利潤率，合約過去之實際平均損失率）

易言之，損失參加之範圍，主要決定於合約過去之實際平均損失率與預期損失率之偏離度大小。惟因分保公司參加損失仍有最高之限制，如果實際平均損失率過高，參加損失之額度對於改善業績之助益其實有限，則本條款難免落入口惠而不實之譏，對於該等類似合約，從再保核保觀點，其實寧願採取割捨決策。有再保學者認為參加損失在理論上固有其令人信服之處，惟在本質上，分保公司對於分攤再保人承受之嚴重合約損失其實為一空談[25]，其理在此。

損失參加在性質上可視為一種損失迴廊（Loss Corridors）概念，但是損失迴廊可以規劃為單一迴廊或多重迴廊運作方式。多重迴廊之運作方式如下例[26]：

The reinsured shall reimburse the reinsurer with:

50% of the loss between loss ratio of 80% to 100%-limited to 10% of E. P.

25% of the loss between loss ratio of 100% to 120%-limited to 5% of E. P.

Reinsured's total contribution limited to 15% of Earned Premiums (E. P.)

依上例可知其運作方式為：

1.臨界點為80%，迴廊區間在80%～100%之間時，分保人參加之損失為（區間實際損失率－臨界點）×50%≦（10%×滿期保費）。

2.臨界點為100%，迴廊區間在100%～120%之間時，（區間實際損失率－臨界點）×25 %≦（5%×滿期保費）。

---

[25] Klaus Gerathewohl et al., Reinsurance-Principles and Practice, Volume I, 26. Klaus Gerathewohl et al., Volume I., 1982, p.250.

[26] 參酌Robert Carter, Leslie Lucas and Nigel Ralph, Reinsurance, 2000, p.261.

3.分保公司之總參加損失≦（15%×滿期保費）。

# 第四節　重要項目解說㈢──帳務制度與帳單種類

## 一、概述

如第二章所言，再保險成立固然有許多目的，但是從商業交易角度，對於再保險當事雙方而言，交易成立真正能夠產生效益，在於帳單是否如期製作，再保帳款是否能夠落實支付。

帳款，無論是再保人應收或是被再保人應收，必須由再保帳單之借方或貸方共同決定。借方或貸方之會計科目則依據再保合約條件規定，而再保合約條件規定之帳務科目尚須視合約採用之會計制度是承保年度制或是會計年度制而有別。但是基本上，再保人應收者置於貸方（Credit），應支付之科目置於借方（Debit）。

事實上，再保帳單之種類甚多，茲列示如下。

### 1. 例行性帳單（Technical Account Statement）
為最重要之帳單，亦是影響再保當事雙方現金流動最重要之帳單。

### 2. 佣金調整帳單（Sliding Scale Commission Statement）
採用梯次佣金制之合約，因合約一開始採用暫定佣金率，俟一段期間之後，實際損失率產生後，即適用對應之佣金率，通常與暫定佣金率有所差異，再保佣金就有差異，須製作佣金調整帳單調整。

### 3. 盈餘佣金帳單（Profit and Loss Statement）
合約規定再保人必須支付盈餘佣金時，即須製作盈餘佣金帳單。由於合約之盈虧非短期內可以計算，故依規定須在一定期間進行調整，此時即有盈餘佣

金調整帳單。

### 4. 結清帳單或未滿期責任移轉帳單（Clean-Cut Statement or Portfolio Out Statement）

結清帳單即是再保合約當事雙方欲將權利義務劃清，不再有糾葛之帳單。如就再保人而言，即為終止原再保人責任之帳單。採用結清帳單之情況甚多，詳如下列[27]。

(1)再保合約條件規定採用結清制（Clean-Cut System）：採用會計年度基礎之再保合約常有此規定，由於每年會計年度結束時即需將原再保人（老再保人）責任轉出，故此種情況之帳單常稱Portfolio Out Statement。

(2)再保合約帳務運作（Run-Off）數年後，雙方同意提前結清合約。

(3)再保合約之再保人之參加成分（Share）變更。

(4)再保合約期滿（Expiry of Treaty）。

### 5. 移轉未滿期責任於新再保人之帳單（Portfolio In or Entry Account Statement）

由於再保實務中並未有標準之帳單制度，故上述之帳單種類有時可能是合併處理。例如，採用會計年度基礎制之帳單，於製作第四季例行性帳單時，亦有可能將未滿期責任之部分併入，亦即未獨立製作未滿期責任移轉帳單。有時亦將盈餘佣金置於例行性帳單之中，但以獨立製作為常見。

## 二、帳單中之會計科目

比例型再保險帳單中之重要帳務科目，依會計上之借貸原則可歸納如表6-3[28]。

---

[27] 參酌Swiss Reinsurance, Proportional Reinsurance Accounting: Accounting and Statistical Procedure, 1999, p.26，正文中業經延伸說明。

[28] 根據Keith Riley, The Nuts and Bolts of Reinsurance, LLP, 2001, p.34編製。

**表6-3　比例再保險帳務科目表**

| 借方 | 貸方 |
|---|---|
| 再保佣金<br>Ceding Commission | 保費（扣除註銷與退費後之淨額）<br>Premiums, net of returns and cancellations |
| 保費稅<br>Tax on Premium[29] | 保費準備解還<br>Premium Reserve Released |
| 保費準備提存<br>Premium Reserve Retained | 保費準備解還利息<br>Interest on Premium Reserve |
| 賠款準備提存<br>Loss Reserve Retained | 賠款準備解還<br>Loss Reserve Released |
| 再保賠款<br>Paid Claims | 賠款準備解還利息<br>Interest on Loss Reserve |
| 未滿期責任再保險費移轉<br>Premium Portfolio Withdrawal | 未滿期責任再保險費轉入<br>Premium Portfolio Incoming |
| 未決賠款責任移轉<br>Loss Portfolio Withdrawal | 未決賠款責任轉入<br>Loss Portfolio Incoming |
| 盈餘佣金<br>Profit Commission | 返還現金攤賠<br>Refund of Cash Losses |

## 三、例行性帳單之架構

### (一) 概述

　　前已言之，並無標準的再保帳單，例行性帳單亦然。但由功能性角度，可區分為三個部分，分別是技術性部分（The Technical Picture）、財務性部分（The Financial Picture）、帳款理結性部分（The Settlement Picture）[30]。常見的會計分類科目列舉如下[31]：

---

[29] Tax之名目，各有不同，例如美國的合約中稱FET。

[30] Mercantile & General, Accounting for Reinsurances Treaties, No.1, General Introduction, p.8.

[31] 參酌Robert Carter, Leslie Lucas and Nigel Ralph, Reinsurance, 2000, p.766整理。

| 分類 | 常見會計科目 |
|---|---|
| 技術性 | 保費（扣除註銷與退費後之淨額）、再保佣金、保費稅、賠款 |
| 財務性 | 保費準備提存、保費準備解還、保費準備提存利息、保費準備提存利息稅、現金攤賠 |
| 帳款理結性 | 再保人應付帳款（Balance Due from Reinsurer）、再保人應收帳款（Balance Due to Reinsurer）[32] |

## (二) 例行性帳單

例行性帳單主要焦點在於再保費與再保賠款兩個科目。再保費科目格外重要，因為再保佣金、交易稅、保費準備提存（Premium Reserve Deposit）等等全由再保費衍生。例行性帳單之製作，依再保合約是會計年度基礎（Year of Account Basis）或承保年度基礎（Underwriting Year Basis）而不同。茲將兩者之基本差異表現如下圖6-5[33]（假設採用季帳單約定）。

| 承保年度制 | 會計年度制 | | | | | | | | | | | | 承保年度業績 |
|---|---|---|---|---|---|---|---|---|---|---|---|---|---|
| | 第一年 | | | | 第二年 | | | | 第三年 | | | | |
| U/Y 1 | 1 | 2 | 3 | 4 | 5 | 6 | 7 | 8 | 9 | 10 | 11 | 12 | 第一承保年度 |
| U/Y 2 | | | | | 1 | 2 | 3 | 4 | 5 | 6 | 7 | 8 | 第二承保年度 |
| U/Y 3 | | | | | | | | | 1 | 2 | 3 | 4 | 第三承保年度 |
| 會計年度業績 | 第一個會計年度業績 | | | | 第二個會計年度業績 | | | | 第三個會計年度業績 | | | | 三個承保年各自獨立 |

圖6-5　會計年度基礎（Year of Account Basis）與承保年度基礎之比較

---

[32] 其他尚有Balance brought forward from previous account, Settleemnts from ceding company or Settlements by reinsurer, Cash loss settlements by reinsurer, Liquid balance due to reinsurer, Liquid balance due from reinsurer。

[33] 參酌鄭鎮樑、丁文城，再保險實務，2004，p.200，並加以修改。

## 1. 會計年度基礎（Year of Account Basis）與承保年度基礎之分辨

圖6-5中假設再保合約由第一個年度起始，假設再保合約已歷經3年，則就承保年度基礎觀察，由於承保年度採封閉制度，所以各承保年度內所承保之業務，各自獨立，亦即各年度所承保之業務產生之保費與賠款，無論於何時進帳，各歸屬於自身之年度，所以，保單簽發日期是否落於合約年度之內為其重點。假設第一承保年度為2015年1月1日至2015年12月31日，再保合約保障10萬張原始保單，每一張保單之原始起保日均落於再保合約期間之內，則該等保單之保費與賠款無論何時入帳，全歸該承保年度。由於賠案發生後，可能須一段時間理結，甚至跨越兩個或三個會計年度，故計算第一承保年度之再保合約真正之業績需要12季的帳單整合，有些較具長尾性質的合約可能要更久。

至於會計年度制之運作，並不注重保單簽發日期。凡於會計年度入帳之保費與賠款，無論哪一個承保年度簽發，凡是再保合約保障範圍內之業務，全歸屬於該會計年度。所以，以圖6-5中第二個會計年度觀察，其業績之計算其實是第一個承保年度之第五至第八季帳單，加上第二承保年度之第一至第四季帳單所構成。

茲再就此兩種制度之運作分述如下。

## 2. 會計年度基礎之帳單運作方式

會計年度基礎運作方式，以實例說明如下。

假設情境：設某溢額再保險合約自2014年開始運作，2015年其再保險條件如下：(1)再保佣金（Reinsurance Commission）率25%；(2)每季保費提存（Premium Reserve Deposit）比率20%，來年同季解還時，須付年利率2%之利息（Interest on Premium Reserve Release）；(3)賠款準備提存（Outstanding Loss Reserve Deposit）於第四季提存，來年同季解還時，須付年利率2%之利息（Interest on Loss Reserve Release）；(4)再保經紀人佣金（Reinsurance Brokerage）2%。已知下列相關數據：

| Item相關項目 | 1Q | 2Q | 3Q | 4Q |
|---|---|---|---|---|
| Reinsurance Premium（再保費） | 250,000 | 200,000 | 400,000 | 300,000 |
| Loss Paid（再保賠款） | 25,000 | 45,000 | 100,000 | 150,000 |
| Reinsurance Premium Reserve（2014）<br>2014年再保費準備 | 40,000 | 30,000 | 50,000 | 40,000 |
| Outstanding Loss（2014）<br>2014年未決賠款 | | | | 150,000 |
| Outstanding Loss（2015）<br>2015年未決賠款 | | | | 250,000 |

則合約2015年第一季至第四季之例行性再保帳單如下表所示[34]。

| Item | 1Q | | 2Q | | 3Q | | 4Q | |
|---|---|---|---|---|---|---|---|---|
| | Debit | Credit | Debit | Credit | Debit | Credit | Debit | Credit |
| Reinsurance Premium | | 250,000 | | 200,000 | | 400,000 | | 300,000 |
| Reinsurance Commission | 62,500 | | 50,000 | | 100,000 | | 75,000 | |
| Brokerage | 5,000 | | 4,000 | | 8,000 | | 6,000 | |
| Loss Paid | 25,000 | | 45,000 | | 100,000 | | 150,000 | |
| Reinsurance Premium Reserve (or release) | 50,000 | 40,000 | 40,000 | 30,000 | 80,000 | 50,000 | 60,000 | 40,000 |
| Interest on Premium Reserve | | 800 | | 600 | | 1,000 | | 800 |
| Outstanding Loss Reserve | | | | | | | 250,000 | 150,000 |
| Interest on Loss Reserve (or release) | | | | | | | | 3,000 |
| Balance due to you or due by us | 148,300 | | 91,600 | | 163,000 | | | 47,200 |
| Balance | 290,800 | 290,800 | 230,600 | 230,600 | 451,000 | 451,000 | 541,000 | 541,000 |

註：Balance due to you置於借方，表示再保人應收；Balance due by us置於貸方，表示分保公司應收。

---

[34] 再保險交易基本上具有國際性，帳單以英文表現居多。帳單中之英文科目之中文名稱已在前述中標明，讀者可以找尋對應。

### 3. 承保年度基礎（Underwriting Year Basis）

　　如前所述，承保年度基礎為一封閉性制度，無論保費、賠款或是再保佣金等等，與保單起始點相連結，最後一個賠案完全理結之前，不會關帳。所以就每一會計年度而言，如採季帳單模式，則每一個尚未關帳的承保年度，一定會有帳單出現。所以，如前舉例子（圖6-5），第三個會計期間第一季時共有三張承保年度基礎的帳單。承保年度基礎之作帳原理，與會計年度基礎相同，僅是會計科目數字之原始來源不同。茲為區別兩者，以下以一簡要情境說明。

　　設有一船體比率再保合約於2012年成立，部分再保條件如下：

(1) 再保佣金率為20%。

(2) 由於是交換業務，例行帳中不提存保費準備與賠款準備，即交換業務之雙方互相放棄提存（Waived Mutually）。

(3) 再保經紀人佣金2.5%。

(4) 固定盈餘佣金率10%，計算盈餘佣金時，再保人管理費用為5%；如有虧損，採無限年限移轉一直到虧損被抵銷為止（Losses Carried Forward to Extinction）。

(5) 會計制度：承保年度制。

(6) 例行帳採半年制。

已知下列資料（截至2013年12月31日）：

| 承保年度 | | 2012會計期間 | | 2013會計期間 | |
|---|---|---|---|---|---|
| | | 上半年 | 下半年 | 上半年 | 下半年 |
| 2012 | 保費 | 6,000,000 | 8,000,000 | | |
| | 賠款 | | 2,500,000 | 750,000 | 1,000,000 |
| | 未決賠款 | | 750,000（2012.12.31） | | 0（2013.12.31） |
| 2013 | 保費 | | | 8,600,000 | 5,000,000 |
| | 賠款 | | | | 4,000,000 |
| | 未決賠款 | | | | 15,000,000（2013.12.31） |

　　則2012年與2013年會計期間之帳單分別為：

(1) 2012年承保年度於2012年上半年暨下半年之帳單內容如下：

| Item | First Half | | Second Half | |
|---|---|---|---|---|
| | Debit | Credit | Debit | Credit |
| Reinsurance Premium | | 6,000,000 | | 8,000,000 |
| Reinsurance Commission | 1,200,000 | | 1,600,000 | |
| Brokerage | 150,000 | | 200,000 | |
| Loss Paid | | | 2,500,000 | |
| Balance due to you or due by us | 4,650,000 | | 3,700,000 | |
| Balance | 6,000,000 | 6,000,000 | 8,000,000 | 8,000,000 |

(2) 2012年承保年度於2013年上半年暨下半年之帳單內容如下：

| Item | First Half | | Second Half | |
|---|---|---|---|---|
| | Debit | Credit | Debit | Credit |
| Reinsurance Premium | | | | |
| Reinsurance Commission | | | | |
| Brokerage | | | | |
| Loss Paid | 750,000 | | 1,000,000 | |
| Balance due to you or due by us | | 750,000 | | 1,000,000 |
| Balance | 750,000 | 750,000 | 1,000,000 | 1,000,000 |

(3) 2013年承保年度於2013年上半年暨下半年之帳單內容如下：

| Item | First Half | | Second Half | |
|---|---|---|---|---|
| | Debit | Credit | Debit | Credit |
| Reinsurance Premium | | 8,600,000 | | 5,000,000 |
| Reinsurance Commission | 1,720,000 | | 1,000,000 | |
| Brokerage | 215,000 | | 125,000 | |
| Loss Paid | | | 4,000,000 | |
| Balance due to you or due by us | 6,665,000 | | | 125,000 |
| Balance | 8,600,000 | 8,600,000 | 5,125,000 | 5,125,000 |

　　由上可知，會計帳務如採承保年度制，隨著承保年度之增加，每一個會計期間之帳單會一直增加。例如在2013年上半年之會計帳中，包括2012年承保年度於2013年上半年之帳單與2013年承保年度於2013年上半年之帳單。

## (三) 盈餘佣金帳單

　　盈餘佣金帳單在於示現再保合約之業績，並計算再保人應付之盈餘佣金額度。茲延續前例說明盈餘佣金帳單如何製作。

　　1.2012年承保年度於2012年12月31日之盈餘佣金帳單如下：

| Item | Debit | Credit |
|---|---|---|
| Reinsurance Premium | | 14,000,000 |
| Reinsurance Commission | 2,800,000 | |
| Brokerage | 350,000 | |
| Loss Paid | 2,500,000 | |
| Loss Reserve | 750,000 | |
| Management Expense5% | 700,000 | |
| Profit/Loss | 6,900,000 | |
| Balance | 14,000,000 | 14,000,000 |
| Calculation of profit commission 6,900,000 × 10% = 690,000  as at 31.12.2012 | | |
| Balance Situation | Debit | Credit |
| Profit Commission as at 31.12.2012 | 690,000 | |
| Profit Commission already debited | | |
| Balance due by us | | 690,000 |
| Balance | 690,000 | 690,000 |

　　由上表可知，截至2012年12月31日，再保人應支付盈餘佣金$690,000。

2.2012年承保年度於2013年12月31日之盈餘佣金帳單如下：

| Item | Debit | Credit |
|------|-------|--------|
| Reinsurance Premium | | 14,000,000 |
| Reinsurance Commission | 2,800,000 | |
| Brokerage | 350,000 | |
| Loss Paid | 4,250,000 | |
| Loss Reserve | | |
| Management Expense 5% | 700,000 | |
| Profit / Loss | 5,900,000 | |
| Balance | 14,000,000 | 14,000,000 |
| Calculation of profit commission 5,900,000 × 10% = 590,000 as at 31.12.2013 | | |
| Balance Situation | Debit | Credit |
| Profit Commission as at 31.12.2013 | 590,000 | |
| Profit Commission already debited | | 690,000 |
| Balance due to us | 100,000 | |
| Balance | 690,000 | 690,000 |

由上表可知，截至2013年12月31日，再保人應支付盈餘佣金$590,000。由於再保人業已支付$690,000，故調整盈餘佣金，分保公司應退還$100,000予再保人。

3.2013年承保年度於2013年12月31日之盈餘佣金帳單如下：

| Item | Debit | Credit |
|------|-------|--------|
| Reinsurance Premium | | 13,600,000 |
| Reinsurance Commission | 2,720,000 | |
| Brokerage | 340,000 | |
| Loss Paid | 400,000 | |
| Loss Reserve | 15,000,000 | |
| Management Expense 5% | 680,000 | |

| Item | Debit | Credit |
|---|---|---|
| Profit / Loss | | 5,540,000 |
| Balance | 19,140,000 | 19,140,000 |
| Calculation of profit commission | | |
| Balance Situation | Debit | Credit |
| Profit Commission as at 31.12.2013 | | |
| Profit Commission already debited | | |
| Balance due by us | | |
| Balance | | |

　　由上表可知，由於虧損，故無盈餘佣金。

## ㈣ 再保佣金調整帳單

　　再保佣金調整的原因，主要是再保合約採用梯次佣金制（Sliding Scale Commission）。採用該制度時，合約之始設定暫定再保佣金率，當實際損失率確認之後，對應適用之再保佣金率，當與暫定再保佣金率有落差時，即須調整再保佣金，故有所謂再保佣金調整帳單。此種調整帳單，亦不過是於帳單上借記或貸記梯次佣金（Sliding Scale Commission）這個科目，借記是因實際再保佣金大於暫定再保佣金，再保人須將再保佣金差額補付分保人；反之，貸記是分保人將多收的再保佣金返還再保人。

## ㈤ 結清或責任移轉帳單

　　請詳第六節。

## ㈥ 移轉未滿期責任於新再保人帳單

　　請詳第六節。

## 第五節　重要項目解說㈣——現金攤賠、保證項目

### 一、現金攤賠（Cash Call）與損失通知點（Loss Advice Limit）

比例再保險之再保賠款攤付，通常是依例行性帳單於一定期間，與再保費等一起結算。遇有大型賠案發生時，分保公司須在短期間付出大筆賠款，致產生資金流動性問題，比例再保險合約中設計現金攤賠（Cash Call）機制，主要是提供被再保人應付此種需求。職是之故，現金攤賠點（Cash Loss Limit）設得過低，即失去現金攤賠之意義，對於再保人也不盡公平；如果設得過高，被再保人甚難適用，同樣失去意義。

一旦再保人依再保合約約定支付現金攤賠時，現金攤賠在帳務上應如何處理？一般有兩種處理方式，第一種為以暫付款處理，俟下一次例行性帳單時，該筆現金賠款滾入該期間之賠款總數中，並於帳單內貸記「現金攤賠返還」（Cash Call Refund）。第二種為支付現金攤賠時，直接以賠款處理，但是在下一次帳單裡，必須貸記「現金攤賠」，而帳單中之賠款仍為總數。

依據上述，現金攤賠本質上具有財務性質，於再保會計科目中屬於財務性質科目之一種。

比例再保合約亦常規定損失案件超過一定額度時，應向再保人通知，稱為損失通知點，主要在於提醒再保人已有潛在大賠案需要攤賠。損失通知點通常為現金攤賠之預告。

### 二、保證項目

比例再保險中，「提存」準備為一種具有財務性質之特殊規定，無論是保費準備提存（Premium Reserve Deposit）或賠款準備提存（Loss Reserve Deposit），主要目的在於避免再保人無法承擔再保責任，尤其是再保人清償能力發生問題之情況。故比例再保險之準備提存屬於分保公司之一種財務性保全措施，至於提存準備利息（Interest on Reserve Deposits）乙項，則為分保公司進行

保全相應之代價，茲分述如下。

## (一) 保費準備提存 (Premium Reserve Deposit)

保費準備提存通常針對未滿期部分提存，實務上有按40%比率提存，亦有按二十四分之一法提存。基本上，當年度某一帳單期間提存之保費準備，應於來年同一相對帳單期間解還。例如，2012年第一季帳單中提存之保費準備，應於2013年第一季帳單中解還，稱之為保費準備解還 (Premium Reserve Release)。由於再保險交易，一般採用強勢貨幣收付，故保費準備提存制度對於外匯短缺國家可保有較長期間之外匯，也可算是提存之附帶功用。

與保費準備提存相關之名詞，有未到期保費準備 (Reserve for Unexpired Risk) 與未滿期責任保費 (Premium Portfolio)。在性質上，該等三名詞意義不同。首先就「未到期保費」一詞詮釋。在原保險契約中，保險人承擔保險期間內之風險，故必有一相對之對價，即為保險費。當要保人投保之保險，其保險期間尚未完全滿期時，尚未滿期部分相對之保費稱之為未到期保費[35]，其概念與未滿期保費相同。再保險人承受原保險人之業務中的一部分，分享的再保費中，理論上一樣會有未滿期保費存在。事實上，在一個保險期間內，每一個時點均可計算未到期保費。原保險人於會計年度終了結算時，依照保險法規，通常會針對保費已收但保險期間尚未屆滿之部分提存準備金，或有稱之為未滿期保費準備 (Unearned Premium Reserve)[36]。至於未滿期責任保費 (Premium Portfolio) 之意義，詳如後述。

---

[35] 未到期保費為保險契約之概念，其適用時機為保險契約因終止、解除、無效而產生。一般原則是，可歸責於被保人之情況下，已經過之保險期間通常以短期費率係數計算，故未到期保費較少。如係可歸責於保險人之情況下，則以未到期日數比例退還，其計算公式為：保險金額×保險費率×（未到期日數÷365）。

[36] 未滿期保費準備金為會計概念，通常是會計年度結束時，依據相關法律規定提存，並表現於資產負債表之負債項下。其計算方式有四分之一法、八分之一法、二十四分之一法等等。請詳本書後述「未滿期責任移轉」乙節。

## (二) 賠款準備提存（Loss Reserve Deposit）

賠款準備提存通常於年末（如合約期間為曆年制），按未決賠款一定百分比或是100%提存。基本上，此兩種準備制度帶有保證（Guarantee）性質，在會計科目中是屬於財務性質。由於提存之後，再保人喪失一部分資金運用之優勢，故於解還時，被再保人應支付約定之利息以資補償。

事實上，提存準備對於再保人的確有重大資金流通影響，所以，再保實務上也有採用保險信用狀概念取代保費準備提存與賠款準備提存機制。另外，在交換業務之情況下，對於業務之要求，原則為同質等量，而且當事雙方彼此互為被再保人與再保人，對應之再保交換合約無互相提存準備之必要性，所以通常於再保合約中列明不提存，原文為「waived」。

# 第六節　重要項目解說㈤──未滿期責任之轉出與轉入

## 一、未滿期責任之處理制度概論

再保險合約終止並不等於再保險人責任業已終了，因此，如何處理再保險合約產生之未了責任極為重要。再保實務中約有兩種基本處理制度，分別是自然終止制與結清制，分述如下。

## (一) 自然終止制（Run-Off or Natural Expiry System）

自然終止制是指再保合約終止時，再保人對於再保業務之殘留再保責任，應俟被再保人於合約內之每一筆業務均滿期後始能了結，亦即，須俟不再有任何保費與賠款產生之情況下，始可稱完全理結。所以，基本上並無未滿期再保費收回與未決賠款移轉之問題。當然，如果再保險當事雙方約定合約結束後讓未了責任自然發展幾年，之後即採用結清方式，此種情況就成為混合處理方式

了，實務上此種情況亦不在少數。

## (二) 結清制（Clean Cut System）

結清制是指合約終止時，再保人與被再保人同意將再保責任之未滿期再保險費部分自再保人收回，而未決賠款部分則先行估計結清。完成之後，再保人與被再保人雙方之關係一刀二斷，原則上，被再保人將已回收之責任再度移轉於新的再保人。所謂新的再保人是另一合約年度之再保險人，所以會在再保合約中規定未滿期責任保費之承受與移轉條款（Assumption and Withdrawal of Premium Portfolio Clauses），與未決賠款責任之承受與移轉條款。結清制之情況下，通常會產生兩種帳單，即前述所稱結清或責任移轉帳單，以及移轉未滿期責任於新再保人之帳單。結清制之情況，需要先確認未滿期責任保費（Premium Portfolio）與未決賠款責任（Loss Portfolio）。

# 二、未滿期責任保費與未決賠款責任

## (一) 未滿期責任保費（Premium Portfolio）

再保合約採用會計年度制之情況下，可以規定每年要進行未了責任移轉（Portfolio Out），有些規定運轉幾個年度（例如3年）之後，必須結清（Clean-Cut），有些合約採用自然終止制（Run-Off or Natural Expiry System），但是經過一定年限之後，亦會有結清之情況，已如前述。不管何種情況，在理論上須將未滿期保費結算，該部分稱爲未滿期責任保費。

理論上，分出給再保人之再保費，於每一年度終了計算之未到期責任準備，與每一年度終了計算之未滿期責任保費，數字應該相同。事實上，再保合約中會設定未滿期責任保費之計算標準，例如，「Premium Portfolio：35%」，即是規定未滿期責任保費以已付之再保費35%計算。當然，亦有許多再保合約採用所謂的二十四分之一法。

二十四分之一法原係用以計算保險公司於會計年度結束時應提存之未滿期

保費準備的方法之一，其原理爲以一年之十二個月爲單位，假設各月之月中爲該月份所有生效保單之生效日，用爲年終時提存未滿期保費準備之方法。由於1月份之所有保險費係集中於該月中間點收到，表示該月份之所有生效之保險單必須於來年的1月15日完全滿期，故於12月31日時，該月份之已滿期部分已有二十四分之二十三，未滿期部分爲二十四分之一，依此類推，2月份爲二十四分之三，直至第12月份爲二十四分之二十三。該等各月份之未滿期比例，稱之爲提存係數。於進行未了責任移轉時，原保險人分予再保人之再保費，亦可按月計算尚未滿期之部分，成爲未滿期責任保費，歸還原保險人。二十四分之一法的操作方式，請詳本節個案探討。

## (二) 未決賠款責任

未決賠款責任亦爲用於再保人結清合約責任之情況，再保合約雖然到期，但是再保合約期間所承保之責任不可能立即完全了結，最明顯者爲已掛在帳上之未決賠款。不過，未決賠款畢竟是預估的，因此，實務上就有打折扣計算之做法，例如，「Loss Portfolio：90%」，即是以未決賠款之9折爲計算未決賠款責任之標準。不過，何謂未決賠款，恐須定義得非常清楚，因爲廣義之未決賠款，包括已報未決賠款[37]、未報未決賠款[38]（Incurred but not yet reported losses，以下稱IBNR）。尤其是IBNR，其估計性甚於已報未決賠款，對於再保當事雙方之影響極大。

## 三、再保合約中之未了責任移轉與承受相關條款

採用結清制之比例再保險合約，於再保摘要表中須清楚訂定合約之未了責任如何計算，更須於合約書中之合約條款，以嚴謹的文字（wording）敘述未了

---

[37] 保險人已接獲被保險人出險報案，保險賠案正在處理中，尚未結案，基於會計決算需要，而先予以預估之賠款金額者稱之。

[38] 保險事故業已發生，保險人尚未接獲被保險人報案通知，基於會計決算需要，先行預估之保險賠款金額者稱之。

責任如何由原再保人（姑且稱爲老再保人）移轉出去，如何由新合約年度之再保人（姑且稱爲新再保人）承受。下列分別爲未滿期責任保費之承受與移轉條款（Assumption and Withdrawal of Premium Portfolio Clauses）與未決賠款責任之承受與移轉條款（Assumption and Withdrawal of Loss Portfolio Clauses）之樣式。

## (一) 未滿期責任保費之承受與移轉條款

(1) At the option of the Company the Reinsurer shall assume liability for its share of **all cessions current** at the commencement date of this Agreement and in consideration thereof the Company shall credit the Reinsurer in the first account rendered hereunder with a portfolio premium calculated at 40% (forty per cent) of the premiums without Any deduction for commission included in the accounts for the twelve months prior to the inception of this Agreement.

本條文第一項爲未滿期責任保費轉入新再保人之敘述，其大意爲：

在被再保人選擇之下，於合約開始之日，再保人即需按自己認受之成分承受現行所有業務之責任，依此約定，被再保人應於第一季帳單中，貸記未滿期責任保費作爲對價，未滿期責任保費以前一合約年度入帳之12個月未扣除再保佣金之再保費的40%計算。

(2) At the option of the Company the liability of the Reinsurer for its share of the risks ceded under this Agreement shall cease at the date of termination of this Agreement and in consideration thereof the Company shall debit the Reinsurer in account with a portfolio premium calculated at 40% (forty per cent) of the premiums without any deduction for commission included in the accounts for the twelve months prior to the date of termination of this Agreement.

本條文第二項爲未滿期責任保費由老再保人轉出之敘述，其大意

為：

在被再保人選擇之下，再保人於合約中所承受之分入業務責任，於合約終了之日終止，被再保人應於帳單中，借記未滿期責任保費作為對價，未滿期責任保費以前一合約年度入帳之12個月未扣除再保佣金之再保費的40%計算。

由上段條文之大意可知，每一個再保合約年度開始之日，參加該合約之所有再保人有義務承受上年度之未滿期責任，而於再保合約終止之日，為終止其責任，再保人應支付規定之未滿期責任保費，其額度用以轉給下一個合約年度之再保人。

## (二) 未決賠款責任之承受與移轉條款

(1) At the option of the Company the Reinsurer shall assume liability for its share of all losses outstanding at the commencement date of this Agreement and in consideration thereof the Company shall credit the Reinsurer in the first account rendered hereunder with a portfolio loss assumption calculated at 90% (ninety per cent) of the Company's estimate of the amount of losses outstanding at the inception of this Agreement.

本條文第一項為未決賠款責任轉入新再保人之敘述，大意為：

在被再保人選擇之下，於合約開始之日，再保人即須按自己認受成分承受所有未決賠款責任，依此約定，被再保人應於第一季帳單中，貸記承受未決賠款責任作為對價，未決賠款責任額度以合約年度之始被再保人所估計之未決賠款90%計算。

(2) At the option of the Company the liability of the Reinsurer for its share of all losses outstanding under this Agreement shall cease at the date of termination of this Agreement and in consideration thereof the Company shall debit the Reinsurer in account with a portfolio loss withdrawal calculated at 90% (ninety per cent) of the Company's estimate of the

amount of losses outstanding at the date of termination of this Agreement.

本條文第二項為未決賠款責任由老再保人轉出之敘述，大意為：

在被再保人選擇之下，再保人於合約中所承受之未決賠款責任，於合約終了之日終止，被再保人應於帳單中借記轉出未決賠款責任，作為對價，未決賠款責任額度以合約年度終了時被再保人所估計之未決賠款90%計算。

本段未決賠款責任之轉出轉任，本質同於未滿期責任保費之轉出與轉入。

事實上，再保險當事雙方於未了責任之轉出與轉入的議題上，極為重要，通常需要作成正式帳單，如下所述。

## 四、未滿期責任轉出帳單

### (一) 概論

未滿期責任轉出涉及之帳單科目，非僅止於上開所述之未滿期責任保費與未決賠款責任，其過程堪稱複雜，主要是因再保當事雙方應收應還之帳目並不單純。雖然再保人應歸還之款項僅有未滿期責任保費與未決賠款責任，惟因該兩項數字通常較大，雖然被再保人應還之帳目較為多項，結算下來，原則上，再保人總是需要付出一筆帳款給被再保人。茲先將未滿期責任轉出帳單列示如下，以便分析。

## (二) 未滿期責任轉出帳單

| Debit（借方） | | Credit（貸方） | |
|---|---|---|---|
| Description | Amount | Description | Amount |
| 未滿期責任保費之轉出<br>Portfolio Premium Withdrawal | | 退還營業稅<br>Business Tax | |
| 利息稅<br>Income Tax on Interest | | 退還再保佣金<br>Reinsurance Commission | |
| 未決賠款責任之移轉<br>Portfolio Loss Withdrawal | | 保費準備解還<br>Premium Reserve Release | |
| | | 保費準備解還利息<br>Interest on Reserve | |
| | | 分保公司應收<br>Balance due to us | |
| Balance | | Balance | |

　　由上可知，再保人固然須返還被再保人未滿期責任保費，但是被再保人於各季帳單中支付再保費之同時，業已先行扣除再保險佣金與交易稅，未滿期責任保費既已返還被再保人，等於再保人實質上並未收取整年之再保費，其相對之再保險佣金與交易稅自然應返還再保人。另外，被再保人於每季提存之保費準備，原本屬於再保人應收之再保費，既然要結清責任，提存之保費準備應全數返還再保人，並應加計利息，利息之計算方式當然涉及提存之額度與提存之時間，如以季帳為例，則各季利息並不相同，茲列示如下：

　　第一季：提存金額×年利率×（3/4）

　　第二季：提存金額×年利率×（2/4）

　　第三季：提存金額×年利率×（1/4）

　　第四季：無須計算

　　第一季計息期間為0.75，係因結帳日為3月31日至12月31日，準備金為被再保人提存9個月之故，其餘依序類推。

## (三) 未滿期責任轉入帳單

| Debit（借方） | | Credit（貸方） | |
|---|---|---|---|
| Description | Amount | Description | Amount |
| Business Tax | | Portfolio Premium Entry | |
| Reinsurance Commission | | Portfolio Loss Entry | |
| Portfolio Premium Reserve Deposit | | Portfolio Premium Reserve Release | |
| Balance due to you | | | |
| Balance | | Balance | |

　　被再保人收回未滿期責任非在自己承擔，真正目的在於轉移給新合約年度的再保人，其轉移過程為製作未滿期責任轉入帳單，新再保人既然承受往年老再保人之未了責任，理當有對價，故於帳單中之貸方設有未滿期責任保費轉入（Portfolio Premium Entry）與未決賠款責任轉入（Portfolio Loss Entry）兩個科目。未滿期責任保費轉入也是再保費的一種型態，因此仍應扣除相應之交易稅與再保佣金。基本上為保證新再保人亦能信守再保承諾，仍有準備科目，故仍設定未滿期責任保費準備提存（Portfolio Premium Reserve Deposit）。不過，應注意者，由於新再保人實際上轉入之未滿期責任保費額度為淨額概念，即扣除交易稅與再保佣金後之餘額，故提存之額度為：

（未滿期責任保費－交易稅－再保佣金）

　　該筆亦分四次解還給再保人，再保實務上，會先解還第一次金額。換個角度觀察，被再保人並非一次將未滿期責任保費全數轉給再保人，而是採分期方式。亦即：

（未滿期責任保費－交易稅－再保佣金）÷4

　　於此必須再度強調，未滿期責任之帳務處理方式，並非限於上述，有時亦可能於例行帳中一併處理。

## ㈣ 個案探討

　　設有溢額合約再保險合約採用Clean Cut方式，設2012年底進行未滿期責任移轉，下列為2012年承保年度之相關資料或數據。

　　1.再保條件：

(1) Business Tax (1%)

(2) R/I Commission (38%)

(3) Premium Reserve (20%)

(4) Interest on Reserve (4%)

(5) Income Tax on Interest (10%)

(6) Accounts: Quarterly

(7) Premium Portfolio: 1/24 method

(8) Loss Portfolio: 90% on outstanding losses

　　2.相關資料如下：

(1) 各月份之再保費情況如下表：

| 月份 | 保費資料 | |
|------|------|------|
|  | 險別 | 毛再保費 |
| 1 | 純火險<br>附加險 | 3,854,000<br>572,000 |
| 2 | 純火險<br>附加險 | 2,680,000<br>320,000 |
| 3 | 純火險<br>附加險 | 2,845,000<br>260,000 |
| 4 | 純火險<br>附加險 | 4,810,000<br>563,000 |
| 5 | 純火險<br>附加險 | 3,501,000<br>580,000 |
| 6 | 純火險<br>附加險 | 3,980,000<br>168,000 |

| 月份 | 保費資料 | |
|---|---|---|
| | 險別 | 毛再保費 |
| 7 | 純火險<br>附加險 | 6,820,000<br>220,000 |
| 8 | 純火險<br>附加險 | 4,980,000<br>780,000 |
| 9 | 純火險<br>附加險 | 4,180,000<br>237,000 |
| 10 | 純火險<br>附加險 | 3,802,000<br>187,000 |
| 11 | 純火險<br>附加險 | 3,120,000<br>686,000 |
| 12 | 純火險<br>附加險 | 5,655,000<br>620,000 |
| 合計 | | 55,410,000 |

(2) 截至2012年12月31日純火險之未決賠款達$35,961,000，附加險之未決賠款達$5,875,000（共計$41,836,000）。

(3) 終止原再保險人責任之帳單與移轉未滿期責任於新再保人之帳單，如下分析。

(A) 首先以1/24法計算未滿期責任保費，並將解還之保費準備與應付之利息計算如下表。

| 月份 | 保費資料 | | 2012年12月31日時之未滿期保費 | | 保費準備 | | |
|---|---|---|---|---|---|---|---|
| | 險別 | 毛再保費 | 未滿期因子 | 未滿期保費 | 各季提存數 | 結清解還數 | 結清時計算解還利息 |
| 1 | 純火險<br>附加險 | 3,854,000<br>572,000 | 1/24 | 160,583<br>23,833 | 10,531,000<br>×20% | 2,106,200 | 2,106,200×(3/4)×4%<br>= 63,186 |
| 2 | 純火險<br>附加險 | 2,680,000<br>320,000 | 3/24 | 335,000<br>40,000 | | | |
| 3 | 純火險<br>附加險 | 2,845,000<br>260,000 | 5/24 | 592,708<br>54,617 | | | |

| 月份 | 保費資料 | | 2012年12月31日時之未滿期保費 | | 保費準備 | | |
|---|---|---|---|---|---|---|---|
| | 險別 | 毛再保費 | 未滿期因子 | 未滿期保費 | 各季提存數 | 結清解還數 | 結清時計算解還利息 |
| 4 | 純火險 | 4,810,000 | 7/24 | 1,402,917 | 13,602,000 ×20% | 2,720,400 | 2,720,400×(2/4)×4% = 54,408 |
| | 附加險 | 563,000 | | 164,208 | | | |
| 5 | 純火險 | 3,501,000 | 9/24 | 1,312,875 | | | |
| | 附加險 | 580,000 | | 217,500 | | | |
| 6 | 純火險 | 3,980,000 | 11/24 | 1,824,167 | | | |
| | 附加險 | 168,000 | | 77,000 | | | |
| 7 | 純火險 | 6,820,000 | 13/24 | 3,694,167 | 17,217,000 ×20% | 3,443,400 | 3,443,400×(1/4)×4% = 34,434 |
| | 附加險 | 220,000 | | 119,167 | | | |
| 8 | 純火險 | 4,980,000 | 15/24 | 3,112,500 | | | |
| | 附加險 | 780,000 | | 487,500 | | | |
| 9 | 純火險 | 4,180,000 | 17/24 | 2,960,833 | | | |
| | 附加險 | 237,000 | | 167,875 | | | |
| 10 | 純火險 | 3,802,000 | 19/24 | 3,009,917 | 14,070,000 ×20% | 2,814,000 | nil |
| | 附加險 | 187,000 | | 148,042 | | | |
| 11 | 純火險 | 3,120,000 | 21/24 | 2,730,000 | | | |
| | 附加險 | 686,000 | | 600,250 | | | |
| 12 | 純火險 | 5,655,000 | 23/24 | 5,409,792 | | | |
| | 附加險 | 620,000 | | 594,167 | | | |
| 合計 | | 5,5410,000 | | 29,239,168 | 11,084,000 | 11,084,000 | 152,028 |

### 3.終止原再保險人責任之帳單（Portfolio or Clean Cut Statement）：

| Item | Debit | Credit |
|---|---|---|
| Portfolio Premium Withdrawal | 29,239,168 | |
| Business Tax 1% | | 292,392 |
| R/I Commission 38% | | 11,110,883 |
| Premium Reserve Release | | 11,084,000 |
| Interest on Reserve 4% | | 152,028 |
| Income Tax on Interest 10% | 15,203 | |
| Portfolio Loss Withdrawal (90% on O/S) | 37,652,400 | |
| Balance due to us | | 44,267,486 |
| Total | 66,906,771 | 66,906,771 |

4.移轉未滿期責任於新再保人之帳單（Portfolio in Statement）：

| Description | Debit | Credit |
|---|---|---|
| Portfolio Premium Entry | | 29,239,168 |
| Business Tax 1% | 292,392 | |
| R/I Commission 38% | 11,110,883 | |
| Portfolio Premium Reserve Deposit | 17,835,893 | |
| Portfolio Premium Reserve Release | | 4,458,973 |
| Portfolio Loss entry (90% on O/S) | | 37,652,400 |
| Balance due to you | 42,111,373 | |
| Total | 71,350,541 | 71,350,541 |

# 第七節　重要項目解說㈥──其他項目

## 一、保費明細表（Bordereaux Premium）與損失明細表（Bordereaux Premium）

　　在比例再保險中，再保人對於原保險人如何承接原始保險業務無權置喙，亦即並無直接核保權。為使再保人可以掌握業務概況，較早期之再保合約要求分保公司須提供月保費明細表，為求進一步掌控賠款情況，之後亦要求提供月損失明細表。不過，由於實務上再保險頗為遵守「首席再保人原則」，況且再保人真要檢討合約之業績，通常亦須一段期間等待，短尾業務通常也須觀察一年或兩年，長尾業務費時更久，首席再保人以外之再保人持有保費明細表與損失明細表，基本上意義不大，現行再保合約，基本上並未規定須提供其他再保人此兩種業報表。

## 二、再保經紀人佣金（Brokerage）

再保經紀人於再保險交易中具有重要地位，緣以再保經紀人為一高度專業性與技術性之行業，他們不但居間撮合再保險交易，再保交易完成後，後續之再保行政工作涉入甚深。簡要言之，再保經紀人於再保險市場中具有全面性之功能，包括再保計畫之規劃、再保行銷、再保合約書、再保帳務、再保資訊等等，提供實質之服務。再保經紀人於再保交易整個流程中，既然須承擔許多義務，所以須有基本報酬，即是再保經紀人佣金。再保實務中規定，該佣金由再保人於應收之再保費中按約定比率支付。

## 三、統計資料與資訊（Statistics and Information）

對於再保人而言，是否成為某一合約之再保人（再保實務稱為Security），需要高度「猜測智慧」判斷。保險費率本即依據過去之相關數據配合未來可能之走向釐訂，再保險更是如此。比例再保險基本上為一種整批交易行為，而且再保人對於原保險每筆業務如何接受，對於被再保人原則上並無置喙餘地已如前述，因此對於再保合約之核保方向，非常依賴被再保人提供之統計資料與資訊。統計資料通常涉及被再保人欲分出之合約歷年來之詳細業績（Result）、業務結構（Risk Profile）等等，資訊之範圍較為廣泛，例如，分保公司之核保人員變動情形、管理哲學、未來業務發展等等，一言以蔽之，即是一種「對人核保」（Underwriting a Men）所需的相關資訊。故於比例再保險中，統計資料與資訊基本上與再保險之核保有極大的關聯性。

# 本章自我評量問題

1. 再保險接洽書（Reinsurance Slip）。（98.02核保學會考題）

2. 梯次再保佣金（Sliding Scale Commission）。（98.02，101.01核保學會考題）

3. 例行註銷通知（Provisional Notice of Cancellation）。（98.02核保學會考題）

4. 結清制（Clean-Cut System）。（101.02核保學會考題）

5. 自然終止制（Natural Expiry System）。（102.02核保學會考題）

6. 現金求償通知（Cash Call）。（99.02，100.01核保學會考題）

7. 自然終止制（Natural Expiry System or Run-Off System）。（99.01核保學會考題）

8. 虧損全額移轉（Loss Carrying Forward to Extinction）。（99.02核保學會考題）

9. 何謂盈餘佣金（Profit Commission）？何謂梯次盈餘佣金（Sliding Scale Profit Commission）？衡量盈餘之標準如採用賠款率，須定義何謂賠款率，試說明賠款率之構成因子。又，衡量盈餘之標準如採盈餘率，則須計算盈餘，請列舉盈餘之計算公式中，收入項目與支出項目之構成因子。（102.02核保學會考題）

10. 某一梯次再保佣金之運作模式如下表，請以文字述說該再保佣金之運作機制。

| Loss ratio | Rate of commission | Remark |
|---|---|---|
| X≦46% | 40% | Maximum Commission (MC) |
| 48%≦X < 46.01% | 39.5% | MC + 0.5% |
| ………… | ………… | ………… |
| 50%≦X < 49.01% | 38% | Provisional commission |
| ………… | ………… | ………… |
| 65%≦X < 64.01% | 30.5% | |
| X > 65% | 30% | Minimum Commission |

11. 比例性再保險合約下，對合約終止時未了責任之處理通常有哪兩種方式，請舉出並分別加以說明。（98.01核保學會考題）

12. 再保險核保為人品的核保（Underwriting a Man），其意義為何？（98.01核保學會考題）

13. 比例性再保險合約在一般情形下如何終止？請說明。（98.01核保學會考題）

14. 比例性再保險合約與非比例性再保險合約，對再保合約的期間一般有無不同的規

定？如有，其不同處何在？又，比例性再保險合約如何終止？（102.01核保學會考題）

15. 何謂梯次再保佣金（Sliding Scale Commission）？其係用於何種再保險方式？其設計重點何在？計算佣金率時所使用之賠款率，其定義為何？請詳述之。又，其需搭配何種再保佣金制度？（102.01核保學會考題）

16. 再保險合約摘要表（Reinsurance Slip）包括了合約之重要內容，請以溢額再保險為例，舉出其合約摘要表通常都會包含的五項內容。（101.01核保學會考題）

17. 請問原保險人發送例行註銷通知（Provisional Notice of Cancellation）的目的何在？（101.01核保學會考題）

18. 合約再保下，再保人責任歸屬（Attachment of Liability）採簽單制（Policy Attaching Basis）時，再保人如何承負責任？（101.01核保學會考題）

19. 一般處理比例性再保險契約終止之方式有二，即自然滿期方式（Natural Expiry System or Run-Off System）及截斷方式（Clean-Cut System），試分別申述之。（100.01核保學會考題）

20. 梯次再保佣金制中，再保佣金率與損失率之間，其關係為何？如採用曆年制（Calendar Year Basis）時，如何決定損失率？（99.02核保學會考題）

21. 火災保險再保險合約中，再保人責任之終止如採用結清制（Clean Cut System），則原保險人應收回之主要款項有哪些？試簡要說明之。（99.02核保學會考題）

22. 設有一再保合約規定盈餘佣金之分享方式如下：

"profit commission of 20% on that part of the profit up to 10% of the premiums ceded and 30% on that part of the profit above 10%."

已知下列數據：

2012年會計年度：

當年度再保費收入$100,000，保費準備提存率40%，再保佣金率40%，當年度已付賠款$40,000，當年度年末未決賠款準備提存數$20,000，再保人管理費用5%，上年度年末保費準備提存數$30,000，上年度年末賠款準備提存數$20,000，以往年度虧損結轉$5000。

2013年會計年度：

當年度再保費收入$150,000，保費準備提存率40%，再保佣金率40%，當年度已

付賠款$10,000，當年度年末未決賠款準備提存數$10,000，再保人管理費用5%。
試討論2012年與2013年之盈餘佣金如何分配？

23. 假設某一再保險合約之再保條件如本章一開始所舉溢額合約再保險摘要表中所
示，且假設該合約為第一起始合約年，如第一季與第二季之相關數據如下所列，
試編製第一季與第二季例行性帳單（請採用T型帳）。

| Item | First Quarter | Second Quarter |
|---|---|---|
| Reinsurance Premium | 1,500,000 | 2,000,000 |
| Losses | 200,000 | 1,000,000 |
| Outstanding losses | 500,000 | 750,000 |

24. 有一海上船體再保險合約，2011年起始，至2012年為止。假設被再保人該兩年承
做之船體保險情況如下（單位：千美元）：

| 船名 | 原始保險金額 | 保險期間 | 保費額度與交付日期<br>（有些案例採分期繳付） | 出險日期與預估損失金額 | 賠案理結日期與實際理賠金額 |
|---|---|---|---|---|---|
| A | 20,000 | 2011.01.01~2012.06.30<br>（本單為長期保單） | 第一期2011.01.01（500）<br>第二期2011.10.1（500） | 未出險 | |
| B | 40,000 | 2011.01.01~2012.12.31 | 2011.01.01（2000） | 2011.04.30<br>500 | 2011.08.15<br>580 |
| C | 75,000 | 2011.04.01~2012.03.31 | 2011.01.04（3750） | 2011.12.06<br>750 | 2012.02.01<br>600 |
| D | 100,000 | 2011.07.01~2011.12.31<br>（本單為短期保單） | 第一期2011.07.01（2500）<br>第二期2011.10.01（2500） | 2011.10.05<br>2000 | 2011.10.11<br>2000 |
| E | 140,000 | 2011.09.01~2012.08.31 | 2011.09.01（2800） | 未出險 | |

| 船名 | 原始保險金額 | 保險期間 | 保費額度與交付日期（有些案例採分期繳付） | 出險日期與預估損失金額 | 賠案理結日期與實際理賠金額 |
|---|---|---|---|---|---|
| F | 180,000 | 2012.01.01~2012.06.30（本單為短期保單） | 2012.01.01（3600） | 2012.04.07 15000 | 2013.03.03 20000 |
| G | 200,000 | 2012.01.01~2012.12.31 | 第一期2012.01.01（4000） 第二期2012.07.1（1000） | 未出險 | |
| H | 200,000 | 2012.01.01~2013.12.31（本單為長期保單） | 第一期2012.1.1（1000） 第二期2012.7.1（4000） | 2012.03.04 4000 | 2012.07.07 5000 |
| I | 300,000 | 2012.01.01~2012.12.31 | 2012.01.31（6000） | 未出險 | |
| J | 350,000 | 2012.04.01~2013.03.31 | 第一期2012.4.1（3500） 第二期2012.10.1（3500） | 2013.02.22 10000 | 2013.07.01 15000 |
| K | 400,000 | 2012.07.01~2013.06.30 | 2012.07.01（7500） | 未出險 | |
| L | 500,000 | 2012.08.01~2013.07.31 | 2012.08.01（8000） | 未出險 | |

假設：

(1) 該再保合約採用比率再保型態，部分再保條件（2011年與2012年完全相同）如表所列，則分別採用會計年度制與承保年度制之情況下，2011年與2012年例行性帳單之情況如何？

(2) 該再保合約採用溢額再保險型態，部分再保條件（2011年與2012年完全相同）如表所列，則分別採用會計年度制與承保年度制之情況下，2011年與2012年例行性帳單之情況如何？

| Item | Quota Share | Surplus |
|---|---|---|
| Treaty Limit | 80% Quota Share with maximum Limit 500,000 | 10lines with maximum limits 500,000 (one line limit 500,00) |
| Commission | 20% | Sliding scale commission 30% + 0.5% if loss ratio < 42.5% + up to 7.5% if loss ratio < 28.5% Difference: 0.5% commission for 1% loss ratio Provisional commission during the year 32.5% |

| Item | Quota Share | | Surplus | |
|---|---|---|---|---|
| Profit Commission | Management expenses 5% <br> Sliding scale profit commission <br> 30% profit commission on the slice of profit from 0~10% of premium entered in the accounts, 40% profit commission on the slice of profit from 10~20% of premium entered in the accounts, 50% profit commission on the rest of the profit <br> Losses carried forward to extinction | | Management expenses 3% <br> Profit commission 20% <br> Losses carried forward to extinction | |
| Accounts | Half Yearly | By Underwriting year basis | Half Yearly | By Underwriting year basis |
| | | By Year of Account basis | | By Year of Account basis |
| Unearned Premium Reserve | 40% (applicable to Year of Account basis only), Portfolio entry at treaty inception (40%) | | 40% (applicable to Year of Account basis only), Portfolio entry at treaty inception (40%) | |
| Loss Reserves | 100% | | 100% | |

# 第柒章

# 非比例合約再保險合約

非比例合約再保險合約主要相關文件，包括再保摘要表（Placement slip）、再保合約書（Reinsurance Wording），有時因爲再保摘要表中所列可能有所修正，故有再保摘要表修改書（Endorsement），同樣的，再保合約書亦可能有變更之時，修改再保合約書內容之文件稱爲附約（Addendum）。有時爲免於繁瑣，無論變更再保摘要表或合約書內容，亦可直接採用意向函（Letter of Intent）替代。

# 第一節　非比例再保險合約項目概觀

## 一、概述

非比例再保險之再保摘要表與比例再保險相較，有明顯之差異。觀察非比例再保險之再保摘要表，可發現任何型態之非比例再保險合約，必然包括下列幾個核心議題：

1. 再保人責任啓動型態（Liability Attachment）議題
2. 承保範圍（Class of Business）議題
3. 再保人責任限額與被再保人自負額議題
4. 最終淨賠款（Ultimate Net Loss）議題
5. 淨自留（Net Retain Line）議題
6. 復效（Reinstatement）議題
7. 費率（Rate）議題
8. 最低與預繳保費（Minimum and Deposit Premium，簡稱M & D）與調整保費議題

另外，有些重要議題是針對特定型態之非比例再保險而設，例如，巨災超額賠款再保險中劃分事件次數的時間條款（Hours Clause）議題，責任非比例再保險中之指數條款（Index Clause）議題，內容繁複。

本節列舉三個普通超額賠款再保險（WXL）、巨災超額賠款再保險

（CXL）與停止損失再保險（Stop Loss）之再保摘要表如下，第二節以後分析說明上列議題，並以摘要表為例相應說明。

## 二、普通超額賠款再保險（WXL）之再保摘要表

| Reinsured<br>被再保人 | XYZ Insurance Company.<br>XYZ保險公司 |
|---|---|
| Type<br>再保型態 | Property Per Risk Excess of Loss-First Layer<br>以每一危險為基礎之財產險超額賠款再保險～第一層 |
| Period<br>再保期間 | Losses occurring during the period commencing January 1, 2012 and ending December 31, 2012 both days inclusive.<br>2012年1月1日至2012年12月31日（1月1日與12月31日包括在內），以損失發生為基礎。 |
| Class<br>保障險種 | All business underwritten and classified by the Reinsured as Fire & Engineering business.<br>所有由被再保人所承保並歸類為火災保險與工程保險之業務 |
| Territorial Scope<br>業務地理區域 | Indonesia and incidental extension to countries in the Asia Pacific region<br>印尼以及印尼於亞太區域國家之附屬延伸業務 |
| Limit<br>再保人責任額度與<br>被再保人自留額 | RP450M ultimate net loss each and every risk in excess of RP300M ultimate net loss each and every risk.<br>每一損失與每一危險為基礎，最終淨賠款超過RP300M以上之RP450M |
| Rate<br>再保險費率 | 3.37% |
| Minimum & Deposit<br>最低與預繳保費 | RP272M payable quarterly in advance.<br>RP272M按季預付 |
| Reinstatement<br>復效 | 1$^{st}$ each 75% A. P., 2$^{nd}$, 3$^{rd}$ and 4$^{th}$ each 100% A. P., pro rata to amount only.<br>第一次復效時間因素設定四分之三，第二次至第四次復效時間因素為100%。 |
| General Exclusions<br>一般除外事項 | War & Civil War戰爭與內戰<br>Nuclear Energy Risks核能危險<br>Reinsurance on excess of loss basis超額賠款再保險<br>Obligatory Reinsurance義務再保險<br>Seepage and pollution滲漏與污染危險 |

| General Conditions<br>一般條款 | Terms and conditions as original policies條件與條款同原保險單<br>The reinsured has sole discretion on what constitute one risk / retention被再保人有單獨判斷何種情況構成一個危險 / 自留之權力<br>Net Retained Line Clause淨自留條款<br>Ultimate Net Loss Clause最終淨賠款條款<br>ABC Intermediary Clause ABC中介人條款 |
|---|---|
| Wording<br>合約書 | To be agreed by leader only<br>由首席再保人協議 |
| Information<br>相關資料 | Gross Net Retained Premium Income（GNPI） on as-if basis依相仿為基礎之毛淨保費收入（GNPI）<br>2001（est） 6800M<br>2000（est） 5500M<br>1999（est） 10132M<br>1998 8043M<br>1997 6846M<br>1996 6225M<br>Retentions are normally on sum insured or layering basis自留額通常以保險金額或超額損失層基礎 |

## 三、巨災超額賠款再保險（CXL）

| Reinsured<br>被再保人 | XYZ Insurance Company Ltd.<br>XYZ保險公司 |
|---|---|
| Period<br>再保期間 | 12 months losses occurring from 1 April 2012<br>2012年4月1日起12個月，以損失發生為基礎。 |
| Type<br>再保型態 | Catastrophe Excess of Loss Cover (1st layer)<br>巨災超額賠款再保險（第一層） |
| Class<br>承保險種與危險事故 | Covering all business classified by the reassured as property including, but not limited to automobile physical damage, boiler and machinery, glass, ocean and inland marine, and to include worker's compensation/employers' liability losses arising out of fire, lightning, explosion, collapse, freeze, windstorm, hail, flood, earthquake, volcanic eruption, riots, strikes, civil commotion or malicious damage.<br>承保被再保人歸類為財產保險之業務，包括但不限於下列：汽車車體損失保險、鍋爐與機械保險、玻璃保險、海上保險與內陸運輸保險，尚包括勞工補償保險／雇主責任保險，承保由火災、雷閃、爆炸、崩塌、冰凍、風暴、兵雹、洪水、地震、火山爆發、暴動、罷工、民眾騷擾或惡意損害等危險事故所致之損失。 |

| | |
|---|---|
| Territorial Scope<br>地理區域 | Anywhere in the United States and Canada.<br>美國與加拿大任何一個地方 |
| Limit<br>再保人責任額度與<br>被再保人自留額 | To pay up to $12,500,000 each and every loss occurrence excess of $40,000,000 ultimate net loss each and every loss occurrence.<br>每一事件損失基礎，最終淨賠款超過US$40M以上US$12.5M。 |
| Warranty<br>保證事項 | In respect of worker's compensation / employers' liability ~maximum any one person $4,000,000.<br>勞工補償／雇主責任保險最高為任何一人$4,000,000 |
| Reinstatement<br>復效 | One reinstatement at pro rata additional premium for all perils.<br>復效一次，所有之危險事故均按比例加收復效保費。 |
| Premium<br>再保費 | Minimum premium $1,911,000.最低保費$1,911,000<br>Deposit premium $2,249,320 payable quarterly adjustable at 0.2122% gross net earned premium income for 2012 calendar year預繳保費$2,249,320，分四次繳付，按2012歷年毛淨滿期保險費與再保費率0.2122%調整再保費。 |
| Deductions<br>再保經紀人佣金 | Brokerage 15%<br>再保經紀人佣金15% |
| Exclusions<br>除外事項 | 1. Loss to growing and standing timber.樹木損失<br>2. Ordinary and group life insurance.普通與團體人壽保險<br>3. Financial guarantee and insolvency.財務保證與喪失清償能力<br>4. War risks as per wording.合約書中所稱之戰爭危險<br>5. Insolvency fund exclusion.喪失清償能力基金除外<br>6. Nuclear exclusion clause.核能除外條款<br>7. All surety bonds.所有確實保證業務<br>8. As respects property—business excluded by the pools, association and syndicates exclusion clause (amended).財產險除外業務：為聯營組織、聯盟除外之業務、辛的卡除外條款（修正式）<br>9. Occupational disease.職業疾病<br>10.Seepage and pollution exclusion clause. 滲漏與污染危險除外條款 |
| General Conditions<br>一般條款 | Warranted 5% co-reinsurance kept by reassured. 被再保人保證5%之共同再保<br>Net retained lines clause. 淨自留條款<br>Ultimate net loss clause (amended for underlying reinsurance), including loss expense and 80% extra contractual obligations loss. 最終淨賠款條款（就基層再保險修正）包括理賠費用以及80%額外契約責任賠款<br>Agreed value commutation clause—workers' compensation / employers' liability only. 協議價額打折清償條款～僅適用於勞工補償／雇主責任保險<br>Service of suit clause (USA). 訴訟服務條款（美國）<br>Insolvency clause. 喪失清償能力條款 |

| | Arbitration clause. 仲裁條款<br>Errors and omissions clause. 錯誤與遺漏條款<br>Extra contractual obligations clause. 額外契約責任條款<br>Self-insured obligations clause (amended). 自我保險責任條款（修正式）<br>Currency clause (amended). 貨幣條款（修正式） |
|---|---|
| Wording<br>合約書 | Wording as before, as far as applicable, as agreed by leading underwriter. 合約書同前，在可適用範圍之內，由首席再保人代表同意。 |

## 四、停止損失再保險（Stop Loss）

| Reinsured<br>被再保人 | Various Reinsurers participating in the "**London Master Drilling Rig Line Slip**" placed by xxx Brokers, as original.<br>為數甚多的再保人。該等再保人認受XXX經紀人安排之「倫敦 Master鑽油設備 Line Slip」。 |
|---|---|
| Type<br>型態 | Aggregate Excess of Loss Contract<br>累積超額賠款再保險合約 |
| Term<br>再保期間 | **Risks attaching** during 12 months commencing 25th June 2012 or as original . 2012年6月25日起12個月，以危險承保為基礎。 |
| Limit<br>再保人責任額度與被再保人自留額 | **$200,000,000** (or **60%** Nett Premium Income whichever is lesser) **in the aggregate** excess of **110%** Nett Premium Income in the aggregate.<br>For the purpose of this reinsurance any facultative, specific or general protections arranged by the Reinsureds **shall be ignored** and **no deduction made** from the premium income in respect of thereof.<br>以累積為基礎，超過110%淨保費收入以上之**$200,000,000**（或是60%之淨保費收入，取較小者），就本再保險之原意，並不考慮被再保人所安排之任何臨時再保險、特定再保險或一般性再保保障合約，而保費收入亦不扣無購買該等再保險之再保費。 |
| Rate<br>再保費率 | 7.5% of Nett Premium Income.<br>First adjustment calculated on basis of 90% of Nett Premium shown in statistics at end of second year.<br>Further adjustments calculated annually thereafter on basis of 100% of Nett Premium shown in statistics then current.<br>淨保費收入之7.5%。第一次保費調整以第二年年末所統計之淨保費受入的90%為基礎。 |

| Minimum and De-posit Premium<br>最低與預繳保費 | $18,000,000 payable quarterly.<br>$18,000,000分四季支付 |
|---|---|
| Brokerage<br>再保經紀人佣金 | 10%<br>保經紀人佣金10% |
| Conditions<br>再保條款 | Original conditions. 原保險條款<br>Excluding Excess of Loss Business. 超額賠款再保險業務除外<br>Excluding War Risks. 戰爭危險除外<br>Agree dispense with formal contract wording. 同意配置正式合約書 |
| Information<br>核保資料 | Estimated Subject Matter Premium Income: $250,000,000<br>預估名目保費收入$250,000,000<br>Estimated Premium to this Contract: $18,750,000<br>預估本合約保費收入$18,750,000<br>Leading Underwriter: XXX Syndicate at Lloyd's<br>首席再保人：勞伊茲之XXX辛加迪 |

# 第二節　重要項目解說㈠——責任啓動型態、承保範圍

## 一、再保人責任啓動型態（Liability Attachment）

　　非比例再保險之再保摘要表中，必然要規範再保人責任啓動型態，例如前所列再保摘要表，其中再保期間（Period）一項，有損失發生基礎（Losses Occurring During Basis，簡稱LOD）、危險基礎（Risks Attaching，簡稱RAT Basis）。事實上，再保實務中，常見者尚有索賠（Claim Made Basis，簡稱CMB）基礎。不同的責任啓動型態，非但影響再保人承擔責任之機制，亦影響再保險會計方法之適用原則。故再保合約中通常亦有相對應之條款，通常是責任啓動條款（Liability Attachment Clause）。茲就該三種基礎分述如下。

## ㈠ 損失發生基礎

再保人於此種基礎下，啓動再保責任之關鍵爲保險事故發生之時間。亦即，被再保人原始承保之保險業務，有效保單之損失必須發生於再保合約期間之內。

## ㈡ 危險基礎

再保人於此種基礎之下，啓動再保責任之關鍵爲發生保險事故之保單，無論是新保單或是續約之保單，其起始日期必須落於再保合約期間之內。

## ㈢ 索賠基礎

此種基礎之下，再保人之責任啓動機制爲發生保險事故之賠案，須於再保合約期間之內通知原保險人，此種基礎通常用於責任險。

上開所列頗爲抽象，茲舉例說明如下。

假設有一張原始保單之保險期間爲2011年7月1日至2012年6月30日，而再保期間爲2012年1月1日至2012年12月31日，如該保單之損失發生於2012年2月1日，但是直到2013年2月3日被保險人通知其保險人業已有索賠發生，此種情況下應由何種基礎制之再保合約承受責任？由圖中可知，原始保單之簽單日期與索賠日期均未落於再保期間之內，故應由損失發生基礎攤賠。

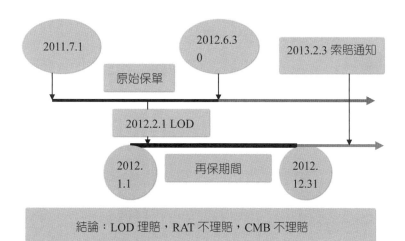

## 二、承保範圍

承保範圍一詞，基本上涉及承保之危險事故、損失種類、標的物等三個元素，但是於再保範疇內，承保範圍顯然牽涉更多。主要是再保險之承保範圍，尚需界定被再保人分出之大小與承保之地理區域。

所謂大小，例如其所保障之部分究竟是「淨自留部分」（Net Retained Account）還是原始毛業務（Gross Account）。再者，被再保人對於前稱三元素，無論是理論或是實務，在安排再保險時是可分割的，例如，被再保人就海上保險安排再保險，可以僅將損失種類設定為「全損」（Total Loss Only）。事實上在安排火災保險之再保險時，亦可能僅限制為「純火災保險」（Pure fire），將火災保險之附加險除外。

關於承保之地理區域（Territorial Scope），於超額賠款再保險中，有其重要地位，因為受保障之業務所在的地理區域是再保人判斷危險暴露的因子之一。在巨災超額賠款再保險，被再保人還需提供再保人詳細的地理區域之分區潛在累積責任詳細資料，尤其是主要地區（Key Zone）[1]。另外，於普通超額賠款再保險中，關於承保之地理區域，通常尚有海外業務附屬延伸（Incidental Overseas Extensions）之規定[2]，可視為地理區域由本國延伸於國外之情況。前述再保摘要表中所稱印尼以及印尼於亞太區域國家之附屬延伸業務（Indonesia and incidental extension to countries in the Asia Pacific region），即屬於此種情況。

關於「淨自留部分」（Net Retained Account），事實上極易引起誤解，尚須進一步分析，再保人究竟保障哪一個部分，而其主要關鍵就在於有無前置再保險（Prior Reinsurance）。依照各種再保險型態安排之先後，基本上以比例再保險為第一線保障；比例再保險自留部分，如係以每一危險為基礎進一步分散自留風險之普通超額賠款再保險，可謂為第二線保障；針對巨災而安排之巨災

---

[1] Key Zone通常是指分區潛在危險暴露累積最具關鍵性的地理分區，於超額賠款再保險中之核保具有指標性。

[2] 海外業務附隨延伸，係指本國企業於海外投資之企業，亦由本國保險公司承保之情況，受保障之業務雖處海外，視同本國業務。

超額賠款再保險,可稱為第三線保障;如將具有保障損失率功能之停止損失再保險一併考慮,應可視為第四線保障。特別須注意者,再保險之安排視被再保人之需求而定,上述四者非一定齊備。假設被再保人針對其工業火災保險業務安排前三種,則普通超額賠款再保險之前置為比例再保險(Prior Proportional Reinsurances),但對巨災超額賠款再保險而言,普通超額賠款再保險亦為其前置再保險。假使被再保人的某一個險種以普通超額賠款再保險取代比例再保險,則所保障者已屬於原始毛業務,並無前置再保險存在。又如,再保文獻中提及停止損失再保險,原始用於冰雹保險(Hail Insurance),主要原因為如何界定一次冰雹事故甚難,亦即,一次冰雹事故之起點與終點甚難界定[3],故無法採用一般性的超額賠款再保險。此時,由於以停止損失再保險取代比例再保險,故亦無前置再保之存在。所以,「淨自留」為一相對概念,要視其於再保險安排地位而定。

為規範「淨自留」之範圍,再保險合約條款相對有「淨自留條款」(Net Retained Line Clause)對應,例如下列。

This contract shall apply only to that portion of any insurance the Company ***retains net for its own account*** (***prior to deduction of any underlying reinsurance specifically permitted in this Contract***), and in calculating the amount of any loss hereunder and the amount in excess of which this Contract attaches, only loss or losses with respect to that portion of any insurance the Company retains net for its own account shall be included. The Reinsurer's liability hereunder with respect to any loss or losses shall not be increased by reason of the inability of the Company to collect from any other reinsurers, whether specific or general, any amount that may be due from them, whether such inability arises from the insolvency of such other reinsurers or otherwise.[4]

---

[3] C. E. Golding, Golding: The Law and Practice of Reinsurance. Witherby, 1987, p.198.

[4] 摘自 Reinsurance Contract Wording edited and published by Robert W. Strain, 1996, p.214。

該條文指出，所謂之「淨自留業務」，係在扣除合約所特定允許之再保險之前的業務，僅有該「淨自留業務」產生之賠款始可包括在內。無法由其他再保人攤回之賠款，無論是該等再保人喪失清償能力或其他原因所致，本合約再保人之責任並不因此而增加。

又如下例，係使用於財產保險之巨災超額賠款再保險，所界定之淨自留，在解釋時較為抽象。

> This agreement shall protect ***only that portion of*** any insurance or reinsurance which the Reinsured, acting in accordance with its established practices at the time of the commencement of this Agreement, ***retains net for its own account.*** The Reinsurer's liability hereunder shall not be increased due to any error or omission which results in the Reinsured's net retention being larger than it would normally have been nor by the Reinsured's failure to reinsure and maintain reinsurance in accordance with it established practice as aforesaid, nor by the inability of the Reinsured to collect from any other Reinsurers any amounts which may have become due from them for any reason whatsoever.[5]

上開條文中稱再保合約僅保障被再保人於其保險業務或分進之再保險業務中淨自留之業務部分，而再保合約到底位於被再保人所設定之哪一保障線，並未明確指出，僅稱依照合約成立之時業已建立之實務。不過，由條文中「保險業務或分進之再保險業務」，基本上可以推測係屬保障線後端，故被再保人由其他再保險所攤回之賠款應先行扣除。條文中亦強調，依通常實務，因為任何的錯誤與遺漏（any error or omission），致使被再保人之淨自留較大之情況，再保人之責任並不因此而增加。至於無法由其他再保人攤回之款項，無論任何理由，再保人之責任不會因此增加，例如，被再保人所安排的再保計畫中，任

---

[5] Joint Excess Loss Committee, Property Catastrophe Excess of Loss Treaty Wording. Article IV—Net Retained Lines Clauses (NP111).

何再保人喪失清償能力無法攤賠，或是再保人與被再保人產生糾紛不願意攤賠之情況。簡單言之，再保計畫中所有的再保險，所有的再保險人彼此之間的責任並非連帶，而是獨立的。

## 第三節　重要項目解說(二)——再保人責任限額與被再保人自負額

再保人之責任限額與被再保人之自負額爲非比例再保險之基本項目，不同型態之超額賠款再保險，再保人與被再保人兩者之責任限額與自負額如何構成必然不同。

以每一個危險爲基礎之超額賠款再保險，責任限額與自負額之運作與「任何一個危險在任何一次損失」（any one risk in any one loss）之最終淨賠款（Ultimate Net Loss）相連結。巨災超額賠款再保險則與「每一損失事件」（each and every loss occurrence）或「任何一個特定之事件」（from one identified event）相連結，停止損失再保險則與損失率之定義相連結，因此，損失率之定義爲關鍵所在。

再保人之責任限額與被再保人之自負額通常於合約條款中設定，條款名稱通常稱爲責任額與自負條款（Limits and Retention Clause），或另稱承保條款（Insuring Clause）。茲將不同型態之超額賠款再保險其相應之條款列示並分析如下。

### 一、以每一危險為基礎之超額賠款再保險（財產險）

The reinsurer shall not be liable for any loss until the Company's ultimate net loss **on any one risk** in **any one** loss exceeds XXX and then the Reinsurer shall be liable for 100% of the amount of ultimate net loss sustained by the Company in excess of XXX on any one risk in any one loss, *but the reinsurer's liability shall not exceed 100% of XXX with respect to any one* *risk in any one loss*. The Company shall be the sole judge of what constitutes any one risk.

【解說】：

上開條文清楚規定「任何一個危險於任何一損失中之最終淨賠款」（ultimate net loss on any one risk in any one loss），如超過再保合約中所設定的被再保人自負額，再保人即應就該危險單位該次損失超過自負額的餘額進行攤賠，但有最高再保責任之限制。所以原則上，不管有多少危險單位發生損失，只要符合攤賠條件，再保人應逐案攤賠。由於此種超額賠款再保險以任何一個危險為攤賠之單位，故何謂「一個危險」[6]，如何構成，又是重要關鍵。上開條文中規定，何謂「一個危險」，由被再保人單獨判斷，有時再保合約內會有專設之一個危險定義條款，用以彰顯其重要性，詳如後述（見本章第四節）。

基本上，以每一危險為基礎之超額賠款再保險，被再保人設定之自負額亦有許多影響因素，諸如被再保人受保障業務之結構、損失資料（損失次數與損失幅度）結構、損失率之波動性等等[7]。

## 二、巨災超額賠款再保險

The Reinsurer hereby agrees to indemnify the Company for XXX% of that part of its ultimate net loss which exceeds XXX on account of each and every loss occurrence and the sum recoverable under this agreement shall be up to but not exceeding XXX% of XXX ultimate net loss on account of each and every loss occurrence.

The balance of XXX% of the excess ultimate net loss together with the first

---

[6] 保險實務中，例如火災保險，常有一個危險之判斷。緣以兩張保單固然承保不同之建築物，惟兩個建築物之間經專業判斷或有延燒之可能，而被視為同一危險（Same Risk），故一張保單有時不見得就是一個危險。又，火災保險中，同險之種類可分為直接通連危險與間接通連危險。

[7] 此為再保險經營之範疇，基本上可歸納為財務構面與技術構面，讀者可參考鄭鎮樑、丁文城（2004），《再保險實務》乙書相關章節。

XXX shall **be retained net by the Company and not reinsured in any way**. However, it is understood and agreed that the Company have **an underlying reinsurance** for XXX% of XXX each and every loss occurrence, recoveries under which shall be disregarded in computing the ultimate net loss hereunder.[8]

【解說】：

上開條文中，以「每一事件（each and every loss occurrence）之最終淨賠款」為影響被再保人自負額與再保人責任額之基礎，而構成最終淨賠款之範圍，則為被再保人未再安排任何形式再保險之純粹淨自留賠款（請注意其原文：be retained net by the Company and not reinsured in any way文字內容）。

一般巨災超額賠款再保險計畫不止一層，規模龐大之被再保人安排七層也不是稀奇之事，第一層實務上稱為基層（Underlying Layer），該層自負額稱為基層自負額（Underlying Layer Deductible），第一層之自負額與第一層之再保責任額加總之後成為第二層之起賠點（Attachment Point），如下圖所示，其餘上層可類推。最上層稱為頂層（Top Layer），該層再保人責任額加上其起賠點，即為整個再保計畫對於一次事故所提供之最高保障。必須要注意者，此係以整個再保計畫為解釋基礎，對於被再保人而言，再保人所提供之保障當然是各層再保人之再保責任額總和。因之，只要一個再保計畫之層數超過一層，在計算各層是否應分攤再保賠款時，在考慮最終淨賠款時，不應將其相對以下之各層已攤賠的再保賠款扣除。例如，受一個巨災波及後產生之賠款，在扣除各種前置再保險後，影響該巨災超額賠款再保計畫之最終淨賠款為1,650萬，在考慮第二層時，不應將被再保人於第一層已攤回的100萬扣除，否則往上各層就永遠攤不到賠款了。其他再保層之運作情況依此類推，其實此亦為各種型態之非比例再保險運作之一般原則。

---

[8] Robert Kiln, Reinsurance in Practice, Witherby & Co., Ltd.

| 頂層再保人責任額＝US$800萬 | → | 再保計畫總保障額度 1,500 萬 |

第三層再保人責任額＝US$400萬

第二層再保人責任額＝US$200萬

第一層再保人之責任額＝US$100萬

第一層起賠點＝US$100萬
＝被再保人於再保計畫中之自負額

第二層起賠點 200 萬
＝第一層自負額＋第
一層再保責任額

### 深入探討問題*[9]：巨災超額賠款再保計畫再保層起訖點分析

巨災超額賠款再保險計畫中各再保層，原則上其合約期間之起訖點完全相同，但是被再保人亦可能在不同思維下，各層之時間起訖點不盡相同。常見者為隨危險累積程度增長而增加較高之再保層，或是判斷國際再保市場承保能量之價格走向趨軟。不過，巨災超額賠款再保險之價格畢竟仍取決再保能量之供需，能量之供給取決於巨災發生後，再保玩家願意分配多少能量於巨災超額賠款再保市場中。分配較少能量的時間愈長，再保價格偏高的時間會拉長，故起訖點是否相同及其對被再保人是否有利，無法定論。可以確定者為巨災發生之後，欲增購備份層（Back Up Layer）定然承負較高之價格。

下列這個條文為另一種表現方式，其中指出影響被再保人之自負額與再保人責任額之最終淨賠款，必須是源自一個特定主力近因所產生之任何一個賠款或是一系列賠款。這段條文內容亦點出每一事故之表現方式也是視情況而定，真要探討其範圍與性質，非三言兩語之事。

The Reinsurer shall pay to the Reinsured by way of excess of loss reinsurance the amount of the Ultimate Net Loss (as hereinafter defined) in excess of $XX ***arising out of any one claim or series of claims due to the one proximate cause*** provided that the liability of the Reinsurer shall not exceed $XX in all in respect of each such

---

9 *初學者可跳過此處。

Ultimate Net Loss.

## 三、責任保險超額賠款再保險

To pay US$4,500,000 Ultimate Net Loss each and every loss excess of US$3,000,000 ultimate net loss each and every loss, except as regards aggregate reinsurance features. With respect to policies written on a "Losses Discovered" or "Claim-Made" basis, this reinsurance to follow original as to date of loss.

In additional to occurrence protection hereunder, the reinsurance limit and retention also apply on aggregate loss basis each original policy year where original policies provide aggregate limits and in respect of occupational or other disease. This aggregate reinsurance shall apply to original policies written, renewed or having anniversary after 1 July 2014.

Policy year shall mean each original policy period of not exceeding 12 months as from inception, anniversary or renewal date. In the event of termination, liability hereunder shall cease at the next anniversary date of such policies following the date of termination of this reinsurance.

【解說】：

　　財產保險之超額賠款再保險，再保人之責任啓動基礎以「損失發生」爲原則，責任保險超額賠款再保險之情況較爲複雜。責任再保險之啓動基礎雖亦常見「損失發生」基礎，但是針對具有累積性質之原始保單或是原始保單採用「損失發現基礎」（Losses Discovered Basis）或是「索賠基礎」（Claim Made Basis），則有不同規定。例如條文中規定，如果原始保單設定累積限額，則每一原始保單年度採用之累計損失基礎亦適用於再保合約中之再保責任額度與自負額。原始保單採用「損失發現基礎」或是「索賠基礎」之保單，賠款之原始日期，再保合約亦應適用之。

　　上述之規定顯然複雜，由於再保險甚具實務性，有些再保合約承保之原始保單雖為「損失發現基礎」或是「索賠基礎」，但是再保險合約之責任採損失發生啟動基礎，此時再保合約條文規定，無論損失何時發生，只要提出索賠日期或損失發現日期落於再保合約期間內，仍受到再保合約之保障[10]。

## 四、停止損失再保險

　　停止損失再保險為累積式超額賠款再保險（Aggregate Excess of Loss Rdinsurance）之一種型態，已如本書前述。不過，停止損失再保險中，被再保人之自負額與再保人之責任限額，主要取決於損失率之計算基礎。有些採用毛淨保費收入（Gross Net Premium Income），有些採用毛淨滿期保費收入（Gross Net Earned Premium Income）。下列第一例為前者，第二例為後者。

### ㈠第一例

　　To pay the amount by which aggregate losses exceed 110% of gross net premium income but not exceeding 50% of gross net premium income or US$10,000,000, whichever is the lesser. Minimum deductible US$13,000,000.

【解說】：

　　本例取自真實再保摘要表，構成損失率之元素為毛淨保費收入與已發生損失，至於何謂已累積損失，自應有最終淨賠款相關條款規範。本例規定被再保人之自負額為損失率110%（即：毛淨保費收入×110%），並設定最低自負額為US$13,000,000，亦即，取兩者較大之一個為自負額；而再保人之責任限額為50%損失率（即：毛淨保費收入×50%），或是US$10,000,000，以較小者為原

---

[10] 原文稱 Losses occurring on original policies issued on a claims made or losses discovered basis，見Reinsurance for the Beginner by R. Phillip Bellerose revised by Christopher C. Paine, 5<sup>th</sup> edition, 2003, pp.261-262.

則。該種規定完全是再保人控制風險之一種機制，避免被再保人完全不重視核保而使損失率過於浮濫。

## (二) 第二例

Insuring Clause.[11]

If the total of the Company's ultimate net loss, In respect of all losses occurring during the term of this agreement, exceeds a deductible equal to XXX% of its gross net earned premium income (as finally determined) or XXX whichever amount is the greater, then Reinsurers agree to reimburse the Company for 90% of that part of its aggregare ultimate net loss which exceeds the said deductible up to but not exceeding 90% of a further XXX% of its gross net earned income or 90% of whichever XXX the lesser.

The balance of 10% of the excess ultimate net loss together with the first XXX shall be retained net by the Company **and not reinsured in any way**. However, it is understood and agreed that the Company have an underlying reinsurance for 90% of XXX excess of XXXX in the aggregate, recoveries under which shall be disregarded in computing the ultimate net loss hereunder.

If the Company's final gross net earned premium income is not known at the time any claim is made under this agreement, an estimate of the Company's gross net earned premium income for the full term of this agreement shall be used in determining the deductible hereunder, subject to adjustmenr when the gross net earned premium income is determined.

---

[11] 本參考條文取自Robert Kiln and Stephen Kiln, Reinsurance in Practice, Witherby, 2001, p.304。

【解說】：

本例採毛淨滿期保費，同樣的道理，最終淨賠款如何決定仍為重點。本例的再保人之責任限額與被再保人自負額之規範方式與上例相同，差異之處為再保責任設定再保人承擔90%而被再保人另行承擔10%之賠款責任，而且**嚴格規定不得再以任何形式的再保險再度為再保行為**，算是一種嚴格的共同再保規定。合約最終損失率不可能在短期間算定，所以合約內文規定，先以預估之毛淨滿期保費為計算損失率與被再保人自留額之基礎，嗣後再依確定之數字為調整損失率的基礎。

## 第四節　重要項目解說㈢——　　一個危險之定義與損失事故之定義

前述責任額與自負條款中，提及最終淨賠款以及一次事故等用語，最終淨賠款之大小影響超額賠款再保險合約之再保人是否需要攤賠，一次事故或一個危險之定義，用於規範賠款之原因與範圍大小，因此必須有相對應條款明確定義。茲就該等條款分別說明，本節先行說明一個危險之定義條款與損失事故之定義條款。

### 一、一個危險之定義條款（Definition of One Risk Clause）

先行將條款列示如下。

Reassured shall be the sole judge of what constitute one risk but shall act in accordance with its normal underwriting practices as recored in its underwriting records.

【解說】：

本條款通常用於以每一危險為基礎之超額賠款再保險，一個危險之定義

可謂已標準化，條文內容簡要而富彈性。該條款通常係規定，一個危險如何構成，由被再保人自行判斷。雖言如此，仍需遵循被再保人通常之核保實務。事實上，各原始保險市場對於何謂一個危險，有不同之定義。一個危險涉及相同危險（Same Risk）（或稱通連危險）問題，以我國火災保險市場為例，通連危險尚有直接通連危險與間接通連危險之分[12]。

## 二、損失事故之定義條款（Definition of Occurrence Clause）

損失事故之定義條款，原則上適用以每一事故為基礎之超額賠款再保險（尤其是CXL），惟前述以每一危險為基礎之超額賠款再保險如於再保條件中設定事故限額（Occurrence Limit），亦應適用。財產保險超額賠款再保險之損失事故定義條款，有時稱為時間條款或小時條款（Hours Clause），係因以一定小時數（Hours）界定何謂「一次事故」。不同危險事故（Perils）之「一次事故」適用之小時數不盡相同，此點將於後分析說明。責任保險超額賠款再保險之損失事故之定義條款（Definition of Occurrence Clause），較財產保險超額賠款再保險之規定分歧複雜，理由在於責任保險之不同險種，如何認定一次事故並無一致性。因此，不同再保合約就有不同規定，就再保交易立場而論，也並非不好，保留相當之彈性反有益交易之遂行。因之，類似「每一意外事故」條款（Each and Every Accident Clause）、系列索賠條款（Claims Series Clause）均在規範何謂「一次事故」之條款，惟如何解釋則莫衷一是。茲就財產險與責任險更進一步分述如下。

---

[12] 直接通連危險（接連建築物）：凡兩幢或兩幢以上之建築物，或一幢建築物內各部，其間隔牆無防火牆隔絕者，或一幢建築物內樓層，無合格之防火門窗及鋼骨（筋）水泥造無孔洞之樓板。但兩幢建築物間用天橋、樓梯通連而該天橋或樓梯係用鋼骨（筋）水泥造或金屬造，則不受本條約束；工廠內工作需要而有扶梯及昇降機用之空穴，經裝有合格之拒火門窗以資防範者，亦不受本條之約束，為直接通連危險。間接通連危險（毗鄰建築物）：凡兩幢或兩幢以上之建築物，其各相對外牆非防火牆，中間空地之距離，不合於所規定之距離者，為間接通連危險。

## (一) 財產保險超額賠款再保險之損失事故定義條款

財產保險超額賠款再保險之損失事故定義條款，基本上亦無標準條款，雖然不同再保市場所規範或有不同，條款名稱亦有不同，例如有稱小時條款，但是在內容上大同小異。目前最大的差異為地震相關之危險事故，有些採168小時為一次事故，有些再保市場仍採72小時。茲先行列示兩個條款如下，再行統整分析。

### 1. 第一例

The term "Loss Occurrence" shall mean ***all individual losses arising out of and directly occasioned by one catastrophe.*** However, the duration and extent of any "Loss Occurrence" so defined shall be limited to:

(A) ***72 consecutive hours*** as regards a hurricane, typhoon, windstorm, rainstorm, hailstorm and / or tornado

(B) ***168 consecutive hours*** as regards earthquake, seaquake, tidal wave and / or volcanic eruption

(C) 72 consecutive hours and within the limits of any one island or city as regards ***riots, civil commotions and malicious damage***

(D) 72 consecutive hours as regards any "Loss Occurrence" which does not include  individual loss or losses from any of the perils mentioned in A and C above

(E) ***168 consecutive hours*** for any "Loss Occurrence" of whatsoever nature ***which does not include individual loss or losses from any of the perils mentioned in B and C above***

and no individual loss from whatever insured peril which occurs outside these periods or areas, shall be included in that "Loss Occurrence".

The Reinsured may choose the date and time when any such period of consecutive hours commences and if any catastrophe is of greater duration than the above periods, the Reinsured may divide that catastrophe into two or more "Loss Occurrences", provided no two periods overlap and provided no period commences earlier than the date and time of the happening of the first recorded individual loss to the Reinsured in that catastrophe.

## 2. 第二例

### Hours Clause[13]（部分內容）

For the purposes of this Agreement a loss occurrence shall consist of all individual losses which are the direct and immediate result of the sudden violent physical operation of one and the same manifestation of an original insured peril and occur during a loss period of 72 consecutive hours as regards any:

(a) hurricane, typhoon, windstorm, rainstorm, hailstorm or tornado

(b) earthquake, seaquake, tidal wave or volcanic eruption

(c) fire

(d) riot or civil commotion which occurs within the limits of one City, Town or Village, or

(e) 168 consecutive hours as regards all other original insured perils

**The reinsured may choose the date and time** when the appropriate loss period commences provided that no such period shall commence earlier than the time of the first recorded individual insured loss to which this agreement applied resulting from the operation and manifestation of an original insured peril as aforesaid and if the operation of such a peril shall last longer than the appropriate loss period then the reinsured may apply

---

[13] Joint Excess Loss Committee, Property Catastrophe Excess of Loss Treaty Wording. Article VI—Period of Application (NP61).

further appropriate loss periods in respect of the continued operation of that peril provided none of those additional periods shall overlap.

【解說】：

(1)損失事故定義條款（小時條款）之作用

如同前述，損失事故之定義條款通常用於巨災超額賠款再保險，主要是在危險事故發生後，劃定波及時間，以便確認再保險合約是否受到波及，並界定再保險人賠償額度大小。由於劃定之時間通常以連續小時計算，故又稱小時條款（Hours Clause）。

(2)損失事故定義條款之主要內容

損失事故定義條文非常清楚定義「損失事故」是「直接源於偶發之一個巨災之所有個別性之損失」，其要素在於：(1)直接性，(2)偶發性，(3)巨災性。但是任何一次巨災損失事故，於再保險中必需劃定其持續期間（Duration）以及其範圍（Extent），因此，條款中即會設定不同巨災之持續期間，以便分割事件的次數。在所列條文中，大類是根據天然巨災與人為巨災分別規定。天然巨災中，例如，颶風、颱風、風暴、暴雨、冰雹、龍捲風適用72連續小時，而地震、海嘯、火山爆發等則適用168連續小時（須注意有些再保市場仍採用72小時）。在人為巨災部分，暴動、民眾騷擾與惡意損害則適用168連續小時，但其地理區域設定在一個島或一個城市之中。

值得注意之處為被再保人對於連續小時計算起點之選擇權，因為巨災持續的時間可能很長，例如冬季凍寒（Winter Freeze）可能超過72小時，而地震之主震加上餘震也可能超過168小時，再保合約條款規定必須將實際發生之持續期間切割，分成數個「名義」巨災事件，每個事件均須扣除被再保人自負額，故賦予被再保人之權利，就其認為有利之點切割。當然，切割後之幾個「名義」巨災事件，期間是不可重疊的，且第一個「名義」巨災事件之起算點不得早於第一個原保被保人向被再保人報案之日期。此規定請見以下個案說明[14]，較易瞭解。

---

[14] 參酌Keith Riley, Reinsurance: The Nuts and Bolts, pp.106-109；169-171。

## 3. 個案

### (1)假設情境

甲保險公司爲因應巨災風險，就其財產保險業務於2014年與2015年分別安排超額賠款再保險計畫，計畫中包括(A)XOL-Per Risk與(B)CXL，詳細架構如下。

(A)XOL-Per Risk

| 年度 | 再保責任限額與被再保人自負額 | 最低與預繳再保費 | 復效次數與條件* |
|------|------------------------------|------------------|------------------|
| 2014 | $750,000 XS $250,000 each and every loss, each and every risk. | $100,000 | 2 at 100% additional premium. |
| 2015 | $750,000 XS $250,000 each and every loss, each and every risk. | $120,000 | 2 at 100% additional premium. |

* 2 at 100% additional premium.的意思是被再保人所耗用之原始再保責任額可以恢復，但最高以兩個再保責任額度爲限，復效時仍須支付再保費，稱爲復效保費。此處之復效保費較爲嚴苛，復效期間以100%計算。關於復效，請詳復效專節討論。

(B) CXL

| 年度 | 再保層 | 再保責任限額與被再保人自負額 | 最低與預繳再保費 | 復效次數與條件 |
|------|--------|------------------------------|------------------|----------------|
| 2014 | 1 | $650,000 XS $350,000 any one loss occurrence | $40,000 | 1 at 100% additional premium. |
| 2014 | 2 | $1,000,000 XS $1,000,000 any one loss occurrence | $50,000 | 1 at 100% additional premium. |
| 2015 | 1 | $650,000 XS $350,000 any one loss occurrence | $45,000 | 1 at 100% |
| 2015 | 2 | $1,000,000 XS $1,000,000 any one loss occurrence | $55,000 | 1 at 100% additional premium. |

所有的再保期間均爲曆年，並均附有Extended Expiration Clause[15]，假設再保合約中規定冬季凍寒（Winter Freeze）適用168小時劃分事件規定，2014年12月28日起發生大暴風雪，持續至2015年1月12日，已知每日損失情況如下，所有

---

[15] which states that should the covers expire whilst a covered loss event is in progress, the entire loss event is recoverable, provided that no portion of the claim from that event is claimed against next year's cover.

損失均已扣除比例再保險應攤部分。

| 損失發生日<br>（DOL） | 淨自留損失 | 損失發生日<br>（DOL） | 淨自留損失 | 損失發生日<br>（DOL） | 淨自留損失 |
|---|---|---|---|---|---|
| 28/12/2014 | 20,000 | 02/01/2015 | 210,000 | 07/01/2015 | 100,000 |
| 29/12/2014 | 50,000 | 02/01/2015 | 400,000 | 08/01/2015 | 70,000 |
| 30/12/2014 | 70,000 | 03/01/2015 | 80,000 | 09/01/2015 | 70,000 |
| 31/12/2014 | 100,000 | 04/01/2015 | 300,000 | 10/01/2015 | 400,000 |
| 01/01/2015 | 0 | 04/01/2015 | 200,000 | 11/01/2015 | 120,000 |
| 02/01/2015 | 210,000 | 06/01/2015 | 50,000 | 12/01/2015 | 50,000 |

就上述情境而論，茲欲探討者有下列兩個問題：

(1) 被再保人可由XOL-Per Risk攤回之再保賠款及應支付之復效保費為何？

(2) 就CXL再保計畫而論，被再保人如何選擇第一次事故之起始日最為有利？再保人應如何攤賠？

(2) 案例討論

本案例情境涉及超額賠款再保險中四個重要條款，其一為時間條款（Hours Clause），其二為最終淨賠款條款（Ultimate Net Loss Clause），其三為復效條款（Reinstatement Clause），其四為延展到期條款（Extended Expiration Clause）。

首先就被再保人可由XOL-Per Risk攤回之再保賠款及應支付之復效保費，說明如下表。請注意，該18件個別損失之規模，僅有3個案件影響到2015年合約。

| 再保層 | 影響案件 | 再保人攤賠額度 | 計算復效保費 |
|---|---|---|---|
| $750,000<br>XS<br>$250,000 | (1)400,000 | 150,000 | （150,000/750,000）×120,000 |
| | (2)300,000 | 50,000 | （50,000/750,000）×120,000 |
| | (3)400,000 | 150,000 | （150,000/750,000）×120,000 |

次就巨災超額賠款再保險觀察，必須先行確認影響到CXL之最終淨賠款之詳細涉及的賠案，詳如下表。

| 損失發生日<br>（DOL） | 最終淨賠款 | 損失發生日<br>（DOL） | 最終淨賠款 | 損失發生日<br>（DOL） | 最終淨賠款 |
|---|---|---|---|---|---|
| 28/12/2014 | 20,000 | 03/01/2015 | 80,000 | 09/01/2015 | 70,000 |
| 29/12/2014 | 50,000 | 04/01/2015 | 250,000[*2] | 10/01/2015 | 250,000[*3] |
| 30/12/2014 | 70,000 | 04/01/2015 | 200,000 | 11/01/2015 | 120,000 |
| 31/12/2014 | 100,000 | 05/01/2015 | 0 | 12/01/2015 | 50,000 |
| 01/01/2015 | 0 | 06/01/2015 | 50,000 | 以下空白 | |
| 02/01/2015 | 210,000 | 07/01/2015 | 100,000 | | |
| 02/01/2015 | 250,000[*1] | 08/01/2015 | 70,000 | | |

[*1]扣除XOL-Per Risk已攤之賠款，[*2]扣除XOL-Per Risk已攤之賠款，[*3]扣除XOL-Per Risk已攤之賠款。

由於風暴時間長達16天，就適用168小時而言，被再保人可有兩種選擇，區分為二次名義事故與三次名義事故，茲比較如下表。由被再保人之利益考慮，由表中可知，應以二次名義事故較為有利。

| 名義事故 | | 最終淨賠款 | 再保攤賠 | | 復效保費 | |
|---|---|---|---|---|---|---|
| | | | 第一層 | 第二層 | 第一層 | 第二層 |
| 二次名義事故 | 第一次<br>2014.12.29<br>~2015.01.04 | 1,210,000 | 650,000 | 210,000 | （650,000/650,000）<br>×40,000<br>=40,000 | （210,000/1,000,000）<br>×50,000 = 10,500 |
| | 第二次<br>2015.01.06<br>~2015.01.12 | 710,000 | 360,000 | Nil | （360,000/650,000）<br>×45,000<br>=24,369<br>【適用2015年合約條件】 | Nil |
| 三次名義事故 | 第一次<br>2014.12.28<br>~2015.01.03 | 780,000 | 430,000 | Nil | （430,000/650,000）<br>×40,000<br>=26,462 | Nil |
| | 第二次<br>2015.01.04<br>~2015.01.10 | 990,000 | 640,000 | Nil | （640,000/650,000）<br>×45,000<br>=44,307<br>【適用2015年合約條件】 | Nil |
| | 第三次<br>2015.01.11<br>~2015.01.12 | 170,000 | Nil | Nil | Nil | Nil |

## (二) 責任保險超額賠款再保險之損失事故之定義條款

前已提及責任保險超額賠款再保險之損失事故之定義條款,並無專一性。基本上為避免實際解釋之困難,通常以包山包海方式將一串相關性質之用語臚列,以下擬就若干再保文獻所列舉者,稍加探討分析[16]。

### 1. 第一例

For the purpose of this agreement the term "each and every accident" shall be understood to mean each and every accident and/or occurrence and/or series of accidents and / or occurrences arising out of one event.[17]

【解說】:

上開條文稱,所謂每一意外事故是一總稱,係指每一個意外、及／或事故、及／或一系列之意外、及／或源於一個事件之眾多事故。

### 2.第二例

The term "each and every loss" shall be understood to mean all individual accidents or occurrences arising out of and directly occasioned by one event.[18]

【解說】:

上開條文稱,所謂每一損失,係指源於一次事件直接所致之所有個別的意外事故或眾多事故。

---

[16] 以下所舉有些適用於Motor and General Liabnility Excess of Loss Agreement之中,有些適用於產品責任保險之超額賠款再保險中。

[17] Robert Kiln, Reinsurance in Practice, Witherby & Co., Ltd., 2002, p.269.

[18] Keith Riley, Reinsurance: The Nuts and Bolts, 2002, p.190.

### 3.第三例：Claims Series Clause[19]

下例所舉用於產品責任保險或專業責任保險之再保險，由於原條文內容頗為複雜，本書正文僅列示索賠系列事件之定義。

### Definitions

For the purpose of this clause, a Claims Series Event shall be defined as a series of claims arising from **one specific common cause** which is attributable to one design and/or specification and/or formula in products and/or services supplied by one and only one original insured.

【解說】：

所謂「索賠系列事件」，係指源於一個特定共同原因之一系列的索賠，而該特定共同原因又誘因於產品之設計及／或規格或配方，或是誘因於單一被保險人所提供之服務。

---

[19] 該條文全文為：(1) **Definitions:** For the purpose of this clause, a Claims Series Event shall be defined as a series of claims arising from **one specific common cause** which is attributable to one design and/or specification and/or formula in products and/or services supplied by one and only one original insured. (2) **Basis for Recovery hereunder**: Notwithstanding anything to the contrary contained in this Agreement, and subject always to the special loss reporting provisions contained in this Agreement, it is understood and agreed that with regard to policies of Public and/or Products Liability that where legal liability of one original insured is established in respect of a Claims Series Event defined as above, then for the purposes of recovery hereunder such a Claims Series Event shall be deemed to be one event the date of losss for which shall be determined strictly on the basis as set out below. (3) **Date of Loss:** (i)To apply exclusively in respect of policies and/or sections thereof issued on a claim-made basis: For the purposes of the foregoing, the date of loss of such a Claims Series Event shall be the date that the original insured is first advised in writing of the first claim of the Claims Series Event which contributes to the Ultimate Net Loss applicable hereto. In such circumstances the Reinsured shall include each and every claim which could be taken into consideration for the purposes of established the date of loss. (ii)To apply (a) in respect of policies and/or sections thereof issued on a losses occurring during basis; and (b) in respect of a combination of policies and/or sections thereof issued on a claim-made basis and on a losses occurring during basis; For the purposes of the foregoing, the date of loss of such a Claims Series Event shall be the date that the Reinsured first notifies the Reinsurers hereon in writing of the possibility of a Claims Series Event affecting Reinsurers. 詳Reinsurance for the Beginner by R. Phillip Bellerose revised by Christopher C. Paine, 5th edition, 2003, p.268.

## 第五節　重要項目解說㈣——最終淨賠款與淨自留

最終淨賠款（Ultimate Net Loss，簡稱UNL）與淨自留爲決定非比例再保險之再保人是否攤賠與應攤範圍之概念，也是規範被再保人於再保合約中受到保障之範圍大小，故相對上即有最終淨賠款條款（Ultimate Net Loss Clause）與淨自留條款（Net Retain Line Clause）規範其內容，茲分述如下。

### 一、最終淨賠款條款

#### ㈠ 概述

最終淨賠款條款爲決定一個超額賠款再保險計畫是否需負再保攤賠責任的重要因子，其內容如下。

> The term "Ultimate Net Loss"shall mean the sum actually paid by the Reinsured in settlement of the individual insured losses constituting any single loss occurrence *including necessary litigation and other reasonable expenses* incurred by the Reinsured in connection with the adjustment thereof *excluding office expenses and salaries* of the Reinsured and after deduction of all salvages and recoveries including recoveries from all other reisurers inuring for the benefit hereof whether collected or not.
>
> All salvages, recoveries or payments recovered or received subsequent to any loss settlement hereunder shall be applied as if recovered or received prior to the aforesaid settlement and all necessary adjustments shall be made by the parties hereto. Nothing in this clause shall be construed to mean that a recovery cannot be made hereunder until the Reinsured's ultimate net loss has been ascertained.

由上條文可知，最終淨賠款由三個元素組成，分別是「最終」（Ultimate）、「淨」（Net）、「賠款」（Loss），茲分別說明如下。

## (二)「最終」、「淨」、「賠款」之意義

### 1.「最終」

指被再保人之理賠工作已達最後階段，在一次事件中所有涉及之賠案均已理結，被再保人應理賠款項及應支付之費用，業經理付或經完全確定。另外，賠案常有代位求償之問題，向負有責任之第三人追償，在保險經營中為一重要任務，追回之款項亦需同時扣除，殘餘物變賣亦為賠款減少項目之一。又如，海上保險中處理推定全損（Constructive Total Loss）相關之物上代位，亦為可能降低賠款的情況之一。總之，行使代位求償權進行追償或殘餘物變賣之後，或是法院判決額度劇減，均可降低最終淨賠款。

### 2.「淨」

「淨」是指被再保人之理賠工作已完全理結，達最後之「純淨賠款」。再者，前置再保可攤賠部分須扣除。而同一超額賠款再保險計畫，自低層合約攤回之賠款，無須再併入最終淨賠款內，否則即產生重複計算之情況，對被再保人蒙生不利。

### 3.「賠款」

賠款除應理賠款項外，主要問題在於理賠費用、追償費用、訴訟費用等的歸屬分配，應於條款中規範清楚。就理賠費用言之，可歸入超額賠款再保險中者，一般稱為可估理理賠費用（Allocated Loss Adjustment Expense，簡稱ALAE），該費用係指被再保人使用第三人處理理賠事宜之費用。將可估理理賠費用加入超額賠款再保險中，係因某些險種（通常是責任險，例如專業責任保險）之理賠費用甚巨，例如調查費用。理賠費用如何分配於被再保人之淨自留與再保限額之間，通常有兩種方法。

第一種是將可估理費用加入賠款中，第二種是以賠款為基礎比例分配費用。如採前者，可估理理賠費用自當加入淨自留賠款中，惟兩者相加之額度不

得超過再保限額，此種情況下，可能使再保人於賠款仍然小於被再保人淨自留之情況下，即須支付再保賠款。第二種採比例分配，為較公平之方法，如下例所示。

**理賠費用分配表**

| 淨自留賠款$400,000 | 應分攤賠款之比率 | 應分攤之理賠費用比率 |
|---|---|---|
| 被再保人自留額$100,000 | 25% | 25% |
| 再保人責任限額$400,000 | 75% | 75% |
| 此種情況下，理賠費用通常不受限於再保限額，本法主要適用於產生巨大理賠費用之險種，即費用可能大於淨自留額度。如果損失未超過淨自留，再保人即不對理賠費用負賠償責任。 | | |

再者，於責任保險之超額賠款再保中，額外契約責任（Extra-Contractual Obligations，簡稱ECO）或保單限額超額損失（Losses in Excess of Policy Limits，簡稱XPL），雖使被再保人之賠款增加，原則上不應該由超額賠款再保人承擔；惟如再保合約將該等費用包括在內，則應確認其攤入比率，再保費應相對考慮增加，始稱公平。ECO賠案或XPL賠案，通常來自於保險人（於再保險中稱為分保公司或被再保人）處理其被保險人之理賠時的「失信」（Bad Faith）行為，被保險人可能對其保險人提起訴訟，如經法院判決，可能需負損害賠償責任（甚至可能包括巨額之懲罰性損害賠償）[20]，此種損害賠償責任再保人是否應分攤，須於再保合約條款中規定清楚。

## (三) 攤賠作業案例：以CXL為例

| 項目 | 科目 | 金額 |
|---|---|---|
| 1 | 原始已付賠款（Gross Losses Paid） | $2,482,095.24 |
| 2 | 原始已付理賠費用（Gross Adjustment Expense Paid） | + 13,584.63 |
| 3 | 原始已付賠款與費用（Total Paid Loss and Expense） | 2,495,679.92 |
| 4 | 前置再保險已攤付賠款（Recoveries from other Reinsurance） | − 578,612.63 |

---

[20] 參酌Robert Carter, Leslie Lucas & Nigel Ralph, Carter on Reinsurance, Volume I, 5th edition, 2013, p.335。

| 項目 | 科目 | 金額 |
|------|------|------|
| 5 | 巨災超額賠款再保險之淨賠款（Balance after recoveries） | 1,917,067.29 |
| 6 | 巨災超額賠款再保險之起賠點（Coverage Attachment Point） | −1,250,000.00 |
| 7 | 被再保人參與5%之共同再保分攤<br>Reassured's Co-Participation（5%） | − 33,353.35 |
| 8 | 再保人應分攤之賠款與費用（Excess Loss and Expense to Reinsurers） | $633,713.94 |
| 9 | 該巨災案件以往已攤賠款（Prior Recovery） | − 615,981.13 |
| 10 | 本次應攤金額<br>Amount Due Reassured | $17,732.81 |
| 11 | 未決賠款（Remaining Loss Outstanding） | $239,570.70 |

【解說】：

　　上表中係假設有一巨災超額賠款再保險合約，$1,250,000 XS $1,250,000，發生一個風暴巨災，被再保人對其被保險人已付之原始保險賠款與理賠費用為$2,495,679.92，CXL之前置再保險（可能包括比例再保險與以每一危險為基礎之超額賠款再保險），業已攤付$578,612.63，所以$1,917,067.29可視為會影響該CXL之「進行中」的最終淨賠款。最終淨賠款扣除CXL中被再保人之自負額後，即為再保人應承負之再保責任，但通常有一最大限額。受到「再保險共保化」之潮流影響，大部分的CXL都會設定共同再保百分比，一般是5%（有時為10%）。以上表為例，截至當次攤賠所累積之賠款，CXL再保人原來應承擔之賠款為$667,067.29，再保人僅承擔其中的95%，為$633,713.94，被再保人承擔5%，即$33,353.35。必須注意，一個巨災發生後，原始被保險人必然是陸陸續續報案，被再保人處理索賠之期間通常較長，故向巨災超額賠款再保險之再保人攤賠之過程非止一次。表中所示，本次攤賠之前，再保人業已攤賠$615,981.13，故當次再保人應攤賠之金額為$17,732.81。由於涉及之個別賠案甚多，處理持續時間冗長，故表中顯示尚有未決賠款$239,570.70。

## 二、淨自留條款（Net Retain Line Clause）

　　一般言之，超額賠款再保險係在保障被再保人淨自留部分，再保險費是以

獨立之再保費率，配合計算基礎共同決定，計算基礎即是淨自留保費，亦即被再保人淨自留業務相對產生之保險費。原則上，淨自留保費愈多，保障合約承擔之風險愈大，因此，淨自留之定義甚為重要。

然而，淨自留條款與最終淨賠款有何差異[21]？前者在於解釋再保人之「再保賠款」，無論是否已經收到，應扣除(1)所有其他再保險後之淨賠款，以及(2)殘餘物值以及其他追償後之淨賠款。後者主要之功能在於定義合約內所謂的「賠款」為何，而最終淨賠款亦在規範被再保人可攤回之賠款的項目與限制。

其實，廣義的最終淨賠款條款已將淨自留條款之意義包括在內，不過，實務上仍有兩個條款併列之情況。淨自留條款樣本如下：

Net Retain Line Clause

This agreement shall protect **only that portion of** any insurance or reinsurance which the Reinsured, acting in accordance with its established practices at the time of the commencement of this Agreement, *retains net for its own account.*

上段內容特別強調再保險合約所保障之範圍，僅限被再保人淨自留之業務。

The Reinsurer's liability hereunder shall not be increased due to any error or omission which results in the Reinsured's net retention being larger than it would normally have been nor by the Reinsured's failure to reinsure and maintain reinsurance in accordance with it established practice as aforesaid, nor by the inability of the Reinsured to collect from any other Reinsurers any amounts which may have become due from them for any reason whatsoever.

上段內容規定，被再保人之前置再保（及其他再保）認受不足，致其應額外承擔部分並非後端再保險之再保人責任範圍。被再保人無法由

---

[21] 以下參酌Reinsurance Contract Wording edited by Robert W. Strain, 1996, pp.213-214。

其他再保人攤回之再保賠款，亦不可計入淨自留賠款中，以維持再保人原設定之責任。

被再保人操作錯誤增加之淨自留責任，再保人不負責因此增加之賠款。

如為一種共同再保險之保障合約（Common Account XOL），由於係在保障比例再保險之當事人，則不應將比例再保險攤付之賠款扣除。例如，共同再保險之保障合約為US$1,000,000 XS US$ 500,000，如係保障50%的比率再保險（50% Quota Share），如發生巨災，則在計算該共同再保險之保障合約最終淨賠款時，當然不可將比例再保險已攤付之賠款扣除。

## 第六節　重要項目解說㈤——復效

### 一、意義與作用

非比例再保險中之復效（Reinstatement），指回復再保人之責任限額。非比例再保險之保障期間通常為一年，當賠款發生，超過起賠點，根據再保合約再保人攤付賠款，如為大案件可能一次即完全攤光，有時僅是部分攤賠，此時於剩餘之再保期間內，如再發生較大事故，被再保人不是沒有保障，就是保障變小，因此，乃有復效之規定，以使被再保人得以有充分之保障，且因係自動復效，無須重新洽談再保條件，既可保障一定之再保能量，又可避免巨災發生後，再保險費率急劇上漲之窘境。

## 二、復效次數與條件

### (一) 復效次數

從被再保人的角度來看,復效次數限制其在合約期間內的總保障額度[22]。復效次數多寡,視被再保人之需求、再保價格以及超額賠款再保險之型態而定。以每一危險為基礎之普通超額款再保險,如係取代比例再保險,可能採免加繳保費無限次復效之條件。正常情況下,用以保障比例再保險中被再保人自留之百分比(比率合約再保險之情況,簡稱為XL on Quota Share)或自留之一線(溢額再保險之情況),則被再保人通常會根據歷史經驗並參酌未來業務發展,選擇復效次數。此種情況大部分在保障較大之業務產生之巨大的自留損失,前述所舉之普通超額賠款再保險(WXL)復效四次,即是此種情況。至於巨災超額賠款再保險一般以一次復效為原則,保障之區域如有較高之危險暴露,被再保人可能選擇二次復效。復效之次數確定後,再保合約之潛在再保責任額度即可確定,即:

潛在再保責任額度 = 每一事件之最高保障限額 × (1 + 復效次數)

例如下例。

假設再保合約架構如下:

12 months as from 1/1/2014

US$30M XS US$25M

2 reinstatements each @ 100% additional premium

【M為百萬之意】

則再保人於再保合約中之潛在最高累積責任額度為30M×(1 + 2) = 90M

---

[22] 再保文獻中所稱鉛直危險因子(Vertical Factor)即是指此。不過,鉛直危險因子(Vertical Factor)是從再保險人核保角度所為之觀察。

## ㈡ 復效條件

### 1. 考慮因素

復效條件主要是指復效保費如何計算之問題，需要考慮之因素有四，分別是：時間因素（指剩餘之保障期間，亦即時間因子Time Factor）、賠款額度（再保人每次攤賠之額度，亦即賠款額度因子Amount Factor）、最高可復效額度（例如上例爲二次復效，最高額度爲US$60M），以及眞實與最終的再保費。但是眞實與最終的再保費於合約期間內不可能立即確定，因此，發生事故時，暫時先以最低與預繳保費（簡稱M&D）計算暫時性之復效保費，之後再行調整。

### 2. 復效公式

一般復效保費之計算公式有兩種，第一種是標準型（見公式一），第二種是修正型（見公式二）。兩者不同之處在於時間因素之規定是否依曆年比例計算，採用修正型之原因詳後述。茲先臚列如下。

（Loss paid/Limit）　×　（Period remaining/365）　×　（M&D）……（公式一）
【（賠款／再保責任額度）×（剩餘保障期間／365）×最低與預繳保費】


（Loss paid/Limit）　×　X% ×　（M&D）……（公式二）
【（賠款／再保責任額度）×X%×最低與預繳保費】

公式一係標準公式，賠款占再保責任額度之百分比，極其自然，重要者在於以剩餘保障期間爲計費期間，是最爲公平之公式。於此須特別注意，剩餘保障期間須由事件發生日當天開始計算。公式二之時間因子X%，採特定百分比，理論上可以是任何百分比，但是實務上以100%、75%或是50%爲常見。時間因子以100%計算（即100% Time Factor），對於被再保人自是不利，雖然是以巨災再保承保能量吃緊爲其主要設定原因，但有時是合約本身之業績欠佳，爲維持合約之必要讓步，有時是被再保人之再保管道不暢通，有時是被再保人

談判力量薄弱所致。至於採用75%或是50%，對於再保人而言，應該是經過觀察事故之型態與發生季節之考量，否則就損失事故於一年中哪一天發生屬於隨機之觀點，不見得是完全有利，例如損失於1月初即發生，即不見得有利。

復效保費在實際上如何計算，茲就前例延伸，假設該合約之最低與預繳保費爲US$1.25M，2014年6月5日發生風暴，假設影響該合約之最終淨賠款爲45M，依照復效條件，被再保人應行支付的復效保費如下所示：

$$（US\$20M/US\$30M）\times 100\% \times US\$1.25M$$

## 三、復效之應用

假設某保險公司購買一巨災超額賠款再保險，已知其結構爲5M XS 2M（M是百萬之意），期間爲2014/1/1至2014/12/31，設有兩次復效，已知其M&D爲$1,000,000，如第一次復效條件爲：reinstatement at pro rata additional premium as to time and as to amount（即考慮再保人攤賠額度與剩餘保障期間），第二次復效條件爲：reinstatement at pro rata additional premium as to amount and 50% as to time（即考慮再保人攤賠額度與半年固定期間）。已知該年發生下列符合合約所定義之巨災損失案件如下表。

| 案件種類 | 日期 | 損失金額（UNL）：US$ |
|---|---|---|
| 重大爆炸事件（Explosion） | Jan 3 | 4,000,000 |
| 風暴事件（Storm） | Jan11 | 2,000,000 |
| | Jan12 | 3,500,000 |
| | Jan13 | 1,500,000 |
| | Jan14 | 1,500,000 |
| | Jan15 | 700,000 |
| | Jan16 | 600,000 |
| 罷工事件（Strikes） | Sep23 | 8,000,000 |
| 大火災事件（Fire） | Dec26 | 4,800,000 |

　　如被再保人與再保人之間應自留與應分攤之賠款，以及復效保費支付情況如下表所示。

| 事件 | 被再保人於合約中自負額 | 再保人應攤 | 復效保費（適用第一次條件） | 復效保費（適用第二次條件） | 保障餘額 |
|------|------|------|------|------|------|
| Jan 3 | 2M | 2M | （2M/5M）×（363/365）×1M | | 13M |
| Jan 11-13 | 2M | 5M | （3M/5M）×（355/365）×1M | （2M/5M）×50%×1M | 8M |
| Jan 14-16 | 2M | 0.8M | | （0.8/5M）×50%×1M | 7.2M |
| Sep 23 | 2M | 5M | | （2.2M/5M）×50%×1M | 2.2M |
| Dec 26 | 2M | 2.2M | | | 0 |

　　上述攤賠與復效保費之計算過程中，有幾點必須注意：

　　1.風暴是以72小時界定一次事故，所以連續6天風暴分割為兩次事件。

　　2.可以復效之總額度為10M，所以合約一開始，再保人潛在最高責任為$5M×(1 + 2) = 15M$。

　　3.第一次事故發生適用第一次復效條件，業已復效2M，第二次事件發生，應復效額度雖為5M，但是適用第一次條件之額度為3M，另外2M則適用第二次復效條件。

　　4.最後一次事故，最終淨賠款雖為4.8M，扣除2M自負額後為2.8M，但因總保障餘額僅剩2.2M，故再保人僅攤付2.2M。

## 四、合約條款中之復效條款

　　超額賠款再保險合約中之復效規定影響當事雙方至為巨大，瞭解其相應之條款不可或缺。但復效條款頗為複雜，茲臚列兩個樣本，並於原文中附註中文說明。

例一：

In the event of loss or losses occurring under this Agreement it is hereby mutually agreed to reinstate this Agreement to its full amount, as set out in the Schedule, from the time of the commencement of the occurrence of such loss or losses until expiry of this Agreement on payment of an additional premium calculated at Pro-Rata of the percentage stated in the Schedule of the Premium hereon.

本段指出合約期間內發生損失時，當事雙方同意保障額度回復至合約附表所載額度（即是指任何一次事故再保人承擔之最高限額），復效期間由損失發生日為起始日至合約到期日，該期間應付之額外保費依據附表中所載之保費為基礎比例計算。

The additional premium due shall be paid simultaneously by the Reinsured when any loss or losses (or part thereof) arising hereunder are settled, but nevertheless the Reinsurers shall never be liable for more than the amount specified in the Schedule in respect of any one Loss Occurrence nor for more than the amount specified in the Schedule in all.

再保人依合約規定理結任何賠款或賠款一部分時，被再保人同時支付額外保費，再保人對於任一損失事故之責任以合約附表中所載之額度為限，總責任額度亦以附表中所載者為限。

For the purpose of the foregoing:

The calculation(s) of the reinstatement premium shall be based on the full final premium payable hereunder in accordance with Article 9 (Premium Clause). In the event of there being a loss settlement prior to the final premium adjustment, then a provisional calculation shall be made based on the percentage specified in the Schedule of either the Deposit Premium or if a premium adjustment has been made then the calculation shall be made based on the latest adjusted premium figure as appropriate. Such provisional calculation shall then be adjusted subsequently as may be necessary.

復效保費依據保費條款所規定之足額最後應付之再保費為基礎計算，如在最終保費調整之前已有損失理結，則須暫時按合約附表中所載之

預繳保費依比率計算，如保費業已有所調整，則應依最近一次之保費調整數字計算。暫時計算之復效保費應於必要時相應調整。

For all purposes of this Agreement losses shall be considered in date order of their occurrence, but this shall not preclude the Reinsured from making provisional collections in respect of claims, which may ultimately not be recoverable hereon.

合約內保障之賠款應依損失發生日期依序處理，但對於有些賠案，可能於最終時無法受本合約保障，仍不能排除被再保人可暫時性攤回賠款之舉。

## 例二：

In the event of the whole or any portion of the indemnity given hereunder being exhausted the amount so exhausted shall be automatically reinstated from the time of commencement of the loss occurrence subject to payment of additional premium as set out in the schedule.

合約提供之保障額度全部或一部分消耗時，該被消耗之額度由事故發生日起自動復效，惟被再保人應依合約附表所記載之條件支付額外保費。

If the loss settlement is made prior to the adjustment of premium the reinstatement premium shall be calculated provisionally on the deposit premium subject to adjustment when the reinsurance premium hereon is finally established.

Nevertheless, the Reinsurer shall never be liable to pay more than the limit of indemnity as set out in the schedule in respect of any loss occurrence nor more than the amount set out in the schedule in all respects of the period of this agreement representing the number of reinstatement(s) of the limit of indemnity set out in the schedule.[23]

本段與例一中所述大同小異，請讀者自行參考。

## 第七節　重要項目解說(六)
## ——費率、最低與預繳保費、調整保費

### 一、非比例再保險之費率與再保費性質概論[24]

　　非比例再保險費率指被再保人於購買再保險契約時，對每一危險暴露單位所應支付之價格。而非比例再保險之再保費，是由再保險費率與合約之危險暴露單位量共同決定。而所謂一個危險暴露單位，通常是指每100元之毛淨保費收入（Gross Net Premium Income，簡稱GNPI）。茲將上述以公式表現如下。

XOL Premium = Exposure Units x Rate Per Unit of Exposure

如保費收入定義為GNPI，

則，XOL Premium = (GNPI/$100)×(Rate/$100 OF GNPI)

　　由上可知，再保費率與GNPI為計算非比例再保險的兩個主要因子。就GNPI而論，非僅是計算再保費之基礎而已，也是衡量受保障合約其危險暴露大小的主要因子之一。緣以非比例再保險暴露危險之大小與其所承保業務之保費量大小有密切關係，一般認為該保費量之大小程度為再保人衡量危險之重大指標，是以將該保費量作為超額賠款再保費之計算基礎。職是之故，大部分非比例再保險的合約，均有所謂的「保費收入條款」（Definittion of Premium Income Clause），用以界定再保合約期間所保障之業務其相對之保費量。

---

[23] Joint Excess Loss Committee, Property Catastrophe Excess of Loss Treaty Wording. Article X—Reinstatement Clause (NP102).

[24] 本段參酌：鄭鎮樑，超額賠款再保險核保之探討，第三章。

## (一) 保費收入定義條款

依據前述，GNPI仍爲一相對性名詞，端視保障合約所保障之業務範圍而定。舉例言之，假如一個普通超額賠款再保險，在於保障被再保人的火災保險溢額再保險之中自留的一線，則其GNPI即是該自留一線相對之保險費收入。假如是一個火災保險之巨災超額賠款再保險，合約中言明保障被再保人之淨自留賠款，則其GNPI即是被再保險人之火險保費收入扣除支付給其前置再保險之再保費。當然，所有保險費均須考慮被保險人因爲註銷保單而應退還之保險費，該等退費應予扣除。保費收入條款之內容亦無定式，下列爲其中一種。

> The term "premium income" shall mean the gross premium of the Reinsured in respect of the business described in Article I (Business Covered) reinsured hereunder written during the period of this Agreement, less only returned premiums and premiums paid for reinsurances entered into for the benefit of this Agreement.
>
> 說明：
>
> 保費收入指被再保人受到保障之業務於合約期間內之毛保費總額，但須扣除退保費暨支付於有益於本合約之各種再保險之再保費。
>
> 文中所謂有益於本合約之各種再保險之再保費，是指各種前置再保險。

下列亦爲保費收入定義條款之一種[25]，其內容與前列大同小異，不過，其文字敘述似較爲周延，讀者可逕行參考。

> "Gross Net Premium Income" shall mean gross original premiums (less only cancellations and returns, premiums for risks excluded frim the pro-

---

[25] 參酌Reinsurance for the Beginner by R. Phillip Bellerose revised by Christopher C. Paine, 5th edition, 2003. p271。

tection of this Agreement and premiums paid away for other reinsurance, if any, recoveries under which would insure to the benefit of reinsurers hereon) accruing to the Reinsured from all business falling under this Agreement.

## ㈡ 再保費種類與再保險費率概論

### 1. 概說

非比例再保險之再保費，可以是固定的再保費（Flat Monetary Premium），也可以是調整式的再保費（Adjustable Premium），實務上以後者為主要。調整式主要是有獨立費率作為再保險費之計算單位，而其費率型態可分為固定式費率（Fixed Rate）與變動式費率（Variable Rate）。前者用途普遍，可用於所有非比例再保險；後者原則上用於較低層的普通超額賠款再保險，或是用比取代比例再保險的普通超額賠款再保險。

變動式費率由於是採用實際損失經驗為之，屬於經驗式費率釐訂法（Experience Rating Method）之一種。實際上，大部分的超額賠款再保險莫不經由一個合約過去數年之損失經驗而來，變動式費率稱經驗式費率釐訂法，甚易誤解，事實上是結合合約過去損失經驗與合約未來一年之實際損失經驗共同運作，其操作過程詳如後述。依上所述，再保險費計算可能是下列其中一種：

(1)固定再保險費率×毛淨保費收入（Fixed Rate × GNPI）

(2)變動再保險費率×毛淨保費收入（Variable Rate × GNPI）

### 2. 再保險費率釐訂方法

再保險費率之釐訂方法有些基於合約過去之歷史損失經驗而來，有些並無歷史損失經驗，故實務上相對亦發展不少方法，比較著名者有三種，分別是賠款成本法（Burning Cost Rating Method）、危險暴露法（Exposure Rating Method）、柏拉圖法（Pareto Rating Method），本書僅針對前兩者先行簡要分述如下[26]。

---

[26] 以下內容引自鄭鎮樑，超額賠款再保險費率釐訂之研究，第二章、第三章、第四章。柏拉圖法主要

### (1)賠款成本法

賠款成本法基本原理爲超額賠款再保人所負擔之未來平均超額賠款責任，應與毛淨保費收入總額（Gross Net Premium Income，以下簡稱 GNPI）之某一百分比相去不遠，而超額賠款再保人之未來潛在責任，應與以往年度之實際平均賠款經驗相差不大，本法爲經驗費率法之一種。

### (2)危險暴露法

危險暴露法之基本原理係分析受合約保障之業務，其各個危險單位（Risk Exposure）之保險金額或最大可能損失額，超過合約自負額之情形，再根據此暴露於合約之危險釐訂再保費率[27]。危險暴露法具有將原始毛淨保費收入（GNPI）公平合理分配於被再保險人與再保險人之特色，其主要目的爲透過特定的工具（例如First Loss Scale），將被再保人某特定業務（例如，住宅綜合保險）之原始毛淨保費收入，公平合理地分配於被再保人與再保險人，其精神類似比例再保險分配保費之方式。

## 二、賠款成本法之基本運作過程

### (一) 固定再保險費率之推導

#### 1.賠款成本法之基本運作公式

原則上，超額賠款再保險計畫中之低層（Lower Layer）合約，如果觀察期間適當（一般爲3至5年），再保層大致上會有賠款紀錄，故使用賠款成本法最爲普遍[28]。此法可用以推導固定再保險費率，當然也可以推導變動費率。賠款成本法之基本運作公式甚爲簡單，茲說明如下。

---

用於中、高層超額賠款再保層，由於該等層次之損失經驗不充分，且一旦涉及賠案，以中大型者為主，一般定價法難以處理。因此，根據總體損失資料作成之經驗損失分配模型，配合業已發展出之數理機率模型推導損失成本，據以導出再保費，柏拉圖法為極具代表性之一種。柏拉圖法所需考慮之資料，除技術性資料中之損失資料取大型損失案件外，餘同賠款成本法。

[27] 再保險訓練教材，財團法人保險事業發展中心編印，1991年4月，p.127。

[28] 高層（Higher Layer）合約雖有可能發生，但發生次數可能較少，不過，一旦發生，其問題重點在於損失幅度。

$$\frac{\sum\limits_{i=1}^{R} X_i}{\sum\limits_{i=1}^{R} GNPI_i} \times \frac{100}{75} \times 100\%$$

$X_i$爲超額賠款

$CNPI_i$爲毛淨保費

$\dfrac{100}{75}$ 爲附加費用加成因子

上開公式以文字表現如下：

{【（觀察期間之超額賠款成本／觀察期間之毛淨保費收入總額）×100%】

× 附加費用率因子}

式中：

第一部分爲純再保險費率，第二部分爲附加費用率因子。

附加費用率因子通常爲乘數概念，例如（100/75），即表示附加費用率爲純再保險費率的三分之一。必須注意者，附加費用率因子通常隨險種之性質而有不同之設定，例如常會涉及法律訴訟之責任險，不確定比較大，爲調整該部分，附加費用率因子亦有可能表現爲（125/75）之型態。總之，附加費用率因子與險種之特性有密切關係性，因爲附加費用率因子之元素中有一「安全元素」（Safety Loading）之故。其他元素尚有再保經紀人佣金率、預期利潤率、管理費用率[29]。

## 2.實例探討

爲便於瞭解賠款成本法之運作，試以一例說明。假設有一以每一危險爲基礎之普通超額賠款再保險（WXL-Per Risk）再保計畫，再保期間爲2015.1.1至2015.12.31，其詳細資料如下：

(1) 合約再保責任額與自負額：US$ 200,000  XS  200,000。

---

[29] 詳見鄭鎮樑，超額賠款再保險費率釐訂之研究，第一章。

(2)附加費用率因子（Loading Factor）為100/75，再保經紀人佣金15%。

(3)觀察期間內（2010~2014）之GNPI與發生之賠案如下表。

| 再保期間 | 毛淨保費US$ | 賠案資料（規模大於100,000之賠案）US$ |
|---|---|---|
| 2010 | 10,000,000 | (1)260,000，(2)300,000，(3)420,000，(4)500,000，(5)290,000 |
| 2011 | 11,000,000 | (1)170,000，(2)250,000，(3)300,000，(4)330,000，(5)340,000 |
| 2012 | 12,000,000 | (1)180,000，(2)290,000，(3)350,000，(4)450,000，(5)280,000 |
| 2013 | 18,000,000 | (1)280,000，(2)260,000，(3)320,000，(4)370,000，(5)600,000 |
| 2014 | 20,000,000 | (1)360,000，(2)800,000，(3)310,000，(4)210,000，(5)270,000 |

(4)2015年預估毛淨保費為US$25,000,000。

則吾人可依上開公式，導算如下：

(1)觀察期間之毛淨保費與賠款統計資料彙整如下：

| 觀察年度 | 毛淨保費 | 影響再保層之賠案數與超額賠款 | | 超額賠款總計 |
|---|---|---|---|---|
| | | 賠案數 | US$200,000 XS 200,000 | |
| 2010 | 10,000,000 | 5 | (1)60,000，(2)100,000，(3)200,000，(4)200,000，(5)90,000 | 650,000 |
| 2011 | 11,000,000 | 4 | (1)0，(2)50,000，(3)100,000，(4)130,000，(5)140,000 | 420,000 |
| 2012 | 12,000,000 | 4 | (1)0，(2)90,000，(3)150,000，(4)200,000，(5)80,000 | 520,000 |
| 2013 | 18,000,000 | 5 | (1)80,000，(2)60,000，(3)120,000，(4)170,000，(5)200,000 | 630,000 |
| 2014 | 20,000,000 | 5 | (1)160,000，(2)200,000，(3)110,000，(4)10,000，(5)70,000 | 550,000 |
| 總計 | 71,000,000 | 23 | 2,770,000 | |

(2)純再保險費率 = (2,770,000 / 71,000,000)×100% = 3.9014%。

(3)考慮附加費用率後之再保險費率 = 3.9014%×(100 / 75) = 5.2019%。

(4)由於經由再保經紀人仲介，需支付再保經紀人佣金，再保人會將成本轉嫁，假設再保經紀人佣金率為15%，則最後之總再保費率 = 5.2019%÷(1−15%) = 6.1199%。

以上僅是賠款成本法之基本運用，實際上，影響毛淨保費與超額賠款之因子甚多，在精算角度上須以「相仿」（as if）概念調整運作，詳見本書後文說明。

## (二) 變動再保費率之推導

### 1. 概述

變動再保費率其實係由固定費率演化而來，其主要特點為，利用固定費率，考慮特定因素，設定最低再保費率與最高再保費率，而實際再保費率即依據合約年度之實際超額賠款與實際毛淨保費，按賠款成本法計算，並於最低再保費率（Minimum Rate）與最高再保費率（Maximum Rate）限制中浮動，可謂較具彈性之費率制度。最低再保費率係基於再保人之考慮，使再保人可收到其經營一個合約之最低成本；而最高再保費率則在考慮被再保人免因當年度賠款過大，而承負過高之再保險費。假設經考慮各種因素之後，最低設為固定費率（Fixed Rate）的二分之一，最高設為固定費率的兩倍，則變動再保費率之架構如下所列：

$$\text{Minimum Rate} \leqq \text{AER} \leqq \text{Maximum Rate}$$

式中：

AER＝實際經驗費率

Minimum Rate $= (1/2) \times$ Fixed Rate

Maximum Rate $= 2 \times$ Fixed Rate

則前例之再保費率區間為3.05995%≦AER≦12.2398%。

另有文獻指出，最低再保費率、最高再保費率與固定費率有下列關係[30]，列出如下，供讀者參考。

$$(\text{Min Rate}) \times (\text{Max Rate}) = (\text{FR} \times \text{FR})$$

式中：

FR＝固定再保費率

---

[30] Dr. Fedor Nierhaus and Dr. Thomas Mack, A class of their own, The Review, January, 1992.

### 2.實例推導

假設前例2015年1月1日預估之GNPI為$25,000,000，2015年12月31日結束之後，統計眞實之GNPI為$23,000,000，已發生之賠案有(1)$300,000，(2)$500,000，(3)$600,000，(4)$390,000，(5)$1,000,000，則其眞實再保費率可推導如下：

超額賠款 ＝ （100,000+200,000+200,000+190,000+200,000）＝ 890,000

再保費率 ＝ ｛【（890,000 / 23,000,000）×100%】×（100 / 75）÷（1－15%）｝＝ 6.0699%

該費率落於再保費率區間之內，因此，實際再保費應為$23,000,000×6.0699%，亦即為$1,396,077。基本上，此為無限次免費復效情況下之再保費。必須注意，變動費率之情況下，由於眞實超額賠款與眞實毛淨保費之情況如何，合約之始並不確定，所以算出之費率有可能比最低費率要小，或較最高費率為高，此時應分別適用最低費率或最高費率。

## (三) 純再保險費率之檢討與修正[31]

由上之導論過程，吾人可知賠款成本法之原理甚稱單純；但如就合約歷史資料直接導算，則此種純再保險費率必然失眞，因為保險與再保險環境永遠是動態的，過去之資料不能完全用於未來之估算，故賠款成本法之重點應在於前述「相仿」性之精確程度。因此，將原始記錄數字考慮各種影響超額賠款與毛淨保費之因子，將其調整至最「相仿」之數字，才是賠款成本法之主要關鍵。易言之，吾人必須尋求相仿超額賠款與相仿毛淨保費。關於相仿超額賠款，實際上是須針對可能影響合約之每一個賠案進行調整，找出其相仿最終淨賠款。一般常見之調整因子為通貨膨脹率，不過需要完整考慮者其實甚多，例如，前置再保險中，被再保人自留情況有所改變，例如報價年度（未來一年合約年度）自留率為50%，而賠款年度之自留率為30%，對於最終淨賠款即有影響。所以，假如考慮以上所提兩個因子，該賠案之相仿最終淨賠款應調整如下：

---

[31] 本段參酌：鄭鎮樑，超額賠款再保險核保之探討，1997年，pp.73-74。

相仿最終淨賠款＝賠款年度最終淨賠款×（1＋通貨膨脹改變率）×
（1＋前置再保自留比率改變率）

如果再考慮業務成長率，則相仿已付超額賠款應進一步調整如下：

相仿已付超額賠款＝（相仿最終淨賠款－合約報價年度合約起賠點）×
（1＋新業務成長率）

新業務之成長率，通常以合約報價年度預估之GNPI（代號GNPIT）與歷史年度之相仿GNPI為基礎評估，其基本公式如下：

新業務成長率＝【（GNPIT÷相仿GNPI）－1】

相仿GNPI如何評估，亦須考慮基本因素，通常為通貨膨脹、前置再保自留額、費率水準之改變等等因子，故亦可調整如下：

相仿GNPI＝賠款年度之GNPI×（1＋通貨膨脹改變率）×（1＋前置再保自留比率改變率）×（1＋賠款年度與合約年度期間費率水準變動率）

故如何掌握調整因子，才是賠款成本法之重點所在。以上所述，大略是短尾業務之調整情況。

## ㈣ 長尾業務之純再保險費率

### 1. 概述

長尾型業務除有相同考慮外，尚須特別考慮已發生尚未報案之賠款（IBNR）問題。簡言之，需要考慮賠款發展因子（IBNR Factor），亦即，賠款發展因子為長尾業務於釐訂賠款成本時必要的調整因子。如何估算IBNR，方法甚多，但是以採用賠款三角發展法（Triangle Development Method）較多。為

使相仿之概念更爲具體，以下擬以個案例示，但爲便於說明，個案中選取之調整因子僅考慮通貨膨脹率因子。

## 2. 案例

甲保險公司欲於2015年安排一超額賠款再保險保障其長尾型業務，該超額賠款再保險合約之再保責任額與自負額爲：$650,000 XS $350,000。又知，預估2015年之GNPI爲$12,400,000。假設2008年至2015年之賠款與保費之指數如下：

| 年度 | 2008 | 2009 | 2010 | 2011 | 2012 | 2013 | 2014 | 2015 |
|------|------|------|------|------|------|------|------|------|
| 指數 | 100 | 108 | 117 | 125 | 134 | 148 | 160 | 180 |

又知2008年至2013年之GNPI紀錄如下：

單位：千美元

| Year | 2008 | 2009 | 2010 | 2011 | 2012 | 2013 |
|------|------|------|------|------|------|------|
| GNPI | 6,000 | 6,696 | 7,371 | 8,125 | 8,844 | 9,916 |

已知下列各年度賠款發展資料，請注意其中包括已付賠款與未決賠款資料。

單位：千美元

| 年度 | 賠案編號 | | 賠款發展年度 | | | | | |
|------|------|------|---|---|---|---|---|---|
| | | | 1 | 2 | 3 | 4 | 5 | 6 |
| 2008 | A | 已決 | 0 | 11 | 92 | 138 | 350 | 400 |
| | | 未決 | 234 | 300 | 250 | 240 | 50 | 0 |
| | B | 已決 | 0 | 28 | 159 | 353 | 550 | 650 |
| | | 未決 | 294 | 300 | 290 | 200 | 100 | 0 |
| | C | 已決 | 0 | 150 | 200 | 200 | 250 | 250 |
| | | 未決 | 222 | 100 | 50 | 50 | 0 | 0 |

| 年度 | 賠案編號 | | 賠款發展年度 | | | | | |
|---|---|---|---|---|---|---|---|---|
| | | | 1 | 2 | 3 | 4 | 5 | 6 |
| 2009 | D | 已決 | 0 | 28 | 240 | 258 | 264 | |
| | | 未決 | 200 | 200 | 0 | 0 | 0 | |
| | E | 已決 | 0 | 0 | 58 | 150 | 250 | |
| | | 未決 | 200 | 252 | 200 | 110 | 11 | |
| 2010 | F | 已決 | 0 | 0 | 100 | 120 | | |
| | | 未決 | 150 | 200 | 140 | 120 | | |
| | G | 已決 | 0 | 0 | 0 | 200 | | |
| | | 未決 | 200 | 200 | 250 | 50 | | |
| | H | 已決 | 0 | 0 | 117 | 500 | | |
| | | 未決 | 341 | 455 | 400 | 110 | | |
| 2011 | I | 已決 | 0 | 0 | 100 | | | |
| | | 未決 | 150 | 150 | 150 | | | |
| | J | 已決 | 0 | 50 | 100 | | | |
| | | 未決 | 100 | 185 | 150 | | | |
| | K | 已決 | 0 | 0 | 100 | | | |
| | | 未決 | 300 | 372 | 305 | | | |
| 2012 | L | 已決 | 0 | 0 | | | | |
| | | 未決 | 310 | 350 | | | | |
| | M | 已決 | 0 | 0 | | | | |
| | | 未決 | 320 | 400 | | | | |
| 2013 | N | 已決 | 0 | | | | | |
| | | 未決 | 400 | | | | | |

依上開假設情境，吾人逐步調整歷史資料如下：

(1) 首先，利用指數將歷年賠款發展數據調整至2015年水準：上表所列各年度之賠案的賠款發展數字，係發展過程中各發展年度指數水準的記錄數字，吾人現所考慮者爲2015年之指數，所以，所有的數據均需要調整至2015年之水準。下列發展表可視爲各個賠案之最終淨賠款的發展情況表。

單位：千美元

| 年度 | 賠案編號 | 賠款發展年度（已決加上未決） | | | | | |
|------|----------|------|------|------|------|------|------|
| | | 1 | 2 | 3 | 4 | 5 | 6 |
| 2008 | A | 421 | 560 | 616 | 680 | 720 | 720 |
| | B | 529 | 590 | 808 | 995 | 1170 | 1170 |
| | C | 400 | 450 | 450 | 450 | 450 | 450 |
| 2009 | D | 333 | 380 | 400 | 430 | 440 | |
| | E | 390 | 420 | 430 | 433 | 435 | |
| 2010 | F | 231 | 308 | 369 | 369 | | |
| | G | 308 | 308 | 385 | 385 | | |
| | H | 525 | 700 | 795 | 938 | | |
| 2011 | I | 216 | 216 | 360 | | | |
| | J | 144 | 340 | 360 | | | |
| | K | 432 | 536 | 583 | | | |
| 2012 | L | 416 | 470 | | | | |
| | M | 430 | 537 | | | | |
| 2013 | N | 486 | | | | | |

(2) 超額賠款之發展情形：2015年之再保責任額與自負額為：$650,000 XS $350,000，故該合約之超額賠款發展表如下所示。

單位：千美元

| 年度 | 賠款發展年度（已決加上未決） | | | | | |
|------|------|------|------|------|------|------|
| | 1 | 2 | 3 | 4 | 5 | 6 |
| 2008 | 300* | 550 | 824 | 1,075 | 1,120 | 1,120 |
| 2009 | 40** | 100 | 130 | 163 | 175 | |
| 2010 | 175 | 350 | 499 | 642 | | |
| 2011 | 82 | 186 | 253 | | | |
| 2012 | 146 | 307 | | | | |
| 2013 | 136 | | | | | |

* 【（421−350）+（529−350）+（400−350）】，**2009年第一個發展年度兩個賠案分別為333，390，第一個賠案未達合約自負額，第二賠案扣除合約自負額後為40。其餘數據，讀者可類推。

(3) 以三角發展法推論年度賠款膨脹因子：由於僅2008年之賠款發展業已充分，可視為已與2015年之水準相仿，2009年雖尚有12個月始稱發展完整，但因其賠款膨脹發展因子為1（亦即1120÷1120），故亦可視發展完整，其他年度2010至2013各年度必然還有IBNR因子存在，故須求助於累積膨脹係數，將其賠款數字完全發展。欲運用累積膨脹係數，首先須確定年平均膨脹因子。如以本例所探討者為例，即觀察期間之中12個月發展到24個月之平均膨脹因子、24個月發展到36個月之平均膨脹因子、36個月發展到48個月之平均膨脹因子、48個月發展到60個月之平均膨脹因子、60個月發展到72個月之平均膨脹因子。詳如下表所示。

單位：千美元

| 年度 | 賠款發展年度（已決加上未決） | | | | | |
|---|---|---|---|---|---|---|
| | 1 | 2 | 3 | 4 | 5 | 6 |
| 2008 | 300 | 550 | 824 | 1,075 | 1,120 | 1,120 |
| 2009 | 40 | 100 | 130 | 163 | 175 | |
| 2010 | 175 | 350 | 499 | 642 | | |
| 2011 | 82 | 186 | 253 | | | |
| 2012 | 146 | 307 | | | | |
| 2013 | 136 | | | | | |
| 發展月數 | 12~24 | 24~36 | 36~48 | 48~60 | 60~72 | |
| 年平均膨脹因子 | 2.01[*1] | 1.44[*2] | 1.29[*3] | 1.05[*4] | 1[*5] | |

[*1]【（550+100+350+186+307）÷（300+40+175+82+146）】，[*2]【（824+130+499+253）÷（550+100+350+186）】，[*3]【（1075+163+642）÷（824+130+499）】，[*4]【（1120+175）÷（1075+163）】，[*5]【1120÷1120】；上表係假設2008年之賠款發展業已充分完整。

(4) 累積膨脹因子與最終超額賠款：如下表所示，2010年原本僅發展48個月（即4年），欲完全發展尚須24個月，故其累積膨脹因子為1.05；2011年原本僅發展36個月，欲完全發展尚須36個月，故其累積膨脹因子為1.35；2012年原本僅發展24個月，欲完全發展尚須48個月，故其累積膨脹因子為1.95；2013年原本僅發展12個月，欲完全發展尚須60個月，故其累積膨脹因子為3.92。各年度之累積膨脹因子確認之後，即可計算考

慮IBNR後之最終超額賠款，如下表所示。

| 年度 | 累積膨脹因子 | 最終超額賠款 |
|---|---|---|
| 2008 | 無改變 | 1120 |
| 2009 | 無改變 | 175 |
| 2010 | $1.05 \times 1 = 1.05$ | $642 \times 1.05 = 674$ |
| 2011 | $1.29 \times 1.05 \times 1 = 1.35$ | $253 \times 1.35 = 342$ |
| 2012 | $1.44 \times 1.29 \times 1.05 \times 1 = 1.95$ | $307 \times 1.95 = 599$ |
| 2013 | $2.01 \times 1.44 \times 1.29 \times 1.05 \times 1 = 3.92$ | $136 \times 3.92 = 533$ |

(5) 純再保費率

| 年度 | 2008 | 2009 | 2010 | 2011 | 2012 | 2013 |
|---|---|---|---|---|---|---|
| 相仿GNPI（千美元） | 10,800 | 11,160 | 11,340 | 11,700 | 11,880 | 12,060 |
| 相仿超額賠款（千美元） | 1,120 | 175 | 674 | 342 | 599 | 533 |
| 年度純再保費（%） | 10.4% | 1.6% | 5.9% | 2.9% | 5% | 4.4% |
| 總合純再保費率 | \multicolumn{6}{c}{$(3443 / 68940) \times 100\% = 4.99\%$} |  |  |  |  |  |

如附加費用率為100／75，則總再保費率為6.66%；如果再保經紀人佣金為10%，則總再保費率為7.4%。

# 三、危險暴露法

危險暴露法可適用於非比例型的臨時再保險，也可適用於合約再保險。非比例型的臨時再保險之價格，使用危險暴露法並不少見。

## (一) 非比例型臨時再保險適用危險暴露法概論

比例型臨時再保險費率與比例型合約再保險費率，性質相同，均是「與原保險費率相同」（As Original Rate）。非比例型臨時再保險費率與非比例合約

再保險之費率,在性質上均屬於獨立費率,其基本原理在於就單一危險,以虛擬之再保層切割其損失機率,求取相對之再保險費。臨時再保險採用超額賠款方式,必然是要解決巨額之單一危險。

原始的保險費如何分配於再保層中,其分配機制為何,為關鍵所在。從另一個構面來看,即是觀察被再保人之不同自留比率相對應於損失機率曲線,理論上,被再保人之自留比率可以由0%至100%[32],而透過損失機率分配曲線即可對應出自留保費百分比,隨之可以導出各個超額賠款再保層相對再保費。所以,再保費取決於潛在賠款占保險金額之百分比與損失發生機率兩個因子[33]。正常情況下,中小型損失發生之機率較大,由此可知,損失占保險金額比例為50%以內之發生機率,顯然較50%至100%間之發生機率為高,被再保人自留保險金額的50%,如果超額賠款再保險以單層安排,則再保險結構為:

50%保險金額 XS 50%保險金額

則就損失機率觀點,被再保人應自留之保費必然大於原始保險費之50%;惟其比重為多少,則視損失機率分配之型態而定[34]。

## (二) 非比例型臨時再保險費率圖示

如下圖所示,當被再保人自留50%,原來之損失分配曲線A,相對可自留原始保費之75%,則再保人可分配25%之再保費。同樣是自留50%,如適用新的損失分配曲線B,相對可自留原始保費成為總保費之60%,再保人可分配40%之再保費。由上可知,斜率較小之曲線表示被再保人之自留風險較小。

---

[32] 代表percentage of retained exposure。

[33] 被再保人之自留危險暴露風險與其相對自留保費百分比之相互關係,兩者之組合構成所謂的「柏拉圖曲線」(Pareto Curve)。

[34] 原則上,損失機率型態取決於不同種類之標的物,故不同性質之標的物適用不同之「柏拉圖曲線」,如屬於較為「扁平」的柏拉圖曲線(Flatter Pareto Curve,即斜率較小之曲線),以同樣是自留50%而言,被再保人自留保費之比重,比起較為「彎曲」的柏拉圖曲線(More Curved Pareto Curve,即斜率較大之曲線)為小。

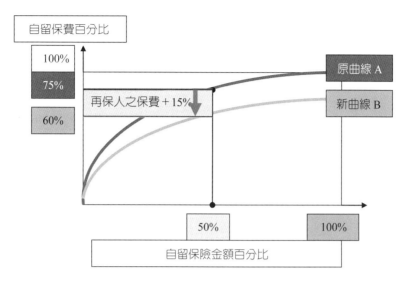

反過來說,適用斜率較大之曲線D,表示被再保人之自留風險較大,再保人之再保費減少15%。雖然危險暴露法以機率觀點分配再保費甚為公平,但是,損失分配曲線是否正確反應受保障標的物之損失分布,才是重點所在。

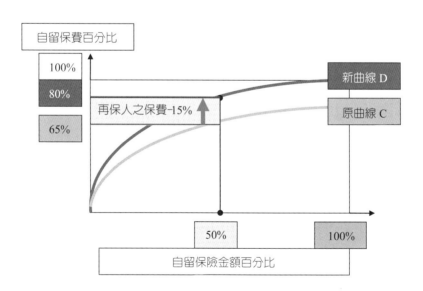

### ㈢ 合約再保險適用危險暴露法概論

#### 1. 危險暴露法原理

以賠款成本法釐訂費率仰賴之最基本者，為有適當的觀察期間、足量的賠案及其損失經驗紀錄。惟在超額賠款再保險核保實務作業中，常可發現下列幾種情況[35]：

第一種：合約屬新設，不可能有過去的損失、保費等相關統計資料。

第二種：合約屬小型合約或量小業務偏頗的非平衡型（Unabalance）合約，受隨機波動影響甚巨，合約之賠款成本受大型賠案影響偏離平均數甚遠。

第三種：合約過去之統計資料不足或不完整，完全缺乏可信度。

第四種：合約自負額較高，賠款成本為零。

上列情況，使賠款成本法之效用大打折扣或無法使用，危險暴露法（Exposure Rating Method）是解決這些問題的其中一種方法。理論上，危險暴露法具有將原始毛淨保費收入（GNPI）公平合理地分配於被再保險人與再保險人之特色，其主要目的為透過特定的工具，將被再保人某特定業務（例如，住宅綜合保險）之原始毛淨保費收入，公平合理地分配於被再保人與再保險人，其精神類似比例再保險分配保費之方式。按在比例再保險中，被再保險人所收取之保險費若合乎充分性原則，則不論是比率再保險合約或溢額再保險合約，當事雙方所分配的保費依損失機率觀點不失公平精神。在超額賠款再保險中，如能透過約定之技術（或工具），將原始毛淨保費收入依當事雙方承受之危險（Exposure）大小相應分配，理論上似較賠款成本法理想。而所稱「工具」，有所謂的第一次損失比例表（First Loss Scale）[36]或自負額扣減表（Deductible Credit）。假設某第一次損失比例表之部分內容如下：表中A欄位表示被再保人自留危險百分比，再保人承擔危險相應之對價等於100%扣除B欄相對百分比。

---

[35] 本段參酌：鄭鎮樑，超額賠款再保險核保之探討，1997，pp.123-143。

[36] 例如Lloyds之Property First Loss and Excess of Loss Scale。

| A | B | A | B | A | B | A | B |
|---|---|---|---|---|---|---|---|
| 1 | 32.5 | 4.5 | 47.5 | 34 | 70.22 | 69 | 88.8 |
| 1.1 | 33 | 4.6 | 48 | 35 | 80.55 | 70 | 89 |
| 1.2 | 33.5 | 4.7 | 48.5 | 36 | 80.88 | 71 | 89.2 |
| 1.3 | 34 | 4.8 | 49 | 37 | 81.21 | 72 | 89.4 |
| 1.4 | 34.5 | 4.9 | 49.5 | 38 | 81.54 | 73 | 89.6 |
| 1.5 | 35 | 5 | 50 | 39 | 81.870% | 74 | 89.8 |
| 1.6 | 35.5 | 6 | 52 | 40 | 82.200% | 75 | 90 |
| 1.7 | 36 | 7 | 54 | 41 | 82.55 | 76 | 90.4 |
| 1.8 | 36.5 | 7.5 | 55 | 42 | 82.8 | 77 | 90.8 |
| 1.9 | 37 | 8 | 56 | 43 | 83 | 78 | 91.2 |
| 2 | 37.5 | 9 | 58 | 44 | 83.3 | 79 | 91.6 |
| 2.1 | 37.75 | 10 | 60 | 45 | 83.6 | 80 | 92 |
| 2.2 | 38 | 11 | 61 | 46 | 83.9 | 81 | 92.4 |
| 2.3 | 38.25 | 12 | 62 | 47 | 84.21 | 82 | 92.8 |
| 2.4 | 38.5 | 13 | 63 | 48 | 84.46 | 83 | 93.2 |
| 2.5 | 38.75 | 14 | 64 | 49 | 84.7 | 84 | 93.6 |
| 2.6 | 39 | 15 | 65 | 50 | 85 | 85 | 94 |
| 2.7 | 39.25 | 16 | 66 | 51 | 85.2 | 86 | 94.4 |
| 2.8 | 39.5 | 17 | 67 | 52 | 85.4 | 87 | 94.8 |
| 2.9 | 39.75 | 18 | 68 | 53 | 85.6 | 88 | 95.2 |
| 3 | 40 | 19 | 69 | 54 | 85.8 | 89 | 95.6 |
| 3.1 | 40.5 | 20 | 70 | 55 | 86 | 90 | 96 |
| 3.2 | 41 | 21 | 71 | 56 | 86.2 | 91 | 96.4 |
| 3.3 | 41.5 | 22 | 72 | 57 | 86.4 | 92 | 96.8 |
| 3.4 | 42 | 23 | 73 | 58 | 86.6 | 93 | 97.2 |
| 3.5 | 42.5 | 24 | 74 | 59 | 86.8 | 94 | 97.8 |
| 3.6 | 43 | 25 | 75 | 60 | 87 | 95 | 98 |
| 3.7 | 43.5 | 26 | 75.625 | 61 | 87.2 | 96 | 98.4 |
| 3.8 | 44 | 27 | 76.25 | 62 | 87.4 | 97 | 98.8 |
| 3.9 | 44.5 | 28 | 76.875 | 63 | 87.6 | 98 | 99.2 |
| 4 | 45 | 29 | 77.5 | 64 | 87.8 | 99 | 99.6 |
| 4.1 | 45.5 | 30 | 78.125 | 65 | 88 | 100 | 100 |
| 4.2 | 46 | 31 | 78.75 | 66 | 88.2 | | |
| 4.3 | 46.5 | 32 | 79.375 | 67 | 88.4 | | |
| 4.4 | 47.00 | 33 | 80 | 68 | 88.6 | | |

## 2. 案例探討

茲就危險暴露法之過程，以案例分析如下。

假設某保險公司之住宅火災保險全數自留，僅購買以每一危險為基礎之超額賠款再保險分散風險，設其業務結構表如下：

| 保額區間（美元） | 保單量 | 保費量（美元） |
|---|---|---|
| 0-150,000 | 117,398 | 33,434,000 |
| 150,000-250,000 | 29,621 | 14,568,000 |
| 250,000-400,000 | 10,771 | 6,324,000 |
| 400,000-600,000 | 5,161 | 4,584,000 |
| 600,000-800,000 | 2,715 | 3,341,000 |
| 800,000-1,000,000 | 892 | 1,405,000 |
| 1,000,000-1,250,000 | 594 | 1,169,000 |
| 1,250,000-1,500,000 | 276 | 683,000 |
| 1,500,000-1,750,000 | 204 | 613,000 |
| 1,750,000-2,000,000 | 158 | 554,000 |

已知該合約之架構為（1,500,000 XS 500,000），又知原始平均附加費用率為35%，則採用危險暴露法之後，再保人應收取之純再保費，其導算過程如下表所列。

| 保額區間之平均保額(1) | 自留因子%*(2) | 超額賠款再保險之保費因子% (3) | 原始毛淨保費收入(4) | 超額賠款再保費(5) = (3)×(4) |
|---|---|---|---|---|
| 75,000 | 100 | 0 | 33,434,000 | 0 |
| 200,000 | 100 | 0 | 14,568,000 | 0 |
| 325,000 | 100 | 0 | 6,324,000 | 0 |
| 500,000 | 100 | 0 | 4,584,000 | 0 |
| 700,000 | 71.43 | 10.8 | 3,341,000 | 360,828 |
| 900,000 | 55.55 | 14 | 1,405,000 | 196,700 |
| 1,125,000 | 44.44 | 16.7 | 1,169,000 | 195,223 |

| 保額區間之平均保額(1) | 自留因子%*(2) | 超額賠款再保險之保費因子% (3) | 原始毛淨保費收入(4) | 超額賠款再保費(5) = (3)×(4) |
|---|---|---|---|---|
| 1,375,000 | 36.36 | 19.12 | 683,000 | 130,590 |
| 1,625,000 | 30.77 | 21.25 | 613,000 | 68,963 |
| 1,875,000 | 26.67 | 23.75 | 554,000 | 76,175 |
| 總計 | | | 66,675,000 | 1,028,479 |

*表中自留因子取相似值

　　由於上表分配之再保費包括原始附加費用在內，超額賠款再保險之再保險之費用率，與原始保險之費用率必然有別，故應行還原為純再保費為 $1,028,479 \times 65\% = 668,511$。純再保險費率應為（$668,511 \div 66,675,000$）$\times 100\%$ = 1.003%，再保人可再根據自行考慮之附加費用因子，釐訂總再保險費率。

## 四、與賠款成本法有關的再保條款

　　採用賠款成本法的再保合約，通常於合約書之保費條款（Premium Clasuse）規範賠款成本法如何運作，詳如下述。

### (一) 保費條款中之基本名詞

　　保費條款通常在於規定最低保費（Minimum Premium）、預繳保費（Deposit Premium）、真實保費（Actual Reinsurance Premium）、調整保費（Adjustment Premium）之相關內容。如果是變動費率式之保費條款，通常亦於條款中同時定義計算賠款成本之因子，亦即，賠款與保費之詳細定義。茲先行分析該等名詞之意義，再行分析保費條款之用語內容。

#### 1. 最低與預繳保費（Minimum and Deposit Premium，以下簡稱M&D）

　　M&D一詞是再保實務常用之名詞，其實是最低保費與預繳保費之合稱，其意為兩者額度相同。但是實務上亦有將兩者分開，此時，預繳保費額度通常大於最低保費，例如本章所舉之CXL再保摘要表中之例子。

最低保費爲再保人承受合約所認定之最低成本考量，規定預繳保費制度則有較深之意義。分析其原因，主要爲再保人基於合約之危險暴露程度，估算被再保人於合約保障期間應行支付之對價。再者，雖然最終之再保險費須於合約到期，用以計算再保費之眞實毛淨保費始能較爲明朗，但是再保人既已承受合約之保障責任，亦希望被再保人可預先支付再保費，故有預繳再保費之規定[37]。

預繳再保費通常分四期平均支付（即採季帳），亦有採兩期支付者（即採半年帳），如採前者，且再保期間起訖點爲1月1日至12月31日，則實務上通常有如下之繳付規定。由文中可知按季繳付，且屬預付方式。

The Reinsured shall pay to the Reinsurer a deposit Premiums of US\$160,000 in four equal quarterly installments at the 1<sup>st</sup> January, 1<sup>st</sup> April, 1<sup>st</sup> July and 1<sup>st</sup> October of each annual period of this agreement. This agreement shall be subject to a Minimum of US\$150,000 for each annual period of this agreement.

條文中指出，被再保人需分四期（分別是1月1日、4月1日、7月1日、10月1日）支付再保人預繳保費US\$160,000，即每期US\$40,000。合約之最低保費爲US\$150,000。

### 2. 真實再保費與調整再保費

如同前述，由於眞實之毛淨保費需於再保期間滿期始能確認，如爲採用變動費率之情況，眞實再保費率亦須較遲確認。所以，眞實之再保費不可能在短期間內確認，因此再保期滿時，比對眞實再保費與預繳再保費，兩者之差額即爲調整再保費。假使眞實再保費較預繳再保費爲大，則被再保人應行支付額外保費（Additional Premium，簡稱AP），在性質上即爲調整保險費；假使眞實再保費較預繳再保費爲小，但是大於最低再保費，此時，再保人應退還差額再保

---

[37] Reinsurance for the Beginner by R. Phillip Bellerose revised by Christopher C. Paine, 5<sup>th</sup> edition, 2003, p.85.

費，在性質上仍為調整再保費。

## (二) 變動費率式之保費條款

變動費率式之保費條款最大之特點，為將賠款成本法之公式納入條文中，並將最低費率與最高費率訂入，故又稱為賠款成本條款（Burning Cost Clause）。例如下列之表現方式：

The rate for each contract period shall be calculated in accordance with the following formula:

Rate = 【（Losses and Expenses Incurred）/Subject GNWPI】× （100/75$^{th}$）

The rate shall be subject to the following limintations:

Minimum Rate: 1.5%

Maximum Rate: 7.5%

有時條文亦採用文字敘述表現賠款成本法，故在表現上並無定法。下列變動費率式之保費條款頗為詳細周延[38]，但請注意，其係採毛淨滿期保費基礎[39]。

The Company shall pay to the Reinsurer a quarterly provisional premium calculated at a rate of XXX% of the Company's gross Net Earned Premium Income (GNEPI) for each quarter under consideration. Such provisional premium shall be remitted to the Reinsurer in accordance with ArticleXX, Reports and Remittance.

被再保人應按季支付暫訂再保險費予再保人，每季暫訂再保險費按每季之毛淨滿期保費收入（GNEPI）與暫定再保費率共同計算。該等暫

---

[38] 參酌Reinsurance Contract Wording edited by Robert W. Strain, 1996, pp.655-656，該參考條文雖然年代稍久，但是文字結構嚴謹，頗值參考。

[39] 屬於One-Year Adjustment Block-Calendar-Year Accounting型態。

訂再保險費依據合約條款第XX條（報表與匯付條款）之規定匯付予再保險人。

The actual reinsurance premium due shall be calculated by applying to the Company's Cumulative GNEPI, for the year being adjusted, a rate determined by the multiplication of a load factor of (100/80) to the cumulative loss cost percentage for the year being adjusted. Such developed rate shall be subject to a minimum rate of XX% and a maximum rate of XX%.

真實之再保險費應以當年度累積之GNEPI與調整之再保險費率共同計算，再保險費率由當年度累積之賠款成本百分比乘以附加費用因子（100 / 80）共同決定。此種發展費率應受限於最低再保費率與最高再保費率。

Within XX days after (Dec. 31ˢᵗ) of each year that this Contract remains in effect, the Company shall render to the Reinsurer a statement reporting the reinsurance premium due, calculated in accordance with Paragraph B above. Should the calculated premium be greater than the premium previously paid, for the period being adjusted, the Company shall remit the balance due the Reinsurer with the statement. Should the calculated premium be less than the premium previously paid, the Reinsurer shall remit the balance due the Company promotly under receipt and confirmation of the statement.

本合約持續有效之情況下，每年12月31日之後XX天內，被再保人應提供再保人到期再保費之帳單，再保費依據本條款第二項規定計算。如所計算之保費大於該合約期間內業已付出之保費，應行調整再保費。被再保人應匯付帳單中所示之調整保費予再保人。如果較該合約期間內業已付出之保費為小，再保人應立即覆證帳單並匯付差額予被再保人。

Annual interim adjustments shall continue to be made in accordance with the Paragraph above until all losses incurred during the period being adjusted are settled, at which time a final adjustment shall be made.

每年暫時性調整保費應依據第二項規定持續調整，一直到該合約期間之所有已發生賠款均已理結，彼時應作最終調整。

GNEPI shall mean the gross net premiums written during the period under adjustment (i.e., gross premiums less cancellation and return premiums and less any premiums paid for reinsurers, recoveries under which inure to the benefit of the Contract), plus the unearned premiums at the beginning of the period, minus the uarned premium at the end of the period.

GNEPI係指合約期間內之毛淨簽單保費（即毛保費－註銷與退保費－前置再保險之再保費）加上合約期初之未滿期保費，扣除合約期滿時之未滿期保費。

Losses incurred shall mean the total losses and loss expenses paid by the Reinsurer under this Contract and the Reinsurer's losses and loss expenses outstanding under this Contract, less the Reinsurer's portion of salvage or subrogation with respect to losses which occurred during the period being adjusted.

已發生損失意指再保人依再保合約攤付之賠款與理賠費用總數，以及未決賠款與未決理賠費用總數，扣除屬於再保人應攤回之殘餘物值與代位求償追償之款項。

## (三) 固定費率式之保費條款

固定費率式之保費條款較變動費率式之保費條款單純甚多，有關最低再保費、預繳再保費之規定，如前分析M&D時，最重要者為調整再保費之基礎如何

定義。固定費率式大致用於CXL，CXL中之再保人責任啓動一般採「損失發生基礎」，其相對之再保費計算基礎，一般爲毛淨自留保費。

The Reinsured shall pay to the Reinsurers the Premium as specified in the Schedule, payable in the manner specified in the Schedule.

If this Agreement is hereby reinsured ***on an adjustable premium basis***, as soon as may be reasonably practicable after the expiry of this Agreement the Reinsured shall render a statement of their ***applicable Premium Income***, based on and as defined in the Schedule for the period specified in the Schedule, and the Premium due to Reinsurers shall be calculated by applying the ***adjustment rate***, as specified in the Schedule, to the applicable Premium Income figure.

Nevertheless, the final adjusted premium for this Agreement shall not be less than the ***Minimum Premium*** as specified in the Schedule.

In the event that the Minimum Premium is not exceeded then there shall be no further adjustment of premium hereunder unless the ***Deposit Premium*** is greater or lesser than the Minimum Premium, then there will be a refund by the Reinsurers or a payment by the Reinsured forthwith as appropriate, of the difference between the Minimum and Deposit Premiums.

## 本章自我評量問題

1. 某巨災超額賠款再保險合約，再保合約期間為2010年1月1日至2010年12月31日，再保人之合約限額為US$2,000,000，原保險人之自負額為US$1,000,000，復效（Reinstatement）次數一次，最低與預繳保費為US$365,000，復效期間按天數比例計算。不幸於2010年1月16日發生地震，波及該合約，經理算之後知其最終淨賠款（Ultimate Net Loss）為US$1,500,000，試列復效保費之計算公式，並求復效保費額度（需列計算過程）。（99.01核保學會考題）

2. 非比例再保險之再保費給付方式有所謂「變率再保費制」（Variable Rate Reinsurance Premium），請簡述其意義。（99.01核保學會考題）

3. 最終淨賠款（Ultimate Net Loss）之「淨賠款」（Net Loss）。（99.01核保學會考題）

4. 起賠點（Excess Point）。（100.01核保學會考題）

5. 最低再保費與預付再保費（Minimum and Deposit Premium）。（100.01核保學會考題）

6. 賠款發生制（Loss Occurring Basis）。（100.02核保學會考題）

7. 請問原保險人發送例行註銷通知（Provisional Notice of Cancellation）的目的何在？（101.01核保學會考題）

8. 合約再保下之再保人責任歸屬（Attachment of Liability）採簽單制（Policy Attaching Basis）時，再保人如何承負責任？（101.01核保學會考題）

9. 復效（Reinstatement）。（101.01、102.01核保學會考題）

10. 變動費率再保費制（Variable Rate According to Burning Cost）。（101.02核保學會考題）

11. 以每一危險為基礎之普通超額賠款再保險（Per Risk Working Excess of Loss Reinsurance），常常以「損失經驗定價法」（或稱賠款成本法）（Experience Rating Method）釐訂再保險費率，試簡述該方法之原理。（102.01核保學會考題）

12. 何謂責任額費率（Rate on Line，簡稱ROL）？就再保人觀點，ROL於再保險核保上之意義為何？試簡要說明之。（102.01核保學會考題）

13. 非比例再保險合約中常使用之責任基礎有所謂的簽單制（Policies Attaching Basis）與賠款發生制（Loss Occurring Basis），此兩種基礎主要差異之處為何？試

簡要說明之。（102.01核保學會考題）

14. 何謂責任額費率（Rate on Line）？何謂還本年限（Pay Back Year）？兩者有何關係？試簡要說明之。（102.02核保學會考題）

15. 共同利益超額賠款再保險（Common Account XOL）。

16. 最終淨賠款（Ultimate Net Loss，簡稱UNL）。（102.02核保學會考題）

17. 設有一巨災超額賠款再保險合約，其再保條件為：(1)US$30M XS 50M；(2)復效2次，條件為賠款數與時間（採50%基礎）同時考慮；(3)最低再保費為1.2M，預繳再保費為1.5M；(4)計算復效再保費時，採用最低再保費為基礎。假設發生兩次損失，第一次損失之最終淨賠款（Ultimate Net Loss，簡稱UNL）為60M，第二次損失之最終淨賠款為80M，試回答下列問題（M為百萬之意）。試討論：(1)本合約於合約一開始時，責任額定價與回收年數各為多少？(2)再保人在該年度之實際淨損失為多少？

18. XOL之Slip中通常提供受保障合約歷年GNPI（Gross Net Premium Income）演變情況，假設1996年是6225M，1999年是10132M，2000年是5500M，則就再保人之核保觀點，1996年至1999年間之演變對於再保人有何影響？2000年較1999年減少幾乎一半，最可能的原因是什麼？請討論之。

19. 試回答下列非比例再保險之攤賠相關問題：

甲、說明最終淨賠款條款（Ultimate Net Loss Clause，簡稱UNL）與損失事故之定義條款（Definition of Loss Occurrence Clause）兩個條款之意義，並說明兩者有何相關之處？該兩條款對於計算再保人應分攤之賠款有何影響？

乙、假設甲保險公司於2012年與2013年就其火險與附加險（含承保所有天然危險事故之附加險）之業務，除安排溢額再保險之外，另有非比例再保險計畫，包括：

i.以每一危險為基礎之普通超額賠款再保險，保障溢額再保險自留之一線，詳細內容如下：

| 年度 | 責任限額與自負額 | 最低與預繳保費 | 復效次數與復效條件 |
|---|---|---|---|
| 2012 | US$75萬 XS US$25萬 | US$10萬 | 5次，復效期間按100%計算（5at 100%） |
| 2013 | US$75萬XS US$25萬 | US$20萬 | 5次，復效期間按100%計算（5at 100%） |

ii.巨災超額賠款再保險（簡稱CXL），共分兩層，詳細內容如下：

| 再保層 | 責任限額與自負額 | 最低與預繳保費 | 復效次數與復效條件 |
|---|---|---|---|
| 第一層2012 | US$65萬XS US$35萬 | US$4萬 | 1次，復效期間按100%計算（1at 100%） |
| 第二層2012 | US$100萬XS US$100萬 | US$5萬 | 1次，復效期間按100%計算（1at 100%） |
| 第一層2013 | US$65萬XS US$35萬 | US$4.5萬 | 1次，復效期間按100%計算（1at 100%） |
| 第二層2013 | US$100萬XS US$100萬 | US$5.5萬 | 1次，復效期間按100%計算（1at 100%） |

時值隆冬之際，假設發生嚴寒事件（Winter Freeze），持續16天，依損失事故之定義條款規定以168小時界定一次事件，設有16張保單受到波及，該等保單之保險金額均在溢額再保險承保範圍之內，經扣除溢額再保險再保人攤賠之後，自留一線之賠款，詳如下表：

| 2012年 | 12.28* A保單 | 12.29 B保單 | 12.30 C保單 | 12.31 D保單 |
|---|---|---|---|---|
| 自留賠款 | 8萬 | 5萬 | 7萬 | 20萬 |

*代表12月28日，餘類推。

| 2013年 | 1.1 E保單 | 1.2 F保單 | 1.3 G保單 | 1.4 H保單 | 1.5 I保單 | 1.6 J保單 |
|---|---|---|---|---|---|---|
| 額度 | 30萬 | 21萬 | 40萬 | 8萬 | 30萬 | 20萬 |
| 2013年 | 1.7 K保單 | 1.8保單 L | 1.9 保單M | 1.10保單 N | 1.11 保單O | 1.12保單P |
| 額度 | 5萬 | 40萬 | 14萬 | 10萬 | 12萬 | 2萬 |

試計算下列各題目：

(1) 2013年以每一危險為基礎之普通超額賠款再保險合約之再保險人應攤賠之再保險賠款總數。【須有計算過程】

(2) 2013年以每一危險為基礎之普通超額賠款再保險合約之被再保險人（即甲保險公司）應支付之復效保費。【僅須列計算式】

(3) 依UNL條款規定，CXL再保計畫之被再保人在計算第一次事件之UNL時，可以選擇起算日期，試以被再保人最有利之情況，計算：

①被再保人可由2012年CXL攤回之賠款。【須有計算過程】

②計算2012年之巨災超額賠款再保險的復效保費。【僅須列計算式】

③計算2013年之巨災超額賠款再保險被再保人可攤回的賠款。【須有計算過程】

④計算2013年之巨災超額賠款再保險的復效保費。【僅須列計算式】

【本題解答】

(1) (5 + 15 + 5 + 15) = 40萬

(2) (40/75)×20萬×100%

(3) 先計算CXL的UNL

| 自留一線之賠款 | 扣除WXL分攤後之UNL | 以2012年12月28日起算<br>（累積UNL） | 以2012年12月29日起算<br>（累積UNL） |
|---|---|---|---|
| A 8 | A 8 | | |
| B 5 | B 5 | | |
| C 7 | C 7 | | |
| D 20 | D 20 | | |
| E 30 | E 5 | | |
| F 21 | F 21 | Event 1<br>81 | |
| G 40 | G 15 | | Event 1<br>81 |
| H 8 | H 8 | | |
| I 30 | I 5 | | |
| J 20 | J 20 | | |
| K 5 | K 5 | | |
| L 40 | L 15 | | |
| M 14 | M 14 | Event 2<br>77 | |
| N 10 | N 10 | | Event 2<br>81 |
| O 12 | O 12 | Total 158 | |
| P 2 | P 2 | | Total 162 |

① 81−35 = 46

② (46/65)×4×100%

③ 81−35 = 46

④ (46/65)×4.5×100%

# 第捌章

# 非傳統性再保險概論

本書至第七章所談論者皆爲傳統型再保險，第八章針對非傳統性再保險之內容爲一概論。

# 第一節　另類風險移轉之基本概念

另類風險移轉（Alternative Risk Transfer，簡稱ART）是一廣泛稱呼，其發展由來已久，只是1980年代開始，由於巨災較爲密集，被廣泛討論與運用。

另類風險移轉之發展是漸進式的，而發展過程中之顯現的樣態，有些呈現持續性發展，有些則是一種過渡性質，並不持久。綜合再保文獻之敘述[1]，另類風險移轉之發展大致由1960年代爲發軔期，1970年代至1980年代樣態逐漸增加，1990年爲燦然大備期，2000年代大致上爲應用時期。各種不同樣態之ART，大致上有專屬保險（Captive）、滾轉式安排之再保險（Rollers）、危險自留團體（Risk Retention Groups，簡稱PRGs）、危險購買團體（Risk Purchasing Groups，簡稱RPGs）、財務再保險（Financial Reinsurance）或限額再保險（Finite Reinsurance）、資本市場型態之ART。

由賣方（Risk Carriers）與產品（Solutions）兩大構面觀察ART，較易於瞭解其意義。賣方，如同其原文所述爲承擔風險者；產品，如同原文所述爲解決風險的方法。因此，風險轉嫁者透過另類風險承擔者與另類產品轉嫁其風險[2]。專屬保險公司、專屬再保險公司、危險自留團體、資本市場之營運人，均可視爲風險承擔者，而有限保險、有限再保險、整合型之多年期／多險別產品（Multi-Year／Multi-Line Products，簡稱MMP）、臨時性資本（Committed Capital or Contingent Capital）、多重啓動機制產品（Multi-Trigger Products，簡稱MTP）、保險風險證券〔Insurance-Linked Securities，例如巨災債券（Catas-

---

[1] 例如：(1)Erik banks, Alternative Risk Transfer, John Wiley & Sons, Ltd., 2004, Chapter 3; (2)Christopher Paine, Reinsurance, Chartered Institute of Bankers, 2004, Chapter 2; (3)Robert Kuln and Stephen Kiln, Reinsurance in Practice 4th edition, Witherby & Co., Ltd, 2001, Chapter XIV; (4) Ruth Gastel edited Reinsurance Fundamentals and New Challenges, Insurance Information Institute, 2004, Chapter 8; (5)林伯勳等著，再保險新論，初版，保險事業發展中心，2008，第七章。

[2] Ruth Gastel edited Reinsurance Fundamentals and New Challenges, Insurance Information Institute, p.113.

trophe Bonds）〕、衍生性保險商品〔Insurance Derivatives，例如巨災期貨（futures）與選擇權（Options）〕、結構型融資（Structured Finance）等等，則為承擔風險之工具。

　　基本上，另類風險移轉可以具備再保險樣式與非具備再保險樣式之產品區分，前者實質上雖與傳統再保險有別，畢竟仍是披著再保險之外衣；後者則未著再保險之外衣，有些雖其名稱亦冠以保險字樣，與財務再保險並不相干，許多是以金融產品方式出現。

# 第二節　非具備再保險樣式之另類風險移轉

## 一、專屬保險（Captive）

　　最原始之另類風險移轉，可朔自基本風險管理基本理論。風險管理之方法可分為風險控制型（Risk Control）與風險理財型（Risk Financing）兩大類，後者包括自留（Retention）與保險兩大類。個人、家庭與企業以保險為主要工具分散風險由來已久，事實上除保險以外，少數企業於1950年代亦已採用不同型態的自留概念處理風險問題，例如，自己保險（Self Insurance）、專屬保險（Captive Insurance）等。其實自己保險在本質上並未將風險轉移，不應視為另類風險移轉之一種。專屬保險之概念亦是經過長時期之醞釀，1950年代約有100家專屬保險成立，1970年代與1980年代[3]為專屬保險成長快速的年代。以美國為例，其原因大致是州政府通過有利於設置專屬保險的法律；另外，保險市場承保能量呈現短缺（一般稱為Hard Market，中文或可稱為硬性市場）與利率劇變，亦為影響該等年代專屬保險急劇成長的原因，目前專屬保險的設置地點以百慕達（Bermuda）、開曼群島（Cayman Islands）、英屬維京群島（British Virgin Islands）最為熱門。最早將專屬保險歸為自留之範疇中，係指封閉型

---

[3] 參酌R. Wesley Sierk, Taken Captive, RMA Press, 2008, pp.13-14.

（Pure Captive）之專屬保險，並不接受母公司以外之其他企業投保，業務量有限，安排再保也較少。專屬保險經多年發展，不只業務量增多，再保險交易亦相當暢通，型態亦甚繁多，依國際保險監理官協會（IAIS）的分類，有16種之多，例如，兼承保第三人業務型之專屬保險人（Captive Writing Third Party Business）、租賃型專屬保險人（Rental Captive）[4]。

## 二、危險自留團體與危險購買團體（Risk Purchasing Groups，簡稱 RPGs）

危險自留團體（Risk Retention Groups，簡稱RRGs）屬於一種特別的保險型態，於1986年依據美國聯邦責任風險自留法案（the Federal Liability Risk Retention Act），出現於美國，是企業取得責任保險的一種特殊管道。RRGs是一種合法的特殊型態專屬保險，例如，醫師組成危險自留團體之後，參加該團體的會員即可購買其所需之醫療過失責任保險[5]。基本上，RRGs可謂是特種責任保險人之結合[6]，在性質上具有相互保險之性質；危險購買團體（RPGs）類似集體購買保險之組織，集團內之成員共同向商業市場中之產險公司購買責任保險，故與RRGs本身必須承擔風險不同，RPGs並未承擔風險，其目的在於產生購買力量，或可獲取較佳之價格。

---

[4] 包括封閉型（Pure），承保相關業務之專屬保險人（Captive Writing Connected Business)，兼承保第三人業務之專屬保險人（Captive Writing Third Party Business)，保險人之專屬保險（Captive of Insurer），聯合專屬保險人（Association Captive），醫療照護專屬保險人（Health Care Captive），複數所有人專屬保險（Multi-Owner Captive），長期（或人壽）（Long-Term (or life)），合成（Composite），租賃型專屬保險人（Rental captive），代理型專屬保險人（Agency captive），限額型（Finite），性質未定之專屬保險人（Captive not Otherwise Classified），隔離資產型風險防護公司（Protected / Segregated Cell Captive），贊助型專屬保險人（Sponsored Captive），專屬保險人分公司（Branch Captive）。見Guidance Paper on the Regulation and Supervision of Captive Insurers. IIAS, October 2008。

[5] 美國聯邦法規允許雇主、貿易團體（Trade Groups）等等成立危險自留團體，該團體可以承保大部分會員所需之責任保險。詳George E. Rejda and Michael J. McNamara, Principles of Risk Management and Insurance, 12th edition, Pearson, pp.68-69。

[6] 保險專家學者合著，人身保險與財產保險經營，初版，現代保險實用叢書系列22，2002。

## 三、專屬再保險

專屬再保險仍爲大型企業財團基於購買保險或理財，所爲之一種特殊保險運作。大型企業財團或爲跨國企業，其分散於各國之子公司所需之保險，基於當地政府法規限制，須向當地之保險公司購買保險；惟企業財團於安排保險時即與各該保險公司商議，該等保險之大部分需向大型企業財團所屬的專屬再保險公司再保，當然，此等再保業務仍需向國際再保市場辦理轉再保以分散風險，故在實質上兼有財務操作與分散風險之實，但與所謂的財務型再保險內涵有別。

## 四、巨災債券

巨災債券（Catastrophe Bond）在性質上歸屬於ILS（Insurance-Linked Fixed Income Securities），「Linked」是指與巨災損失發生情況連結，巨災損失發生於保險之術語爲「危險事故」，亦即，債券之本金與債息是否需償還，與巨災「危險事故」是否發生相連結。巨災債券在運作時，涉及四個主體：被再保人（Reinsured）、特殊目的公司（Special Purpose Vehicle，簡稱SPV）、資本市場中的投資人（Investor）、利率交換交易對手（SWAP Counterparty）。被再保人又稱爲風險移轉者或發起人（Sponsor），類似分保公司；至於SPV爲相對於被再保人之組織，在性質上類似名義再保公司，相對於投資者，類似巨災證券發行者；至於投資人，係實際上承擔賠款者，實質上扮演再保人之角色，雖享有優渥債息，但須承擔巨災發生產生之本金風險。同時爲避免債息與投資利息產生差異，會與利率交換交易對手簽訂利率交換契約。

巨災債券啓動機制可能是參數（Parametric）、模型損失（Modeling Loss）或指數（Index），也可能是損失塡補（Indemnity）方式。至於債券本金之類型，可能是沒收本金型（Principal at Risk）、保障償還本金型（Principal Protected）。

## 五、巨災期貨與巨災選擇權

### (一) 巨災期貨（Futures）

期貨本身是一種遠期合約，依其基本意義為，買賣雙方事先約定交易標的物與內容，於未來履行交割的買賣合約[7]，應用於巨災保險或巨災再保險領域之後，可將巨災期貨解釋為一種以巨災損失相關指數為標的物的期貨合約[8]。如以再保險為例，買方為需要承保能量或保障的被再保人，賣方則為資本市場的投資者（扮演再保人之角色）。交易之標的物，自然是用以衡量巨災之指標，例如ISO巨災損失率指數。

### (二) 巨災選擇權（Options）

選擇權亦是一種衍生性金融商品，係買賣雙方成立一契約，契約中約定買方支付一個價格（Option Price，或稱權利金Premium），即可取得於未來某一個特定日期或在特定日期以前，以一個特定價格向賣方買進或賣出一定數量之標的物，買進之權利稱為買權（Call），賣出之權利稱為賣權（Put），對於該等權利，買方得選擇執行或不執行，但是賣方收了權利金之後，一定得承擔義務（Obligation）[9]。應用於巨災保險或巨災再保險領域，則其交易之標的物為「巨災損失指數」，故可將巨災選擇權解釋為以巨災損失指數為標的物之選擇權契約[10]。

## 六、巨災交換

巨災交換（Catastrophe Swap）係指保險業者之間互相交換約定的巨災風險

---

[7] 武志亮，投資學分析與應用，2002，五南圖書公司，p.443。

[8] http://wiki.mbalib.com/zh-tw/%E5%B7%A8%E7%81%BE%E6%9C%9F%E8%B4%A7

[9] 武志亮，投資學分析與應用，2002，五南圖書公司，p.441。

[10] http://wiki.mbalib.com/zh-tw/%E5%B7%A8%E7%81%BE%E6%9C%9F%E6%9D%83

損失。利用不同地理區域發生巨災之時間不同，達成風險分散，爲巨災交換之主要目的，交換之內容以相同性質之風險爲原則，例如地震事故、風暴事故。合約型態可能是「純風險」之交換，亦可能是「再保險型」巨災交換。就「純風險」之交換而言，可能是地理區域一對一的相同巨災事故交換，亦可能是多重地理區域的相同性質巨災事故交換[11]。

## 七、其他

其他尚有巨災權益賣權（Cat. Equity Puts）[12]、或有資本票據（Contingent Surplus Notes）[13]、信用融資（Credit Line）[14]等等，在性質上類似融資概念。

# 第三節　具備再保險樣式之另類風險移轉

## 一、概論

具備再保險樣式之另類風險移轉，有些與傳統再保險之運作仍有密切關係，有些僅是披掛再保險外衣，實質上不像傳統式之再保險，但是皆強調財務操作層面，依上述描述或可將其稱爲非傳統型再保險。1960年至1980年之間出現的帳戶式合約（Banking Contract）與滾轉式安排之再保險（Rollers），即

---

[11] 參酌：許欽洲，以巨災權益賣權、巨災交換，及衍生性商品之保險期貨、GCCI巨災選擇權等新財務工具移轉災害風險之研究考察報告，行政院金融監督管理委員會保險局，2006。

[12] 巨災權益賣權爲保障需求者一種巨災融資的概念，保障需求者（例如保險公司或再保險公司）與投資人簽訂契約，保險公司需支付賣權權利金予投資人，巨災發生之後，如原約定之執行條件啓動，則保險公司有權按原設定價格發行權益證券（可能是普通股或特別股），由投資者支付股款，以取得賠付巨災賠款之融通資金。

[13] 或有資本票據爲一種以債券方式取得巨災融資之方式。稱「或有」，係資本票據是否發行取決於巨災事故不一定會發生，亦即執行條件不一定啓動。

[14] 信用融資僅係保險業者與銀行業者（或其他可提供資金的金融機構）一種事先約定的融資契約。

有財務操作之味道。而1970年代出現之紓解股東權益再保險合約（Surplus Relief Reinsurance），除增加承保能量之外，亦藉著特別約定之梯次佣金（Tailor Made Sliding Scale Reinsurance Commission），調整分保公司財務績效之安排，開啟較爲濃厚的財務操縱之實。1980年代具備再保險樣式之另類風險移轉，完全以改善保險業財務報表爲目的，財務再保險（Financial Reinsurance）之名稱運應而生。該時期之安排內容，類似再保人與被再保人之間的借貸約定，1980年代中期有所謂的分散損失合約（Spread Loss Cover），亦不過是將賠款責任分散於較長期間，如此即可改善被再保人之財務報表。不過，財務再保險名稱常用於人壽保險。之後，受到會計準則要求顯著核保風險移轉之規範，原先之財務再保險，於1990年代逐漸轉爲「限額再保險」（Finite Reinsurance）一詞，此時期之產品花樣繁多，例如，限額比率再保險合約（Finite Quota Share Reinsurance）、賠款責任轉移合約（LPTs），大致上區分爲回溯型（Retrospective）與未來型（Prospective）。二十一世紀開始，受到多個巨災之影響[15]，結合資本市場，但仍保有再保險樣式之另類風險移轉，自然生起，例如，再保邊車（Sidecar）、行業損失擔保（Industry Loss Warranties，簡稱ILW）。以下針對傳統再保險與具備再保險樣式之另類風險移轉進行簡單比較，並針對幾個重要工具提出說明。

## 二、具備再保險樣式之另類風險移轉與傳統再保險之比較

關於傳統型再保險與非傳統型再保險之不同點，無非是由傳統型再保險之運作缺點與非傳統型再保險之特色爲出發點[16]，而非傳統型再保險中，主要以財務再保險與限額再保險爲其核心，故其分辨之處無非是兩者間存在之原因有異、承保範圍大小有別、合約期間之設定長度、再保人數、合約內容是否量身

---

[15] 特別是2001年美國911恐怖主義攻擊事件、2005年KRW（Katrina, Rita, Wilma）颶風、2011年日本311大地震、紐西蘭基督城大地震。

[16] 例如：(1)R. George Monti, Andrew Barlie, A Practical Guide to Finite Risk Insurance and Reinsurance第一章財務保險與再保險之定義與區分；(2)陳繼堯主持（2000），財團法人保險事業發展中心專案研究計化，金融自由化下新興風險移轉方法之運用現況與發展，第四章第二節至第四節；(3)現代保險出版（學者專家合著），人身與財產保險經營第十六章風險轉嫁新徑（謝政耀執筆）。

訂做等等，茲就上開概略比較如下[17]。

## ㈠ 存在之原因不同

被再保人分散風險之原始與基本需求，為傳統型再保險存在的主要目的；非傳統型再保險存在之原因，是對於傳統型再保險市場問題之反應，最主要是再保險承保能量循環問題加劇，而加劇之原因始自於人為與天然巨災之出現較以往為多，社會與法律環境變遷較大，亦導致保險公司承保業績惡化，保險人思謀改善財務結構。綜言之，非傳統型再保險存在之原因在面向上較廣。

## ㈡ 承保風險範圍大小有異

原則上，傳統型再保險僅是單純承保保險風險。所謂的保險風險，是指保險公司經營上之客觀危險，一般之評估方式，就產物保險而言，主要是實際損失率與預期損失率之差距。非傳統型再保險則擴大承保範圍，將非保險風險亦承保在內，主要的非保險風險是時間風險，其他尚有信用風險、利息風險、匯兌風險等等。其中所謂的時間風險，即是預估的賠款時間與實際付出賠款的時間差距。信用風險一般係指再保合約之再保人不履行再保攤賠義務之風險，其他則屬較次要之項目。

## ㈢ 保障標的有別

嚴格言之，保障標的亦屬承保範圍範疇之內，惟為突顯非傳統型再保險的特性，此處單獨列示比較。再保險保障之標的係屬無形，為被再保人承受業務產生之潛在賠款責任。就時間概念而言，如本書前述相關章節所述，再保合約期間結束後，再保責任並未當然終止。以一個年度伊始而言，此歸屬過去之殘留責任，傳統型再保險原則上鮮少碰觸；然而，非傳統型再保險主要以財務操

---

[17] 此處之分野敘述主要參酌前揭資料，並加以引述。

作爲目的，影響資產負債表或損益表之承保責任，非止於未來之承保責任，無論是欲立即改善過去殘留責任對於財務之影響，抑或平衡未來潛在承保責任財務波動性之衝擊，非傳統型再保險可以有立竿見影之功效。

## (四) 合約期間長短之分野

雖然傳統型再保險中之比例再保險係以持續性基礎（On Continuous Basis）承保，但如本書前述，基本上有例行性註銷通知（PNOC）之規定，設定再保當事雙方每年檢討再保合約機制，且在帳務上仍分年製作。至於非比例再保險在原則上更是以一年爲期，雖在實務上亦有採用持續基礎，究爲少數例外，此亦呼應傳統型再保險以承受保險風險爲目的，蓋以一年爲基礎，重在合約業績與變動性之檢討。而就非傳統型再保險而言，則以多年期（Multiyear）合約型態爲原則，此亦對應改善財務結構之旨意，蓋以現金流量管理之概念，將不同年度之賠款以平衡之手法處理，分散於所設定的合約期間內，將年度與年度間之損益予以修勻，達成改善財務結構效果，正是設定長期合約之根本目的。

## (五) 合約內容一般化與客製化之區別

全球再保險市場，對於傳統再保險合約之條文與條文內之用語（Wording），並未標準化爲一明顯事實，此對於再保險這種商業活動也並無合理之處，但是傳統再保險之合約內容與合約條文，其基本架構與範圍卻是相當類似的；對於非傳統型再保險而言，由於財務導向爲其主要目的，被再保人需要何種財務導向，或有較大差異，在設計再保合約時乃傾向客製化（Customized），安排方式推陳出新也就成爲常態，此亦爲非傳統型再保險之重要特色。

## (六) 再保險人數不同

傳統型再保險於安排時，非常重視再保人於未來再保賠款分攤之落實性，

所以，再保險之安全性（Reinsurance Security）乃成為安排時極為講究之重心。因之，再保險人常有採英文「Security」一詞稱呼，而為分散此種信用風險之問題，傳統型再保險之再保險人數通常甚多。就非傳統型再保險而言，如同前述，採用客製化概念安排，兼以再保人承負之風險有限，易言之，其最終再保賠款責任有限，故其再保人通常僅有一人。

## (七) 再保價格考慮因子不同

傳統再保險依據再保人承受之風險為釐訂再保險費之基本概念，其所涉及之因子，主要根據再保合約過去之損失經驗，以及合約所保障之業務其未來的潛在損失可能性，故其調整因子甚為繁雜；非傳統型再保險則因承負責任有限，在定價時通常預估由再保費產生投資收益，並將其作為價格因子之一。

## 三、種類概述

如同前述，具備再保險樣式之另類風險移轉，具有量身訂做之特性，故其態樣甚多，未來也會不斷演化發展。茲就發展過程中，幾個較具代表性之產品略述如下。

## (一) 帳戶式合約與滾轉式安排之再保險[18]

帳戶式合約（Banking Contract）之運作方式甚為單純，可謂是結合傳統式非比例再保險合約[19]與簡單財務操作的一種再保險。所謂傳統，是因其亦以損失發生為基礎（on loss occurring basis），也設定復效（Reinstatement）規定。所謂簡單財務操作，是其再保合約期間採用長期續約型態（一般是5年），設定

---

[18] 帳戶式合約（Banking Contract）與滾轉式安排之再保險（Rollers）的概念，係參酌Robert Kiln, Reinsurance in Practice, 3rd edition, Witherby, 1991, p.382。

[19] 主要是超額賠款再保險、停止損失再保險。

特殊的保費條款，依條款規定，所有的保費需存入約定的特別帳戶[20]，用以支付未來發生之賠款；如無賠款，依合約規定，以高額盈餘佣金為工具退還全額再保費或一部分再保費[21]。

滾轉式安排之再保險（Rollover Policies），1960年代即已發展。其運作特點在於將上一年度盈餘，轉入下年度之再保限額中。此種操作方式，是被再保人預計其長期巨災保障額度之遞增需求，冀求能有穩定之巨災再保能量供給，所為之特定再保安排方式。以現在巨災變化之複雜性，此種運作方式恐難以獲再保人之認同[22]。

## (二) 未了責任再保險（Portfolio Reinsurance）

### 1. Portfolio於再保險中之意義

再保險中所稱「Portfolio」一詞，有多重意義。該詞意義之一，為被再保人之業務結構，為再保人於核保中極為重視之核保資料；該詞意義之二，為比例再保險中，如火災保險等短尾業務性質之業務，再保當事雙方通常採用結清制，結清制主要處理者為老再保人解除與新再保人承受未滿期保費責任與未了再保賠款，故有「Portfolio Out」（未了責任轉出）與「Portfolio In」（未了責任轉入）等名詞，其所移轉者為有效業務之未了責任，已如本書前述。但是就整體而論，長尾性質之業務，採用自然終止制（Run Off System）是其原則，每年估算未決賠款之問題，甚稱複雜。該等掛於帳上之未了責任，亦是屬於「Portfolio」之問題，此為該詞意義之三。所謂未了責任再保險（Portfolio Reinsurance），著重於處理未決賠款之風險分散問題，特別是在稅法上較難確認的未報未決賠款（Incurred But Not Yet Reported，簡稱IBNR）。

---

[20] 原文稱to bank it，即在表彰財務操作本意。

[21] 例如，為期5年、不可註銷且以損失發生為基礎之帳戶式再保合約，再保責任與自負額為$2,000,000 E&EL XS $1,000,000 E&EL，設定一次復效，每年再保費$1,000,000，另設定盈餘佣金率50%（就5年之總業績計算）。

[22] Robert Kiln, Reinsurance in Practice, 3<sup>rd</sup> edition, Witherby, 1991, p.382.

## 2. 未了責任再保險之內容

基本上，未了責任再保險之源起，除了被再保人估算的IBNR[23]在稅法上是否可為扣除項目之問題外，主要還是財務上之觀點。因為安排再保險之後，將IBNR轉嫁再保人，所付出之再保費非但合乎稅法上可扣除之費用項目，而且有助於將未了且不確定的賠款關帳（Close Book）。此種安排之具有財務功能與性質的原因，在於被再保人可以較少之代價處理巨額的未決賠款，於該年度之利潤亦有提升效果[24]。未了責任再保險是否為一種再保險，須視安排的方式與目的而定，如果再保當事雙方約定再保人之理賠責任以再保費與利息為限，則再保人最終賠款之額度大於再保費與再保費所生之利息的可能性並不存在，移轉時間風險之性質亦不存在，此種情況下，僅是一種資產與負債之移轉操作，性質上類似財務再保險[25]。

## (三) 時間與距離型（Time and Distance）再保合約

勞伊茲於1974年推出**時間與距離型**（Time and Distance）再保合約，形式上採用累積型超額賠款再保險或停止損失再保險之模式，依其運作方式觀察，已脫離再保險分散核保危險之本質。

時間與距離型再保合約，係原保人於再保契約生效時，支付再保人定額再保費，再保人承諾依約定付款日期與金額，一次或分次支付原保險人未來賠款。由於第一次支付賠款的時間點與賠款額度通常設定於多年之後，第二次亦設定固定賠款金額，並與第一次相隔一段時間，故稱為時間與距離型再保合約。該定額再保費為未來賠款之現值，將未來賠款折算為現值之另一層面，在於反應再保人所收取再保費可能產生的預期投資收益，再保費亦包含再保人之費用與預期利潤，再保人接受此種再保合約，僅承擔再保費之實際投資收益不如預期收益之風險[26]。

---

[23] 估算IBNR的方法甚多，三角發展法（Triangle Development Method）是最為人所知的方法之一。

[24] 本段部分論述參酌Robert Kiln, Reinsurance in Practice, 3rd edition, Witherby, 1991, pp.383-385。

[25] 部分論述參酌Robert Kiln, Reinsurance in Practice, 3rd edition, Witherby, 1991, pp.383-385。

[26] 參酌Bernard等原著，曾明仁等譯，保險經營（下冊）（Insurance Operations Volume II），中華民國

時間與距離型再保合約之型態亦有許多變形，例如在被再保人財務有困難之情況下，亦允許其在設定的預定賠款期間之前先行支付；又如有些合約規定，無論被再保人是否有賠款，有權於最後日期收回所繳之再保費與再保費所產生之利息[27]。無論何種變形，基本上此種再保險並未移轉核保風險，亦未移轉時間風險，性質上歸屬於財務再保之概念。

## ㈣ 限額再保險（Finite Reinsurance）

限額再保險之種類甚多，不過，依回溯型（Retrospective）與未來型（Prospective）區分其型態已屬通論，茲就上開分類分別列舉數例陳述如下。

### 1. 回溯型（Retrospective）
### (1)賠款責任移轉再保險（Loss Portfolio transfer，簡稱LPT）
賠款責任移轉再保險是被再保人將其過去某一時點所承受之業務，於該時點之後已發生但未決之賠款責任移轉於再保人，所稱未決賠款範圍則介定於已報案未決之部分，並未包括已發生但尚未報案（IBNR）之部分，其所保障者為過去已發生之賠款責任，故LPT為一種追溯型的商品。

觀察下列實際的承保條款（Reinsuring Clause），可清楚看出再保人所承保者為「某特定日期之前業已承保之業務，而可能須於該特定日期之後支付之最終淨累積賠款，再保人承受50%之責任，但設定最高額度（160M美元）之限制」。

The Reinsurer shall be liable to pay to the Ceding Company for business covered under this Agreement fifty percent (50%) of the ultimate net aggregate *losses occurring prior to* (date) and paid by the Ceding Company on or after (date), up to *a maximum indemnification* under this Agreement

---

產物保險核保學會出版，1995年12月，p.32。

[27] 參酌Robert Kiln & Stephen Kiln, Reinsurance in Practice, 4th edition, Witherby, 2001, p.376。

of US Dollars 160 million. The Reinsurer shall not be liable for any loss adjustment expenses incurred by the Ceding Company in settling losses coverd by this agreement.[28]

　　由於將掛於資產負債表上之未決賠款分出一部分，且考慮貨幣之時間價值（Time Value of Money），付出之再保費必然低於分出之未決賠款，會計處理如採保費法[29]，可增加淨值，損益表亦顯示額外之「盈餘」，其額度即等於原來掛於帳上之未決賠款準備額度與支付再保費[30]之差額。對於再保人而言，接受此種合約，是基於收到的再保費在資本市場上創造投資收益的速度，大於賠款支付之速度，如果是相反的情況，再保人即須承擔此種時間風險。

　　此種再保險視為限額再保險之原因，除依前述具有財務操作之本質外，再保險人承擔之責任有限是其論點，此由合約中之保費支付條款（如下）可以發現，被再保人支付US$120M，與再保人承擔之最高責任限額US$160M，僅有US$40M之差距，且再保人尚有投資收益，可知此種再保險的確具備限額再保險之特性。

Clause 8 Loss Transfer Paymebnt and Reports

The ceding Company shall pay to the Reinsuirer on o rabout (a specified date), a loss transfer payment of **US dollars120 million** in cash or readily marketable securities for business covered as payment fir the indemnification and reinsurance provided hereunder and the Reinsuirer shall assume loss reserve liabilities hereunder of US dollars160 million.

With sixty (60) days after the close of each calendar quarter during the term of this agreement, beginning (a specified date), the Ceding Company shall furnish to the Reinsurer:

---

[28] 詳中央再保險公司編印，財務再保險之研究，1995，p.85。

[29] 亦有採損失法處理，即將未決賠款準備額度與支付再保費之差額，視為未決賠款之減少，原列於損益表中之未決賠款減少之數字即為該差額。

[30] 再保費之額度等於折現後之未決賠款準備額度。

1. a summary of the Reinsurer's portion of losses, split between losses paid less salvage received, and losses outstanding, both reported and unreported.

2. Updated calendar year loss development report.

3. Such other information which the Reinsurer may reasonably request or which may be required to complete the Reinsurer's annual statement.

### (2)回溯累積合約（Adverse Development Covers，簡稱ADC）

ADC在性質上屬於追溯超額賠款再保險（Retrospective Excess of Loss Cover，簡稱RXLs）。ADC在於保障被再保人某特定時間點以前之業務，在未來可能產生的潛在未知賠款。被再保人業已提存的賠款準備金，係針對已知賠案以可得資料估算，估算之數字有誤差乃屬常態，但如背離原估計數字過大，對於被再保人之財務必有重大影響，此係ADC所欲保障的第一部分。保障的第二部分，是具有未來未知賠款性質的IBNR一種，雖然IBNR可以不同的統計技術推算，但是提存不足之情況當較已報未決賠款提存不足之情況為嚴重，故有IBNER之產生，IBNER即是IBNR提存不足之意。

綜上言之，原文之「Adverse」（賠款惡化）或是「future development of incurred losses」（已發生損失之未來發展），才是ADC重點所在。基本上，主要在保障被再保人未決賠款準備金提存不足之部分，有時此種合約亦同時承保已報案未決賠款與IBNR之準備[31]。再保人承受此種業務，由於不確定性更大，在估算再保價格時面臨更大之挑戰。

以下所列為ADC再保摘要表的一部分[32]，由其中可發現，該再保合約在於保障某些特定險種一定意外事故年度間之賠款，合約期間採連續基礎，原則上賠款責任完全終了時即終止，但亦設定最長期間，被再保人設定累積自留賠款，超過累積自留賠款以上部分由再保人負攤賠之責，但再保人亦設定最高賠償限額。再保險費額度達$25,000,000，約達預估未了責任$45,000,000之56%，由於再保人可利用該筆再保費為資金運用，基本上亦表現再保人承受限額責任

---

[31] Bernard等原著Insurance Operations Volume II，曾明仁等譯，保險經營（下冊），中華民國產物保險核保學會，1995，p.37。

[32] 參酌AM-RE Brokers, Inc., Balance Sheet Protection (Survey of Non-Traditional Reinsurance Programs)。

之本質。

| Type | Aggregate Excess of Loss Treaty |
|---|---|
| Subject Business | Losses attributable to accident year **1980 through 1986**, limited to **specified classes** and/or **lines** of business and/or operations divisions, as appropriate. |
| Term | Continuous, until termination, cessation of liability of subject business, or **December 31, 2000** whichever occurs first. |
| Territory: | Wherever the subject business applies. |
| Coverage and Retention: | Subject to an aggregate **retention of $25,000,000** by the Company, the **reinsurer** will **indemnify** the company 100% for losses in excess of the retention. |
| Limits: | Reinsurance recoveries are subject to a **maximum of $45,000,000**. |
| Retention Adjustment: | If ultimate losses for the subject **accident years** as calculated by the company, and subject to outside actuarial opinion at the option of the reinsurer, **exceed $70,000,000** the company will **assume an additional amount** equal to the ultimate losses less $70,000,000 |
| Premiums: | The company will cede **$25,000,000 as consideration** for this cover. |
| Reports | Semi-Annually, the company will submit statements of **paid loss**, **LAE** and **outstanding losses including IBNR**, by accident year. Adjustment to the aggregate retention will also be made at this time, and included with the computation of losses recoverable. Settlements due the company will be made within 90 days after the end of each calendar year. |
| Termination | If **the company terminates** the cover prior to the cessation of all losses, and at December 31, 2000, **50% of the first $2,500,000** of the adjusted limit, if any, and **75% of any remainder of the adjusted limit** shall be deemed **profit sharing** and remitted to the company. <br> If **the reinsurer terminated** the cover prior to the cessation of all losses, **100% of the adjusted limit** shall be remitted to the company |
| Conditions | Accident year loss clause <br> Ultimate accident year loss incurred clause <br> Adjusted limit clause <br> Access clause <br> Insolvency clause <br> Offset clause <br> Tax clause <br> Arbitration clause <br> Am-Re Brokers, Inc. intermediary clause <br> Others to be agreed |
| Wording | To be agreed |

除上述外，再保文獻指出[33]，ADC與LPT雖均承保以前之可能賠款，惟ADC涵蓋範圍較廣，但就其目的觀察，顯在移轉更爲不確定之潛在賠款。再保文獻亦指出，ADC亦可轉移傳統再保險人失卻清償能力引起之信用風險、可以增加公司的價值、可以使企業之購併（M&A）活動更爲容易[34]。

### 2. 未來型（Prospective）

### (1)限額比率再保合約（Finite Quota Share，簡稱FQS）

#### ① 概述

傳統再保險中的比率再保險，本就具有紓解盈餘浸蝕（Surplus Relief）之功能，不過，再保險中的比率再保險之再保人承受之再保攤賠責任是無限制的，FQS則是加入「限額」一詞，再保人承受有限責任，爲其與傳統式的比率再保不同之處。FQS的運作方式如下所述。

#### ② 運作原理

FQS運作原理甚爲簡單，被再保人將資產負債表中之未滿期保費準備分出一部分，並以之爲再保險費，再透過特別設計之再保佣金制度，達成增加被再保人之盈餘（Surplus）的目的。至於再保人之責任有限的原因，可由再保條件之設定顯示，通常是使用(1)採梯次再保佣金制，(2)設定損失率迴廊（Loss Corridor），(3)累積責任限額等三種機制限定再保人之責任額度[35]。

除了上述，FQS通常亦規定利潤分享機制，即損失經驗良好時，再保人同意分享利潤予被再保人。

FQS必然設定多年期合約，不過，合約亦有再保期間與註銷之規定，下列條款即是[36]。

---

[33] 例如，R. George Monti, Andrew Barile, A Practical Guide to Finite Risk Insurance and Reinsurance乙書第七章。

[34] 陳繼堯主持（2000），財團法人保險事業發展中心專案研究計化，金融自由化下新興風險移轉方法之運用現況與發展，p.81。

[35] Russell Greig (2005), An Introduction to Finite Reinsurance /Risk Transfer Issues, Caribbean Actuarial Association.

[36] 該條文全文詳中央再保險公司編印，財務再保險之研究，1995，pp.54-55。

**Term and Cancellation Clause**

The financial agreement shall become effective (date) and shall continue in force until terminated in accordance with the Agreement provisions. In the event of termination of this Agreement, most financial reinsurers want to end the relationship as soon as possible. Ceding companies should recognize that the financial reinsurer will be released as of the date of termination from any further responsibility for outstanding losses or for incurred but not reported losses.

條文中之重點，在於再保人於合約註銷之後，無須承擔合約之殘留責任，亦即未決賠款或IBNR均不在再保人之責任範圍。傳統之比率再保險則不然，對於殘留責任之處理方式，雖然有採自然終止制（Run-Off），亦有採結清制（Clean-Cut），但是再保人均承擔合約結束後之殘留責任。

**(2)未來累積超額賠款再保險**（Prospective Aggregate XOL Cover，簡稱PAXLs）

未來累積超額賠款再保險為一總稱，主要在保障被再保人未來之長尾性質的賠款責任，主要目的在於改善現金流量管理（Cash Flow Management），並使各會計年度之損益平穩化，分散損失合約（Spread Loss Treaties，簡稱SLTs），為此類再保合約之典型[37]。

SLTs之契約期間一樣是長期性的，其運作之特點，在於每年之再保費分成兩部分，第一部分為付給再保人的手續費，第二部分所占比率較大，存入一個分離帳戶（亦有稱其為經驗帳戶）中，連同所孳生之利息，用於支付賠款，故可發現合約中之保費條款的陳述：「$750,000 each July 1 and January 1, of which 80%　is to be invested in a separate fund, accruing interest inurung to the benefit of the trust fund.」[38]，即是其特性。

被再保人要求攤付之再保賠款，首先由分離帳戶累積之基金（Funds）支付，如有不足，始由再保人攤付。由於此種再保險規定，如分離帳戶累積之基

---

[37] 前揭財務再保險之研究與蔡玉輝譯《有限危險保險及再保險之實務指南》，均有類似論點。
[38] 中央再保險公司編印，財務再保險之研究，1995，p.114。

金呈現虧損，被再保人應以增加再保費方式彌補虧損的一部分或全部，撥付再保費之時間可能是合約結束時，亦可能是按實際情形按年撥付。所以，再保人所扮演的角色，基本上比較屬於融資者，如果分離帳戶累積之基金呈現正數，則以類似盈餘佣金的方式，大部分歸還被再保人。由其運作之方式可知，被再保人可將合約期間內某一年之巨大損失，平穩分配於合約期間。由上亦可知，再保人其實承擔的核保風險非常有限，所以，雖然合約條文規定財務再保險之再保人的責任限額與被再保人之自留額（如下列[39]），但財務再保險的再保人之責任額度，比較像短期融資額度。

(1) Financial Reinsurer's Limit: US$5 million each accident / each occurrence, Excess of Reinsured's retention.

(2) Ceding Insurance Company's Retention: US$5 million each accident / each occurrence after an aggregate deductible to the cover of US$10 million.

## ㈤ 長期綜合再保險（Multi-Line / Multi-Year Products，簡稱MMPs）

MMPs為承保多險種與多年期的一種量身訂做之整合式的財務再保險，MMPs之承保範圍廣，擴大承保傳統再保險視為不可保之風險，例如時間風險、政治風險、匯率風險等等。另外，亦整體考量再保責任限額與自負額，再保險費率亦同。

## ㈥ 多重啟動式再保險（Multi-Trigger Products，簡稱MTPs）

MTPs指再保合約中規定，再保險人支付賠款之啟動因子同時包括保險事故發生與非保險事故（通常是財務因子）。由於同時考慮兩個因子，再保人攤付賠款的機率較低，故被再保人之支付的再保險價格亦較低。

---

[39] 中央再保險公司編印，財務再保險之研究，1995，p.113。

# 第四節　結構型再保險之安排

## 一、行業損失擔保（Industry Loss Warranties，簡稱ILW）[40]

　　行業損失擔保在本質上仍然是一種再保險，其與傳統的巨災超額賠款再保險相似之處，在於須議定確定的承保範圍，諸如承保之危險事故、地理區域、再保險額度、再保險期間（通常為一年）；其與傳統巨災超額賠款再保險主要之差異為賠款啟動機制需同時滿足兩個條件，除了購買保障之一方之最終淨賠款（UNL）需超過合約設定的起賠點外，另一個是與巨災指數[41]或行業之損失標準相連結。依據上述可知，ILW為一種指數型的再保險，採用指數為另一啟動基礎為其與傳統巨災超額賠款再保險之主要差異。

## 二、再保邊車（Reinsurance Sidecar）[42]

　　再保邊車，原文簡稱Sidecar，在形式上為金融商品的一種，以再保險公司的型態存在，提供資本市場中之投資人參與再保險事務。雖然投資人參與之目的在於獲取高利潤，但在實質上提供了再保人重要承保能量，所以，扮演了再保人之角色。再保邊車之投資人大部分是資本市場上的基金團體，例如避險基金（Hedge Funds，又稱對沖基金），主要還是提供再保險人巨災再保承保能量。

---

[40] 參酌：(1)財團法人住宅地震保險基金舉辦之2013極端巨災風險之評估方法與創新對策研討會會議資料Alternative risk transfer solutions for global catastrophe risk（主講人Mr. Hong Guo, Guy Carpenter）；(2)http://wiki.mbalib.com/zh-tw/%E8%A1%8C%E4%B8%9A%E6%8D%9F%E5%A4%B1%E6%8B%85%E4%BF%9D

[41] 例如Property Claim Services（PCS）。

[42] 參酌：(1)Stephen Crabb and desssa Miller, An Introduction to Sudecars, CMS Caneron McKenna LLP, December 21, 2006. (2) J. David Cummins, Mary A. Weiss, Convergence of Insurance and Financial Markets: Hybrid and Securitized Risk-Transfer Solutions, The Journal of Risk and Insurance, 2009, Vol. 76, No. 3, pp.493-545.

再保邊車之運作流程並不複雜，主要是須成立一個特殊目的再保險公司（Special Purpose Reinsurer，簡稱SPR），或稱Sidecar Re，該SPR有時是由分保公司（特別是專業再保險公司）與資本市場上之特定投資機構共同成立。如係由特定投資機構單獨投資再保邊車，即為再保邊車的控股公司。分保公司有時亦稱發起人（Sponsor），通常與再保邊車簽訂比率再保險合約（Quota Share Reinsurance Agreement），如同傳統型的再保險運作方式，分保公司支付再保費，再保邊車承擔一定百分比之巨災風險責任，亦支付再保佣金予發起人，如有合約約定之賠案發生，依承擔之比率支付再保賠款，再保邊車之真正投資人（Debt Investors或Equity Investors）則可享有利息收入或股利（Dividends）收入，但是亦承負本金減少或喪失之風險。再保邊車之資本（Capital）與收到之再保費通常設定信託擔保，確保未來事故發生時，如實支付分保公司再保賠款。不過，再保邊車不似傳統型之比率再保險合約，後者係以持續有效為基礎（On Continuous Basis），前者之再保期間通常為一年或兩年，因為投資人通常於巨災發生後再保價格高漲時選擇進場，如市場因巨災緩和價格下調時，不符其獲利策略時即行出場。

## 三、結構型再保險（Structured Reinsurance）

隨著天然巨災之變動性加劇，對於亟欲尋求巨災保障之保險業者而言，如何掌握一定的再保能量與適當的再保費，必然是焦點問題。對於此種議題，國際大型再保險經紀人於再保險市場之敏感度極高，類多扮演創新角色，結構型再保險安排就是其中之一[43]。

結構型再保險一詞，係以多年期概念逐步調和承保能量與再保費之長期性再保險計畫。請注意結構型再保險並不是新型態的非比例再保險，僅是一種取得再保能量之再保險安排計畫，其運作方式可舉一例分析說明如下。

設某保險公司2013年以前之巨災超額賠款再保險，原採一年續約一次傳統

---

[43] 最有名的例子是以往紐西蘭地震委員會（The New Zealand Earthquake Commission，簡稱EQC）的再保計畫。

方式安排，考慮巨災發生後之再保價格與巨災再保承保能量之波動性，於2013年續約時將所須之100%再保能量，切割爲四分之一採三年期再保合約，三年的再保價格每年固定不變，四分之三仍爲一年期再保合約；2014年續約時，所須之100%再保能量，其中25%取自2013年安排之三年期合約，另再安排一個新的三年期再保合約，再保價格亦固定不變，提供當年度25%再保能量，另外50%仍取自傳統一年期再保合約；2015年續約時，除了2013年與2014年已安排各25%之再保能量外，新增一個三年期合約，再保價格亦是每年固定不變，提供25%承保能量，另外25%取自一年期再保合約；至2016年續約時，由於2013年安排之三年期合約業已期滿，故需啓動另一個新的三年再保險計畫，提供所須之25%再保能量，再保費仍維持不變，另由原2014年與2015年之三年期合約各提供25%，另25%仍由一年期再保險提供，如此延續運作可知，被再保人至此每年可有較穩定之75%再保險能量與再保價格。當然，三年期再保合約也須取決於再保市場之再保人的意願。茲將上述表化如下，以便參考。表中之ROL，即是前述Rate On Line之簡稱，即是巨災超額賠款再保險之價格，L即是代表結構型再保險計畫提供之能量，RT即是傳統安排型態之能量。

**結構性再保險計畫（Structured Reinsurance Product）例示**

| 第一年<br>2013 | （25%）<br>$ROL_{1st}$<br>$L_{11}$ | （75%）<br>$RT_1$ | | |
|---|---|---|---|---|
| 第二年<br>2014 | （25%）<br>$ROL_{2nd}$<br>$L_{21}$ | （25%）<br>$ROL_{1st}$<br>$L_{12}$ | （50%）<br>$RT_2$ | |
| 第三年<br>2015 | （25%）<br>$ROL_{3rd}$<br>$L_{31}$ | （25%）<br>$ROL_{2nd}$<br>$L_{22}$ | （25%）<br>$ROL_{1st}$<br>$L1_3$ | （25%）<br>$RT_3$ |
| 第四年<br>2016 | （25%）<br>$ROL$<br>$L_{41}$ | （25%）<br>$ROL_{3rd}$<br>$L_{32}$ | （25%）<br>$ROL_{2nd}$<br>$L_{23}$ | （25%）<br>$RT_4$ |

## 四、上層與下層彈性備份型超額賠款再保險之安排

上層與下層彈性備份型超額賠款再保險（Top and Drop，簡稱T&P），爲一很早即存在於再保市場的特殊型態非比例再保險，同樣是基於再保能量考量而安排的備份（Back Up）型態的非比例再保險，近年來於地震非比例再保險之安排大行其道，於此稍加敘述，作爲本書之結尾。

T&P基本上爲超額賠款再保險計畫中之一個備份再保層，扮演支援再保險計畫中之所有原已固定之再保層。至於必須支援哪一再保層，須視被再保人需求而定；另一需要考慮之處在於備份之再保費，如係支援較下再保層，由損失機率觀點當然較高。T&P基本上頗爲抽象，以下舉例說明。

### (一) 例一

設有一超額賠款再保計畫，其結構如下表所示[44]。

| 再保層 | 再保責任額度與自負額 | 復效次數 | 總再保責任 |
|---|---|---|---|
| 1 | US$500,000 XS US$500,000 | 3 | US$2,000,000 |
| 2 | US$1,000,000 XS US$1,000,000 | 1 | US$2,000,000 |
| 3 | US$2,000,000 XS US$2,000,000 | 1 | US$4,000,000 |
| 4 | US$2,000,000 XS US$4,000,000 | 1 | US$4,000,000 |
| 5（T&P再保層） | US$2,000,000 XS US$6,000,000 | 0 | US$2,000,000 |

如上表所列，假設第5層設定爲T&P再保層，並設定其可作爲第3層或第4層之備份層，如爲第3層之備份層，則其架構應爲（M爲百萬之意）：$2M xs $2M xs $4M in the aggregate，其意爲第3層之總再保責任額US$4,000,000耗盡之後，第3層可有一個備用之2M保障，但是賠案之起賠點爲2M；如爲第4層之備份層，則其架構應爲（M爲百萬之意）：$2M xs $4M xs $4M in the aggregate，

[44] 參酌Mark Flower, etc., Reinsurance Pricing, Practice issues and Considerations, GIRO Reinsurance Matters Working Party 8th September 2006, p.44.

其意爲第4層之總再保責任額US$4,000,000耗盡之後，第4層可有一個備用之2M保障，但是賠案之起賠點爲4M。

## (二) 例二

茲另舉一攤賠實例，列示T&P之運作[45]。

設有一再保計畫如下：

| 層次 | 責任額 XS 起賠點 | 累積自負額* | Drop Limit** | 復效次數 |
|------|----------------|------------|-------------|---------|
| 1 | 400,000 XS 100,000 | 400,000 | | 5 |
| 2 | 500,000 XS 500,000 | 0 | | 3 |
| 3 | 1,000,000 XS 1,000,000 | 0 | | 2 |
| 4 | 1,000,000 XS 2,000,000 | 0 | | 1 |
| 5 | 1,000,000 XS 3,000,000 | 0 | 1,000,000 | 1 |

(1)*累積自負額爲超額賠款再保險之一種額外自負額之規定，以第1層爲例，當該層合約之賠案規模超過起賠點時，例如120,000之賠案，再保人對於超額賠款20,000並不攤賠，該20,000構成累積自負額之一部分，當累積自負額達400,000時，再保人始對賠案規模超過10萬之賠款進行攤賠。

(2)**假設第5層爲第3、第4之備份層。

已知有六個賠案波及：

| 賠案 | 損失發生日期 | 最終淨賠款 |
|------|------------|-----------|
| 甲 | 2014.01.12 | 1,800,000 |
| 乙 | 2014.03.12 | 700,000 |
| 丙 | 2014.03.30 | 2,200,000 |
| 丁 | 2014.07.10 | 2,900,000 |
| 戊 | 2014.10.08 | 3,500,000 |
| 己 | 2014.12.01 | 1,700,000 |

---

[45] 參酌 Colinc zapiewski etc., Reserving for Outwards Reinsruance, GISG 1993 on *Hinckley Island, pp.454-464。

則T&P前與T&P後之差異如下。

## 1. T&P啟動前之攤賠

| 案件 | UNL | 1st<br>總保障<br>240萬 | 2nd<br>總保障<br>200萬 | 3rd<br>總保障<br>300萬 | 4th<br>總保障<br>200萬 | 5th<br>總保障<br>200萬 |
|------|------|------|------|------|------|------|
| | | 40萬XS10萬 | 50萬 XS 50萬 | 100萬XS100萬 | 100萬XS200萬 | 100萬XS300萬 |
| 甲 | 180萬 | 累積自負額40萬 | 50萬 | 80萬 | Nil | Nil |
| 乙 | 70萬 | 40萬 | 20萬 | Nil | Nil | Nil |
| 丙 | 220萬 | 40萬 | 50萬 | 100萬 | 20萬 | Nil |
| 丁 | 290萬 | 40萬 | 50萬 | 100萬 | 90萬 | Nil |
| 戊 | 350萬 | 40萬 | 30萬<br>不足（20萬） | 20萬<br>不足（80萬） | 90萬<br>不足（10萬） | 不足（50萬） |
| 己 | 170萬 | 40萬 | 不足（50萬） | 不足（70萬） | Nil | Nil |
| 總數 | 1280萬 | 200萬 | 200萬<br>不足（70萬） | 300萬<br>不足（150萬） | 200萬<br>不足（10萬） | 不足（50萬） |

所以，上列六個案件，被再保人之總自留損失 ＝（40 ＋ 10×6 ＋ 70 ＋ 150 ＋ 10 ＋ 50）萬 ＝ 380萬，再保人分攤900萬賠款。

## 2. T&P啟動後之攤賠

前已指出Top & Drop之意，即是Top層保障額度與其他指定層（即Drop目標層）共用之意。

| Case | UNL | 1st總保障240萬 | 2nd總保障200萬 | 3rd原始總保障仍為300萬，但受到第5層總額200萬之保障 | 4th原始總保障仍為200萬，但受到第5層總額200萬之保障 | 5th總保障200萬與第3、第4層共用 |
|------|-----|-----|-----|-----|-----|-----|
|  |  | 40萬XS10萬 | 50萬 XS 50萬 | 100萬XS100萬 | 100萬XS200萬 | 100萬XS300萬 |
| 甲 | 180萬 | Agg.40萬 | 50萬 | 80萬 | Nil | Nil |
| 乙 | 70萬 | 40萬 | 20萬 | Nil | Nil | Nil |
| 丙 | 220萬 | 40萬 | 50萬 | 100萬 | 20萬 | Nil |
| 丁 | 290萬 | 40萬 | 50萬 | 100萬 | 90萬 | Nil |
| 戊 | 350萬 | 40萬 | 30萬<br>不足（20萬） | 100萬<br>不足（0萬） | 100萬<br>不足（0萬） | 10萬<br>不足（40萬） |
| 己 | 170萬 | 40萬 | <br>不足（50萬） | 70萬<br>不足（0萬） | Nil | Nil |
| 總數 | 1280萬 | 200萬 | 200萬<br>不足（70萬） | 450萬<br>不足（0萬） | 210萬<br>不足（0萬） | 10萬<br>不足（40萬） |

經T&P運作之後，Top層之保障額度還剩30萬，計算如下：

(1) 第一個100萬保障在第五個賠案時用以支應第3層之80萬短缺與第4層之10萬短缺，剩餘10萬支應Top層本身之賠款，所以第5層短缺40萬。

(2) 第二個100萬（復效額度）用以支應第3層於第六個賠案所短缺之70萬，故保障餘額剩30萬，此30萬依XOL之事件攤賠順序不能用以支應原第五個賠案不足之40萬。

(3) 所以，總損失仍為1,280萬，再保賠款為1,070萬，自留損失為（40 + 10×6 + 70 + 40）萬 = 210萬。

# 本章自我評量問題

1. 再保邊車（Reinsurance Sidecar）。

2. 上層與下層彈性備份型超額賠款再保險（Top and Drop）。

3. 限額比率再保合約（Finite Quota Share，簡稱FQS）。

4. 財務再保險（Financial Reinsurance）。（99.01核保學會考題）

5. 專屬保險（Captive Insurance）。（101.01核保學會考題）

6. 核保風險（Underwriting Risk）。（101.02核保學會考題）

7. 財務再保險（Financial Reinsurance）主要的特性為何？試簡要說明之。（102.01核保學會考題）

8. 時間風險（Time Risk）。（102.01核保學會考題）

9. 特殊目的機構（Special Purpose Vehicle）。（102.02核保學會考題）

10. 財務再保險（Financial Reinsurance）與傳統型再保險有何差異？

國家圖書館出版品預行編目資料

再保險要論／鄭鎮樑著. -- 二版. -- 臺北
市：五南圖書出版股份有限公司, 2019.09
　　面；　公分
　ISBN 978-957-763-299-9（平裝）

1.再保險

563.723　　　　　　　　　108002062

1N62

# 再保險要論

作　　者— 鄭鎮樑

發 行 人— 楊榮川

總 經 理— 楊士清

總 編 輯— 楊秀麗

副總編輯— 張毓芬

責任編輯— 紀易慧

文字校對— 劉芸蓁

封面設計— 姚孝慈

出 版 者— 五南圖書出版股份有限公司

地　　址：106臺北市大安區和平東路二段339號4樓

電　　話：(02)2705-5066　傳　　真：(02)2706-6100

網　　址：https://www.wunan.com.tw

電子郵件：wunan@wunan.com.tw

劃撥帳號：01068953

戶　　名：五南圖書出版股份有限公司

法律顧問　林勝安律師

出版日期　2015年8月初版一刷
　　　　　2019年9月二版一刷
　　　　　2024年3月二版三刷

定　　價　新臺幣420元

# 經典永恆·名著常在

## 五十週年的獻禮 —— 經典名著文庫

五南，五十年了，半個世紀，人生旅程的一大半，走過來了。

思索著，邁向百年的未來歷程，能為知識界、文化學術界作些什麼？

在速食文化的生態下，有什麼值得讓人雋永品味的？

歷代經典·當今名著，經過時間的洗禮，千錘百鍊，流傳至今，光芒耀人；

不僅使我們能領悟前人的智慧，同時也增深加廣我們思考的深度與視野。

我們決心投入巨資，有計畫的系統梳選，成立「經典名著文庫」，

希望收入古今中外思想性的、充滿睿智與獨見的經典、名著。

這是一項理想性的、永續性的巨大出版工程。

不在意讀者的眾寡，只考慮它的學術價值，力求完整展現先哲思想的軌跡；

為知識界開啟一片智慧之窗，營造一座百花綻放的世界文明公園，

任君遨遊、取菁吸蜜、嘉惠學子！